Conselho Nacional do Trabalho: Primórdios

Conselho Nacional do Trabalho: Primórdios

Erik Chiconelli Gomes

LACIER

LACIER
Lacier Livraria e Editora
www.livrarialacier.com.br

Rua Doutor Quirino, 808 – Centro
CEP 13015-081 – Campinas, SP – Brasil

Fechamento: Dezembro, 2023
1ª Edição, 2024

Diretor: *Lacier José de Rezende*
Diretor assistente: *Eduardo Soares Aureliano*
Projeto de capa: *Eduardo Soares Aureliano*
Projeto gráfico e editoração eletrônica: *Peter Fritz Strotbek – The Best Page*

Ficha Catalográfica

Dados Internacionais de Catalogação na Publicação (CIP)
(Câmara Brasileira do Livro, SP, Brasil)

G633c Gomes, Erik Chiconelli.
Conselho nacional do trabalho : primórdios / Erik Chiconelli Gomes. — 1. ed. — Campinas, SP : Lacier Editora, 2024.
274 p. ; 16 x 23 cm.

ISBN 978-65-88805-67-1

1. Trabalhadores — Condições econômicas. 2. Legislação social — Brasil. 3. Movimento operário — Histórico. 4. Previdência social — Aspectos históricos I. Título.

CDU 34:331(81)

Índices para catálogo sistemático:

1. Conselho nacional do trabalho (Brasil)

Angela Schmidt da Rosa – Bibliotecária – CRB-14/1171

Sumário

Índice de Tabelas e Gráficos ... 7

Lista de Abreviaturas e Siglas ... 9

Prefácio — *Gustavo Seferian* ... 11

Introdução ... 15

Capítulo 1 — A Situação da Classe Trabalhadora nos Primórdios da República ... 23

O momento antes de 1930 ... 23

1. As condições de vida e trabalho dos operários na Primeira República ... 23

2. A repercussão dos embates operários na imprensa e nas primeiras leis trabalhistas ... 53

Capítulo 2 — Os Debates na Comissão de Legislação Social ... 76

1. As discussões na Comissão Especial de Legislação Social, o comportamento da classe patronal e a repercussão internacional ... 77

2. Lei operária e de acidentes de trabalho ... 95

   a) Acidentes "do" trabalho e não "no" trabalho ... 105

   b) A definição do acidente do trabalho para a CLS ... 106

   c) Estado anterior ou superveniente ... 106

3. O Código de Menores, a jornada de trabalho, o debate entre Indústria e o Juizado de Menores e a visão dos industriais diante das Leis do Trabalho 108

Capítulo 3 — A Atuação do CNT junto ao Movimento Operário ... 119

1. A criação do CNT e as discussões de seu papel ... 119

2. O CNT e a repercussão na OIT ... 152

3. O papel do operariado e os sindicatos ... 165

4. A questão operária no Brasil através dos debates da Comissão de Legislação Social ... 172

Capítulo 4 — A Reforma da Lei das Caixas Ferroviárias no CNT ... 176

1. Os antecedentes históricos da previdência social no Brasil ... 176

2. Caixa de Aposentadoria e Pensões da Companhia Paulista ... 194

3. A situação do CNT em face do Poder Judiciário antes de 1930 ... 210

Capítulo 5 — Breves Apontamentos sobre o "Mito da Outorga" ... 215

1. O debate historiográfico e jurídico ... 219

2. Os problemas em relação ao papel do Estado na regulação ... 225

Conclusão ... 238

Fontes ... 247

Fontes Oficiais ... 247

Imprensa ... 247

Fontes secundárias ... 248

Anais ... 249

Arquivos consultados ... 249

Arquivos Físicos Consultados ... 249

Arquivos Eletrônicos Consultados ... 249

Dados Estatísticos ... 250

Bibliografia ... 250

Anexos ... 261

Anexo I — Imagens ... 261

Apêndices ... 265

A. Leis trabalhistas — Primeira República (1903-1928) ... 265

B. Projetos de leis trabalhistas — Primeira República (Setor Privado) ... 269

C. Projetos de leis trabalhistas — Primeira República (Setor Público) ... 271

Índice de Tabelas e Gráficos

Gráfico 1 – Evolução da população da cidade de São Paulo e do Rio de Janeiro entre 1872 e 1920 30

Tabela 1 – Salário médio na indústria de transformação (Réis por dia) 1919 35

Tabela 2 – Dimensões do excedente estrutural de força de trabalho – São Paulo e Rio de Janeiro, 1920 37

Gráfico 2 – População residente no Brasil, 1872 – 1930 38

Tabela 3 – Crescimento da população, por regiões entre 1890 e 1940 39

Tabela 4 – População presente por sexo, segundo as Grandes Regiões e Unidades da Federação – 1872-1920 40

Tabela 5 – Distribuição da população brasileira, 1920 – 2000 41

Tabela 6 – Valor da produção de São Paulo e Guanabara (GB) em relação ao total do Brasil (%) 43

Tabela 7 – Relação entre salários médios da mão de obra qualificada e salário médio da mão de obra não qualificada, por gênero de indústria (cidade do Rio de Janeiro e estados de São Paulo e Minas Gerais) em 1920 44

Tabela 8 – Evolução imigratória no estado de São Paulo (1827-1929) 46

Tabela 9 – Estrutura ocupacional da população economicamente ativa em 1920 47

Tabela 10 – Legislação referente à questão social 95

Lista de Abreviaturas e Siglas

ACRJ .... Associação Comercial do Rio de Janeiro

AEL .... Arquivo Edgard Leuenroth da UNICAMP

AIT .... Associação Internacional dos Trabalhadores

AN .... Arquivo Nacional

ANL .... Aliança Nacional Libertadora

BIT .... *Bureau International du Travail*

CGTB .... Confederação Geral dos Trabalhadores

CIESP .... Centro dos Industriais de São Paulo

CIFT .... Centro dos Industriais de Fiação e Tecelagem

CIM .... Comissão Interamericana de Mulheres

CFB .... Centro Ferroviário Brasileiro

CGT .... Confederação Geral dos Trabalhadores

CNT .... Conselho Nacional do Trabalho

COB .... Confederação Operária Brasileira

CPDOC/FGV. Centro de Pesquisa e Documentação de História Contemporânea do Brasil da Fundação Getúlio Vargas

CSCB .... Confederação Sindicalista Cooperativista do Brasil

FORJ .... Federação Operária do Rio de Janeiro

MAIC .... Ministério da Agricultura, Indústria e Comércio

OIT .... Organização Internacional do Trabalho

PC .... Partido Comunista

PCB.................. Partido Comunista Brasileiro

UOFT............. União dos Operários em Fábricas de Tecido

UTG .... União dos Trabalhadores Gráficos

Prefácio

Talvez de forma pouco usual, gostaria de iniciar este prefácio com um relato.

Um relato de encontro.

Conheci Erik Chiconelli Gomes, autor da obra que está em suas em mãos, longe da academia. Suspeito que em 2009. Eu era então responsável pela equipe de estagiários e estagiárias de um escritório de advocacia renomado, e no curso de um processo seletivo para vaga precária a estudante, bastante concorrido, tive a melhor das impressões de um dos candidatos, nosso autor. Poderia ser apenas por já ter cursado Ciências Sociais na USP, o que para mim bastaria como diferencial para um estudante de Direito — e à época, Erik estava na graduação da Faculdade de Direito de São Bernardo do Campo, tradicional casa de juslaboralistas, mas onde não concluiu o curso, posteriormente feito no Largo de São Francisco. Isso seria bem visto também por outras pessoas no escritório, que tinha em seu plantel militantes de esquerda, figuras amigas que são hoje bastante reconhecidas no âmbito do Direito do Trabalho como partes de um campo protetivo e progressista.

Mas Erik me cativou por outra razão: foi à entrevista sem gravata.

Bom, o que poderia ser um gesto comezinho, visto por alguns como um vacilo ante um certo temor e apelo às aparências que guarda o ritual das entrevistas de emprego, para mim se mostrou um traço de personalidade, de autenticidade, que reclamava para aquele posto de trabalho.

Talvez por isso — tanto seu gesto, talvez impensado, que nesse momento torno público também ao Erik, quanto a minha impressão — não tenhamos batido no compasso do referido escritório, e tanto uma como outra trajetória naquela banca foram dali adiante bastante curtas.

Eu mesmo fiz meu voto, anos depois, de não mais usar gravata no trabalho...

Fato é que aquele momento me proporcionou a oportunidade de acompanhar uma trajetória profissional acadêmica das mais dedicadas e comprometidas que conheço. Seja pela capacidade de formulação — e que facilidade é a de Erik para a escrita! —, pela formação erudita e multidisciplinar — afinal, carrega nessa bagagem bacharelados em Ciências Sociais, História e Direito, todos na USP, especializações em Direito do Trabalho (USP) e Economia do Trabalho (Unicamp), para além do mestrado e doutorado em História pela mesma Universidade de São Paulo —, ou pela disposição de olhar para temas instigantes, que não poderia deixar de valorizar esses encontros e reencontros com sua trajetória.

Estes, aliás, passaram pela construção do Grupo de Pesquisa Trabalho e Capital — que partilho a liderança com o professor Jorge Luiz Souto Maior, meu orientador de vida e que também de Erik foi na graduação e especialização em Direito —, por semestre em que fui professor visitante do PPGD-USP, ministrando disciplina sobre história do Direito do Trabalho no Brasil — que contava com nosso autor como um dos matriculados — e pelo acompanhar atento das passadas interessantes e potentes de Erik na universidade.

Estamos, diante de nós, com um dos produtos de sua pesquisa obstinada e instigante.

Trata-se do resultado de sua dissertação de mestrado, defendida em 2018 junto ao Programa de Pós-Graduação em História Econômica da USP, sob orientação de ninguém menos que Luiz Bernardo Pericás, reconhecido intelectual marxista, responsável, dentre outras coisas, pela revitalização e recepção de textos de José Carlos Mariátegui no Brasil.

Seu trabalho, de qualidade inconteste, aborda o Conselho Nacional do Trabalho, órgão de natureza consultiva ao poder público criado em 1923, que teve papel fundamental, porquanto durou sua existência, na conformação do Direito do Trabalho no país. Revelando não só as qualidades que particularizam a instituição que precedeu o Ministério do Trabalho, Indústria e Comércio varguista, como também o modo como o operariado em movimento lidou com e apareceu no CJT. Uma profunda exposição sobre o quadro conjuntural do proletariado industrial urbano na Primeira República ambienta o debate institucional, tomando em conta recorte histórico que comporta momentos de grande significado no país, a citar o ano de 1926 e a atribuição de competência legislativa em matéria laboral à União.

As formulações de Erik, que tratam de forma exaustiva o estado da arte sobre a matéria e se aproxima de fontes primárias — com destaque para a imprensa — para elaboração de suas ricas conclusões, traz em pormenores um dos processos de avanço do Direito Social mais significativos do período, qual seja, o que envolve os trabalhadores do setor ferroviário.

O texto ora publicado coloca Erik junto a outros tantos autores — como Angela de Castro Gomes, Michel Zaidan, Jorge Luiz Souto Maior, Evaristo de Moraes, para citar alguns — presentes em um seleto rol de referências para abordagem da conformação juslaboral no período que precede a Era Vargas, que graças à miséria da historiografia juslaboral — como alhures quisemos classificar — e à própria ideologia da outorga acabou colocada em relativo esquecimento.

Erik, irmão de orientação, obrigado por esse empenho em revolver a história nossa, a dos desengravatados!

Aos leitores e leitoras, bom deleite!

Rio Vermelho, 19 de novembro de 2023, 13º da explosão da mina de Pike River, 39º do desastre de San Juanico e, ao também palmeirense autor, 112º do nascimento de Domingos da Guia.

Gustavo Seferian
Professor da Faculdade de Direito da Universidade Federal de Minas Gerais-UFMG. Membro permanente do Programa de Pós-Graduação em Direito da UFMG. Bacharel, Mestre e Doutor em Direito pela Universidade de São Paulo. Pesquisador convidado, em sede pós-doutoral, do CéSor/EHESS/CNRS e do PPGD-UFBA. Membro do Instituto de Pesquisa, Direitos e Movimentos Sociais. Presidente do ANDES-Sindicato Nacional.

Introdução

O presente trabalho visa contribuir com o registro brasileiro da luta em prol de melhores condições de trabalho, e atenta ao potencial de ação política, no passado e no presente, de sujeitos de direitos trabalhistas, para além de conceitos jurídicos rasos. Ao se identificar o Direito com o que uma comunidade percebe como materialmente justo, é possível compreendê-lo como mais do que promulgar textos legais. Permite-se relacioná-lo com reivindicações e anseios de justiça de todas as classes, manifestos das mais variadas formas.(1)

No âmbito do Direito do Trabalho, percebe-se isso de maneira notória. A história do Direito do Trabalho apresentada pelos manuais começa, em grande parte, somente após a Revolução de 1930, preterindo o que ocorrera nas primeiras décadas da República. Há movimento intenso já na década de 1910 em prol de uma legislação trabalhista; na década de 1940 há, sobretudo, sistematização das normas de proteção ao trabalho. Em sentido oposto a essa percepção, e com ela dialogando, é que se pretende dissertar, inclusive sobre o Conselho Nacional do Trabalho (CNT), de modo a aferir que este alterou a dinâmica entre trabalhadores e classe patronal, delimitando novo espaço de debate sobre a questão social fora das instâncias do Poder Legislativo, além de se firmar como órgão máximo de estudo sobre a organização do trabalho no Brasil. Entre as prerrogativas do Conselho, está a de emissão de pareceres definitivos quanto a diversas questões anteriormente debatidas no Legislativo.

Tendo em vista o conceito amplo de cidadania é que o arcabouço teórico-metodológico utilizado para interpretar os movimentos operários da Primeira República foi escolhido. O estudo dos movimentos sociais é uma condição para se compreender o direito positivado e se faz, por consequência, determinante para a construção dessa análise.

---

(1) Nesse sentido valemo-nos dos apontamentos de FORTES, Alexandre; NEGRO, Antônio Luigi (Orgs.); SILVA, Fernando Teixeira da (Org.); COSTA, Hélio da (Org.); FONTES, Paulo (Org.). *Na luta por direitos:* Estudos recentes em história social do trabalho. Campinas: Editora da Unicamp, 1999; e também BATALHA, Cláudio (Org.); SILVA, Fernando Teixeira da (Org.); FORTES, Alexandre (Org.). *Culturas de classe.* Identidade e diversidade na formação do operariado. Campinas: Editora da Unicamp, 2004.

Para a concepção com a qual este trabalho se contrapõe os operários[(2)] e os trabalhadores, em suas ações de modo geral, seriam meros instrumentos de políticas legislativas. A essa concepção, ainda hoje aceita por boa parte dos estudiosos do campo jurídico, dá-se o nome de "mito da outorga".

O "mito da outorga" é a versão de que os direitos para a classe trabalhadora foram cedidos pelo Estado, especialmente na figura de Getúlio Vargas após a Revolução de 1930, que permanece vivo no imaginário popular e pelo senso comum, equiparando direitos e legislações à história dos direitos trabalhistas no Brasil durante o período varguista. O rol de autores que será demonstrado no decorrer da dissertação representa seleção não exaustiva sobre o assunto no pensamento brasileiro. Quem corroborou para a versão de que o Estado teria oferecido à legislação para a classe trabalhadora foi Oliveira Vianna, um dos principais assessores e ideólogo de Vargas, além de outras figuras do cenário jurídico da época, como Cesarino Júnior. Embora leis e debates já houvesse e se o que foi "outorgado" não o foi sem interesse, resta forte perpetuação desse ideário no discurso político ao longo das décadas, conferindo conotação mítica ao varguismo.

A historiografia brasileira sobre as relações laborais e o movimento operário, como será observado no decorrer do trabalho, vem se dedicando ao menos desde o fim dos anos 1970 à desconstrução do mito, principalmente a partir de estudos recentes nos anos de 1990. Isso por meio da pesquisa do papel de atores relevantes no período — sindicatos, instituições, políticos — e também da legislação que cuida desse ramo por meio dos Conselhos Regionais do Trabalho, Conselho Nacional do Trabalho e, a partir de 1940, dos órgãos da Justiça do Trabalho, embora, como se verá ao longo da pesquisa, foram os trabalhadores os responsáveis pela pressão em busca de uma legislação ainda antes de 1930.

Merece ressalva, todavia, que diferentemente do trabalho historiográfico, por exemplo, inglês, em que há uma diferenciação com rigor daquilo que é história econômica e política das instituições e o que é próprio da história cultural de classe, no caso brasileiro da formação do operariado industrial e dos trabalhadores urbanos,

---

(2) Utilizamos o conceito de operários ao longo deste trabalho conforme as leituras dos textos sobre trabalho divulgados por representantes dos patrões, podendo-se constatar um hábito patronal, nunca abandonado desde o início da República até meados da década de 1930, de utilizar os termos "empregado" e "operário" para denominar grupos distintos de trabalhadores. O primeiro era o que efetuava serviços não ligados diretamente à produção: vendas e serviços gerais de escritório, por exemplo; o segundo era o que produzia o serviço "braçal", manuseando as máquinas etc. Em nenhum momento, em todo esse período, se usou em textos patronais dirigidos a patrões o termo empregado para designar "operário". Para mais informações ver VARGAS, João Tristan. "Trabalho e trabalhadores na concepção patronal". *Revista Catarinense de História*, 2009, p. 95-125.

há debate que olvida a expressão direta dos próprios operários. Há os registros em textos políticos — referindo-se aqui aos anarquistas, socialistas, comunistas —, mas também os da imprensa operária, que estão inseridos numa luta pelo poder e que se expressam "em nome da classe"; o registro da imprensa operária, com certa frequência, pouco independentes, que tinha como propósito representar a classe; existem os registros das instituições públicas e do aparato do poder público que se expressam através das atas do CNT e dos registros oficiais; há os textos de representantes de fora do país que auxiliam na compreensão do modo como foram feitos os movimentos de repressão policial na Primeira República; textos que retratam as dificuldades da formação de classe de um operariado no Brasil.

Ainda que não tenhamos a pretensão de esgotar o tema, a dissertação procura, por meio desses registros, acompanhar o movimento de pressão exercida pela classe trabalhadora com o propósito de se ter voz junto ao Estado.

Desse modo, aborda-se a atuação dos representantes obreiros e dos patrões dentro do CNT ante o crescimento da demanda por leis sociais, as quais vinham sendo regulamentadas, além de delinear a maneira como essa instituição se relacionava com as demandas das classes subalternas e patronais.

No período pré-1930, a experiência nas fábricas e indústrias em torno de um processo de trabalho concreto, em que se defrontam os trabalhadores com arbitrariedade e dura disciplina, evidenciam as péssimas condições a que eram submetidos, imposto por um Estado liberal inoperante, que cingia noção privatista de contrato de trabalho, tornando inviável qualquer articulação coletiva dos operários em contraponto. Como se depreende das descrições das condições de existência no período, apresentadas por autores como Rodrigues (1966), Fausto (1967), Pinheiro (1975), Paoli (1987), características do trabalho com as jornadas extensivas, as reduções salariais por falhas de produção, a expropriação do labor pago na forma de multas e punições, a arbitrariedade dos chefes, a intensificação das jornadas, a insalubridade nos espaços em que as atividades eram exercidas e a precariedade da segurança no processo do trabalho, além da manipulação pela classe patronal nos casos de salários menores e nas condições mais degradantes, demonstram a existência dos estigmas de gênero, cor, origem étnica. Não são meras contingências, e sim reflexos de elementos estruturais da sociedade local, e experiência constante das pessoas que se proletarizam na sociedade brasileira no começo do século XX.

As lutas nas primeiras décadas da República, organizadas por diferentes correntes (anarquistas, socialistas, comunistas), pressionam então para o estabelecimento de leis, decretos, portarias, por melhores condições de vida. Vêm também a expressar o cotidiano de uma classe: comissões operárias criando e desfazendo as assembleias de protestos e reivindicações, jornais operários circulando de maneira precária, surgimento de fundos de assistência (em que o CNT terá um papel importante na década de 1920) para os trabalhadores demitidos. Todas essas condições ajudam a explicar a formação de classe, como expressão de si mesma, em oposição à outra classe, como a do patronato.(3) Diversos estudiosos como Pinheiro e Hall (1979), Munakata (1981), Zaidan Filho (1981) e Paoli (1987) destacam a importância das associações, ligas, uniões, sindicatos que estruturam pautas como o alargamento do horário de refeição, restrição da jornada de trabalho, tabelas salariais, modalidades de trabalho no processo de produção e forma de contratação.

Os jornais constituem importantes fontes históricas, desde que analisados com atenção a determinados fatores que cercam a imprensa, como a dependência econômica. No caso da imprensa operária, a mercantilização fica descaracterizada — principalmente nos primeiros anos da República, época em que o estudo pretende se concentrar, devido à situação política daquele momento, sendo de oposição ao sistema e tendo que atuar em diversos momentos, na clandestinidade. Por certo que, mesmo diante desses fatores, os equívocos da parcialidade e do tendencionismo da imprensa operária existem e precisam ser considerados. Ainda que nesses termos, a imprensa operária é salutar fonte de documentação primária para a história das classes trabalhadoras.

O avolumamento de pequenas greves, mobilizações, paralisações, movimentos internos às fábricas e indústrias, resistências às hierarquias, movimentações alternadas em relação à remuneração salarial e à jornada de trabalho levou à formação de sindicatos e associações — como a da construção civil durante a década de 1910, em Santos; dos sapateiros na capital federal; chapeleiros e gráficos, de São Paulo — que mobilizaram importantes contingentes e só foram contidas diante da força da repressão policial. Outro aspecto é a heterogeneidade com que foram se desenvolvendo as experiências, vindas de processos distintos de trabalho, que vinculava, de maneira desigual, todos os níveis de qualificação e habilidades,

---

(3) Valemo-nos, aqui, da noção de Edward Palmer Thompson, que em seu formidável estudo sobre *A formação da classe operária* inglesa assim observa: "A noção de classe traz consigo a noção de relação histórica. (...) A relação precisa estar sempre encarnada em pessoas e contextos reais. Além disso, não podemos ter duas classes distintas, cada qual com um ser independente, colocando-as a seguir em relação recíproca. (...) A classe acontece [frisemos isso] quando alguns homens, como resultado de experiências comuns (herdadas ou partilhadas), sentem e articulam a identidade de seus interesses entre si, e contra outros homens cujos interesses diferem (e geralmente se opõem) dos seus". THOMPSON, Edward Palmer. *A formação da classe operária inglesa*. vol. I. São Paulo: Paz e Terra, 1987. p. 9-10.

oriundas de uma divisão sexual de trabalho e etária no trabalho industrial, que acompanhava um estigma de gênero, faixa etária, origem, determinando modos de explorações diferenciadas, que se juntavam às noções hierárquicas próprias da matriz escravocrata de trabalho (Paoli, 1987).

Deve-se mencionar a diversidade, conforme elementos regionais e setoriais, de cada empreendimento industrial e fabril, cuja lucratividade associava-se inclusive ao processo de proletarização. Em São Paulo, a forma mais acabada da exploração da força de trabalho era através do salário e do modelo de vilas operárias; no Rio de Janeiro, além da exploração da força de trabalho, o conjunto de modelo fábrica/vila operária. Boris Fausto (1976) avalia que essa classe operária não surge forte e unificada, questionando o poder estabelecido de modo articulado, claro e eficaz, como os anarquistas, que se recusaram a generalizar suas lutas e combates no campo do poder do Estado – o que, para o tema de nosso estudo, pode ser significativo para o modo como o CNT irá se constituir e se formar.

A história do movimento operário, em suas diversas e distintas mobilizações em decorrência da heterogeneidade das experiências de proletarização, acabou sendo relegada, a partir de 1930, a uma visão de pré-história da formação real da classe trabalhadora (Paoli, 1987). Trabalhos que condenam as atitudes dos movimentos anarquistas — e também dos amarelos, pelegos, trabalhistas, comunistas e socialistas — demonstram que as estratégias adotadas não possuíam parâmetro na realidade, e estavam condenadas por não existir um proletariado coeso antes de 1930 (Rodrigues, 1966; Pinheiro, 1975; Fausto, 1976). Esses estudos argumentam que, antes de 1930, o movimento sindical sofre forte descenso, que se expressa na redução do número de greves em defesa de seus interesses.

Outros trabalhos procuraram mostrar que as modificações das práticas dos trabalhadores, especialmente na década de 1920, em que fica evidente o limite de negociação direta com os patrões e os desdobramentos das pautas nas fábricas e indústrias, passa por uma luta mais ampla, como o direito de associação, com um diálogo real também com o poder público (Munakata, 1981; Zaidan Filho, 1981; Decca, 1981; Pinheiro & Hall, 1981). Pesquisas publicadas posteriormente aos estudos dos anos 1960 e 1970 sugerem que a interpretação historiográfica sobre o movimento operário nessa década não traduz completamente o processo de lutas e, ao deslocar o eixo das interpretações para 1930, recupera somente a proposta vencedora, perdendo de vista o momento de embate entre eles, que tem lugar em 1928 (Decca, 1999).[(4)]

---

(4) Sobre as formas de organização e o cotidiano dos trabalhadores urbanos na Primeira República, ver: DECCA. Edgar Salvadori. *O nascimento das fábricas*. 10. ed. São Paulo: Brasiliense, 2005; DECCA,

Não se pretende esgotar essa controvérsia. Vale observar, no entanto, a questão referente à origem das leis cuja promulgação é atribuída em parte à conjuntura internacional (veremos os debates que o *Bureau International du Travail* — BIT trata neste período em análise) favorável às questões do trabalho, não tendo, por esse motivo, eficácia na realidade: primeiro porque não abrange uma parcela expressiva dos trabalhadores e, depois, por se defrontar com a forte resistência patronal, tornando-se, na prática, letra morta (Silva, 1991).

O Estado torna-se, de modo gradual, presente no mercado de trabalho na década de 1920, o que expressa um momento crucial na luta de classes, traduzindo-se a correlação de forças em disputa. Por se tratar de uma questão que gira em torno da definição do contrato de trabalho, essa correlação passa por injunções conjunturais, próprias do embate direto que se estabelece por meio das greves. Nesse momento, os trabalhadores ampliam seu espaço de barganha, à medida que procuram sensibilizar a imprensa e o parlamento à sua causa — conste que os anarquistas, uma das principais forças neste momento histórico, são exceção, não procurando sensibilizar o parlamento. Como decorrência, nas questões sobre o trabalho nas indústrias e nas fábricas, sucessivas leis são propostas no decorrer da década de 1920 (como a de acidentes do trabalho, estabilidade etc.), e, em 1923, após intensos debates na Câmara e no Senado, surge o Conselho Nacional do Trabalho (CNT) e questões de caráter mais gerais sobre a condição de vida da classe trabalhadora serão objeto de regulamentação, como aposentadoria e férias.

Reitere-se, visa-se nesta dissertação produzir, mediante consulta às fontes primárias, ou seja, as atas, discussões parlamentares e consulta à impressa operária, um retrato de como ocorreram os debates em torno da legislação trabalhista na Primeira República, investigando o papel da Comissão de Legislação Social (CLS) da Câmara dos Deputados e o papel que terá até a criação do Conselho Nacional do Trabalho (CNT). Para tanto, investiga o desenho institucional do CNT, a atuação dos conselheiros e os embates que foram travados entre a classe operária e a patronal, personagens esses que gravitavam em seu entorno, todos dedicados ao manejo das discussões trabalhistas.

Em um primeiro momento, será apresentado um panorama geral sobre a situação da classe trabalhadora, especialmente a de São Paulo e do Rio de Janeiro — por ser a então capital federal —, para depois, no capítulo 2, adentrarmos sobre os

Maria Auxiliadora Guzzo de. *Cotidiano de trabalhadores na República*: São Paulo, 1889-1940. São Paulo: Brasiliense, 1990. FAUSTO, Boris. *Trabalho urbano e conflito social, 1890-1920*, 5. ed. Rio de Janeiro: Bertrand, 2000.

debates na Comissão de Legislação Social e qual o seu papel em relação ao papel que o Legislativo passa a ocupar na elaboração das leis.

Finalmente, no capítulo 3, a relação do CNT com os trabalhadores, objetivando entender o funcionamento da instituição por meio de suas expectativas de ação e, também, da ação e articulação dos membros componentes do Conselho em sua totalidade, observando para tanto o momento imediatamente anterior à década de 1930, concernente à legislação trabalhista e a repercussão dos embates operários na imprensa da época.

O capítulo 4 trata da questão da reforma da lei das caixas ferroviárias, observando o andamento das discussões no Congresso Nacional e o papel que o CNT irá desempenhar para os trabalhadores das caixas ferroviárias. Por se tratar de uma classe organizada, atenção especial será dada acerca de como o CNT se pautou em relação às reivindicações dos ferroviários que pleiteavam por um sistema de previdência; daí a necessidade de um breve histórico sobre o sistema de previdência no Brasil, para na sequência avaliarmos como as Caixas de Aposentadorias e Pensões pautaram o debate perante os trabalhadores da Companhia Paulista. Finalmente, o capítulo se encerra discutindo como o CNT pautava suas decisões diante de um Poder Judiciário que começava a querer se estruturar em âmbito nacional, tendo para si as discussões de que o CNT estava imbuído.

Por fim, um último capítulo, em que será feito um balanço historiográfico sobre o mito da outorga e os problemas referentes ao papel do Estado na regulação da legislação trabalhista.

Capítulo 1

A Situação da Classe Trabalhadora nos Primórdios da República

> *(...) A pequena burguesa urbana, a chamada "classe média", não é absolutamente uma classe. Não constitui um grupo social homogêneo. É heterogênea. Na realidade, é um conglomerado, verdadeira mistura dos mais diversos elementos, vindos de todas as classes, com diferentes matizes e tendências, políticos e ideológicos. É formada por muitos grupos sociais, camadas e profissões. Tem uma base econômica e financeira profundamente instável. Daí, sua instabilidade política e social, moral e ideológica. Oscila, vacila pela própria natureza.*
>
> BRANDÃO, Octávio. *Combates e batalhas*. vol. 1. São Paulo: Editora Alfa-Ômega, 1978. p. 274.

O momento antes de 1930

1. As condições de vida e trabalho dos operários na Primeira República

Nos primeiros anos da República, as relações de trabalho na indústria nascente, seja em São Paulo ou as do Rio de Janeiro, estavam sujeitas aos hábitos e padrões herdados da escravidão, que se perpetuaram mesmo após algumas décadas da abolição do trabalho escravo. Qualquer contestação por parte dos trabalhadores era considerada uma afronta à autoridade patronal, as mulheres padeciam de constantes assédios por parte de seus superiores e era habitual a aplicação de castigos corporais para os menores. Como atesta Florestan Fernandes(5), 5 muitos trabalhadores, nesse período de transição de regimes, estavam inseridos na economia de subsistência ou em estruturas arcaicas do sistema capitalista, em que o trabalho pode ser apreendido em bases não especificamente capitalistas, o que não

(5) FERNANDES, Florestan. *A integração do negro na sociedade de classes:* o legado da raça branca. vol. I. 5. ed. São Paulo: Globo, 2008.

significa afirmar que não participaram e que estavam excluídos do processo de acumulação capitalista; na realidade, estavam marginalizados das contrapartidas, das vantagens que a modernização trazia.

O drama que vivem os negros em São Paulo durante a consolidação da ordem social competitiva com a desagregação do sistema escravocrata e a emergência da ordem burguesa associava, na sociedade de então, o negro ao trabalho escravo e o imigrante europeu ao trabalho livre assalariado, colocando os negros em desvantagem quando em competição aberta com o trabalhador europeu. Além dessa situação, o trabalho, para o negro, estava ainda condicionado ao que foi na escravidão, portanto era muito mais difícil o ajustamento às condições contratuais, de horários, ordens e regras.

A exclusão e a inadaptação fizeram com que os negros ficassem à parte do processo de modernização da cidade de São Paulo. O modo como a modernização ocorria mantinha os desajustes levando a população negra a uma "desorganização social crônica". E no que concerne à mulher negra, Florestan Fernandes sugere que em raríssimas ocasiões conseguiam empregos como tecelãs, embora, por outro lado, sofressem menos com o desemprego quando comparadas à situação do homem negro, já que ocupavam empregos domésticos nas "famílias tradicionais".(6)

Perante esse cenário, devemos observar a constituição da população que irá ser o conjunto dos trabalhadores na década de 1920, com as repercussões que terão na imprensa operária da época na luta por melhores condições de vida e trabalho, de origem estrangeira nas cidades de São Paulo e Rio de Janeiro. Essas se constituíam nesse período como importantes polos, com o desenvolvimento da industrialização e a expansão dos centros urbanos no período, com indivíduos que se deslocam do campo para as cidades, aumentando o contingente de trabalhadores nas áreas urbanas.

No âmbito econômico, a questão dos trabalhadores não passou despercebida, existindo situações de ambos, tanto a indústria como o setor cafeeiro, atravessarem momentos favoráveis (como entre 1880-1894 e 1926-1928 — se não considerarmos a crise têxtil algodoeira), como de o café estar bem e a indústria mal (a exemplo do período 1924-26, em que a deterioração tarifária e a política de valorização cambial desfavoreceram completamente a indústria, ao passo que o café passava por uma alta de preços tanto interna quanto externamente), ou vice-versa, e ainda

---

(6) FERNANDES, Florestan. *A integração do negro na sociedade de classes:* o legado da raça branca. vol. I. 5. ed. São Paulo: Globo, 2008.

de os dois setores irem mal, como no período de 1895 a 1897 ou nos primeiros anos da "Crise de 1929".(7)

A princípio, foi o capital cafeeiro quem promoveu a indústria, tanto de forma direta como indireta. Os fazendeiros direcionaram seus lucros às indústrias direta e indiretamente, neste caso quando seus lucros transitavam pelo sistema bancário ou por outro meio de intermediação financeira e de capital(8). Assim, no decurso de seu processo de implantação, a indústria era alimentada pelo capital cafeeiro, ao mesmo tempo em que a sua alta lucratividade lhe permitia a constituição de nova e essencial fonte de recursos para a continuidade do processo de acumulação. A participação do capital estrangeiro — de forma como investimento direto — apenas se faria notar com alguma relevância a partir de meados da década de 1920.

Wilson Cano(9) afirma que o processo de concentração da produção industrial de São Paulo, pela ótica do mercado, possui dois "momentos": a) o primeiro, que poderia ser denominado de concentração por "estímulo", abarcaria o período da Primeira Guerra Mundial, quando a produção paulista cresce em grande parte atendendo ao resto do país; segundo "momento", na década de 1920, em que as indústrias crescem por "necessidade", ou seja, para atender às demandas dos mercados "exteriores" com o propósito de viabilizar o processo de acumulação.

Como afirmam Edilene Toledo e Luigi Biondi, a Greve Geral de 1917, situou-se dentro de um contexto urbano marcadamente definido pela composição operária e artesã de sua população, muito mais que nas décadas anteriores. Na visão dos autores, o ano de 1917 foi um momento de expressivo crescimento da produção industrial paulistana, que havia se acentuado desde o começo da Primeira Guerra Mundial (1914), através da desarticulação dos fluxos comerciais tradicionais e a derivada diminuição das importações do exterior no Brasil. Assim, desde 1915, os produtos fabricados em São Paulo começaram a ser exportados para fora do Brasil, passando também a substituir os produtos que, antes da guerra, eram importados. O período 1915-1918 foi, para a indústria paulista, um período de

---

(7) FERREIRA, Maria Nazaré. *A imprensa operária no Brasil 1880/1920*. Petrópolis: Vozes, 1978. p. 63.

(8) Veja-se, por exemplo, o Banco União de São Paulo, fundado por fazendeiros, que investiu em empreendimentos não bancários, tais como extração de mármore, a "Fábrica de Calçados União" — que em 1901 empregava 156 pessoas — e a "Fábrica de Tecidos Votorantim", cujo capital em 1907 equivalia a 5,7% do capital da indústria paulista. Esses dados foram obtidos pelo Censo de 1907, p. 120 e do trabalho de CANO, Wilson. *Raízes da concentração industrial em São Paulo*, vol. 1. Campinas: Universidade Estadual de Campinas - Instituto de Economia, 1998. p. 129.

(9) CANO, Wilson. *Op. cit.*, p. 233.

expressivo aumento, que se refletiu no crescimento generalizado do emprego em fábricas e oficinas.[10]

Apesar dos diferentes momentos pelos quais passa a indústria nos primeiros anos da República, detinha pouca expressão na vida econômica, social e política do país, estando concentrada, como vimos, em alguns eixos, de modo que os trabalhadores representavam uma parcela pequena da população nacional.

De acordo com os dados do Censo Demográfico de 1920, cerca de 20% da população que residia no Rio de Janeiro, então capital, era oriunda de outros países.[11] Já em São Paulo, o percentual era mais elevado, ultrapassando 35% do total da população.[12] Esses números são importantes para vermos como os trabalhadores exerceram pressão diante dos órgãos oficiais do Estado. Observa-se que, no Censo, a classe trabalhadora de São Paulo e Rio de Janeiro era constituída pelo conjunto de trabalhadores ali residentes, independentemente da atividade profissional exercida ou de sua inserção em relações sociais de produção tipicamente capitalistas.

Observando o perfil demográfico e sua relação com a questão social, podemos afirmar que os mercados de trabalho em vias de gestação eram limitados e incompletos, pois, conforme observa Barbosa,[13] no ano de 1907, a cidade de São Paulo contava com 14.614 operários (10% do Brasil), e passaria a ter um montante quase quatro vezes superior em 1920: 54.935 operários industriais, que caracterizavam então 20% do operariado industrial do país. Os operários assalariados da indústria eram 27% dos ocupados em São Paulo, sendo esse índice quase dez vezes superior ao aferido para o conjunto nacional.

Conforme destaca o mesmo autor:[14]

> Ressalte-se que o assalariamento industrial representava dois terços do total de assalariados em São Paulo, contra um terço para o conjunto do país. Se, no Brasil, o operariado ainda se mostrava essencialmente

(10) BIONDI, Luigi; TOLEDO, Edilene. *Uma revolta urbana:* a greve geral de 1917. São Paulo: Fundação Perseu Abramo, 2018. p. 23.

(11) Departamento Geral de Estatística. Recenseamento Geral de 1920. vol. 2. Parte 1. *População do Rio de Janeiro (Distrito Federal)*, 1924. p. LI.

(12) Departamento Geral de Estatística. Recenseamento Geral de 1920. vol. 4. Parte 2. *População*, 1928.

(13) BARBOSA, Alexandre de Freitas. "O mercado de trabalho antes de 1930: emprego e 'desemprego' na cidade de São Paulo". *Novos estud. – CEBRAP* [*online*]. 2008, n. 80, p. 93.

(14) *Idem.*

composto por trabalhadores do setor de serviços públicos, financeiros e de infraestrutura,[15] na quase-metrópole paulistana os estabelecimentos industriais já concentravam a maior parte desses trabalhadores. Se agregarmos aos estabelecimentos industriais os trabalhadores ocupados nas pequenas empresas e oficinas artesanais, contabilizados pelo Censo Demográfico de 1920, chegamos a um total de 100.388 trabalhadores paulistanos no setor manufatureiro/industrial, o que corresponde a 49,3% dos empregos existentes na cidade.

No começo da década de 1920, surgia um mercado de trabalho ainda não definido em São Paulo. Identificava-se certa caracterização técnica para os trabalhadores qualificados da construção civil, das oficinas gráficas, metalúrgicas, das fábricas de vidro e têxteis; porém, a parcela de trabalhadores não especializados era a que irrompia como preponderante. Tratava-se de massa urbana não totalmente convertida à disciplina do trabalho, o que contrastava com o Distrito Federal. Apesar de a então capital do país deter uma mão de obra manufatureira/industrial 54% superior à paulistana, a atuação desse segmento no total da população ocupada apresentava-se abaixo, ao redor de 32%. Isto é, São Paulo aparecia como metrópole industrial, ao mesmo tempo em que o Rio de Janeiro, então capital, poderia ser referido como um centro de serviços com base industrial consolidada,[16] o que trazia impactos na luta por melhores condições de trabalho para os operários.

Conforme o relato de Octávio Brandão,[17] sob a influência dos comunistas, os operários agitaram-se em 1922 no Rio de Janeiro e em São Paulo, realizando reuniões e reivindicando melhores condições no mercado de trabalho, fazendo declarações de apoio ao movimento dos tenentistas, que lutava contra o governo de Artur Bernardes. Em caminhões, atravessaram as ruas de São Paulo, cantando as estrofes de *A Internacional*. O povo, faminto, invadiu os armazéns dos açambarcadores, expropriando e dividindo os gêneros alimentícios. Conta Brandão ainda que o General Isidoro, sob pressão das classes dominantes, ficou receoso, entravando o movimento operário. Com isso, tratou de ganhar tempo, com adiamentos e preferiu a retirada, a evacuação e a derrota a armar os operários. Após alguns anos, conforme destaca Antônio Carlos Mazzeo,[18] o PCB, disposto a participar

(15) SINGER, Paul. *A formação da classe operária*. São Paulo: Atual, 1994. p. 67.

(16) BARBOSA, Alexandre de Freitas. *Op. cit.*, 2008, p. 91-106.

(17) BRANDÃO, Octavio. *Combates e batalhas:* memórias. São Paulo: Alfa-Ômega, 1978. p. 276 e ss.

(18) MAZZEO, Antônio Carlos. Astrojildo Pereira. In: PERICÁS, Luiz Bernardo; SECCO, Lincoln Ferreira. *Intérpretes do Brasil*: clássicos, rebeldes e renegados. São Paulo: Boitempo, 2014. p. 14.

das eleições de 1927, articulou um bloco operário que foi ampliado, para o pleito seguinte (1928), tornando-se Bloco Operário e Camponês (BOC). O BOC, fundado em 1928, tinha como finalidade a viabilização da participação dos trabalhadores no jogo político-institucional, lançou, no Rio de Janeiro, as candidaturas de Brandão e de Minervino de Oliveira para vereadores ("intendentes", como eram conhecidos à época). Ambos foram eleitos, honrando o mandato que lhes foi conferido, tanto que seus discursos na Câmara sofreram censuras por fazerem "propaganda comunista". Em 1929, os comunistas fundaram a Confederação Geral dos Trabalhadores (CGTB), surgida no dia primeiro de maio desse ano. Essas iniciativas tiveram vida breve, sendo varridas pela onda repressiva que se seguiu após a Revolução de 1930.

Minervino de Oliveira seria um dos representantes na reunião da Confederação Geral do Trabalho (CGT), que se reuniu em 1929, no Teatro Domingos, no Rio de Janeiro, com representantes das diversas classes de operários de São Paulo e do Rio de Janeiro. Além de Minervino, que representou a Federação Sindical do Rio de Janeiro, estiveram presentes: Florencio Tejeda, representante dos operários de calçados de São Paulo; Vicente Vizacco, representante dos gráficos de São Paulo; Manoel Medeiros, representante dos gráficos de Santos; entre outros representantes da construção civil, hotelaria e comércio.[(19)]

Procurou-se popularizar a ideia de os trabalhadores se congregarem em comitês, com o intuito de, na próxima reunião, fundarem a Confederação Geral do Trabalho no Brasil — cuja primeira diretoria seria, então, definitivamente eleita.

Há indicações de que a classe trabalhadora nas primeiras décadas da República[(20)] encontrava-se no "limite da sobrevivência". A presença de mulheres e menores no mercado de trabalho é um forte apontamento para a tese do papel que representam para a composição dos salários, como será detalhada posteriormente. Pelo que é possível observar, o quadro se agrava com o decorrer da Crise de 1929, chegando à década de 1930 com mecanismos que a burguesia vai precisar se defrontar para enfrentar a recessão.

Na década de 1920, verifica-se que a classe trabalhadora estava à mercê de condições altamente degradantes. Os trabalhadores se insubordinam, na tentativa de renegociar os termos de seu contrato e jornada de trabalho, garantindo, desse

(19) Ver, "A reunião da Confederação Geral do Trabalho". *Diário Nacional*, Rio de Janeiro 26 fev. 1929, p. 4.

(20) Ver, por exemplo, a imprensa operária (*A Plebe*, entre outros) e os Boletins do Departamento Estadual do Trabalho de São Paulo — DEST/SP.

modo, um limite mínimo para a sua venda. Esses embates se relacionam com o debate sobre a ingerência estatal, orquestrando a relação entre capital e trabalho por meio de regras que "supõem a supressão"[(21)] dos conflitos próprios de classe.

Horace Davis,[(22)] professor na Escola Livre de Sociologia e Política (ELSP) na década de 1930, foi um dos pioneiros, junto com Josué de Castro,[(23)] em tratar da condição de vida dos trabalhadores. O autor observa indícios claros do agravamento da condição de vida dos trabalhadores, sem quaisquer condições de guardarem reservas para enfrentar a recessão — sobretudo no caso das famílias operárias que tinham filhos pequenos que sofreram com o desemprego. O corolário desse processo foi a deterioração da qualidade de vida dos operários, que repercute na questão social, desde o trabalho até moradia e vestimentas. A família passa a ser obrigada a se deslocar para bairros distantes onde os aluguéis são mais acessíveis. Davis demonstra que a metade das famílias operárias pesquisadas morava em vilas precárias (residências geminadas, sem ventilação e escuras) e as demais se distribuíam entre cortiços, casas coletivas e porões. Uma nova questão começava a ser colocada para a classe trabalhadora: o deslocamento das residências para bairros mais distantes, em decorrência da especulação imobiliária que já começava a ganhar força nesse período, nas áreas próximas às fábricas onde os trabalhadores mantinham residência. Em tal caso, há o agravamento das condições de sobrevivência das famílias operárias, à medida que crescem os gastos com os meios de transporte e também o desgaste físico.

A própria questão das vestimentas dos trabalhadores (homens e mulheres) indicava que, em São Paulo, mais de 1/3 dos homens pesquisados possuía um único paletó (item necessário e obrigatório na indumentária masculina do período) e 27,7% possuía uma única calça. Metade dos trabalhadores do sexo masculino na amostra de Davis detinha um único par de sapatos, sendo que a frequência dos demais itens era muito baixa, à exceção da camisa. Na indumentária feminina, o caminho era o mesmo: o número de peças por pessoas era muito reduzido, com a concentração (de peças) maior nos artigos de uso doméstico. Quase a metade das mulheres da subamostra possuía apenas um ou dois vestidos de passeio, sendo

---

(21) SILVA, Zélia Lopes da. *A domesticação dos trabalhadores nos anos 30*. São Paulo: Marco Zero, 1991. p. 43.

(22) DAVIS, Horace. Padrão de vida dos operários da cidade de São Paulo. *Revista do Arquivo Municipal*, São Paulo, II (XIII), 1934, p.155-160.

(23) CASTRO, Josué de. O valor da alimentação: estudo econômico das condições de vida das classes operárias no Recife. *Boletim Ministério do Trabalho e Indústria*, 1935.

que mais de 50% delas possuíam apenas um par de sapatos e casaco. Esses indicadores demonstram as dificuldades dos trabalhadores para itens básicos de sua sobrevivência, sendo que a pauta de melhores condições de trabalho irá passar pela questão dos salários e da jornada.

Gráfico 1 — Evolução da população da cidade de São Paulo e do Rio de Janeiro entre 1872 e 1920

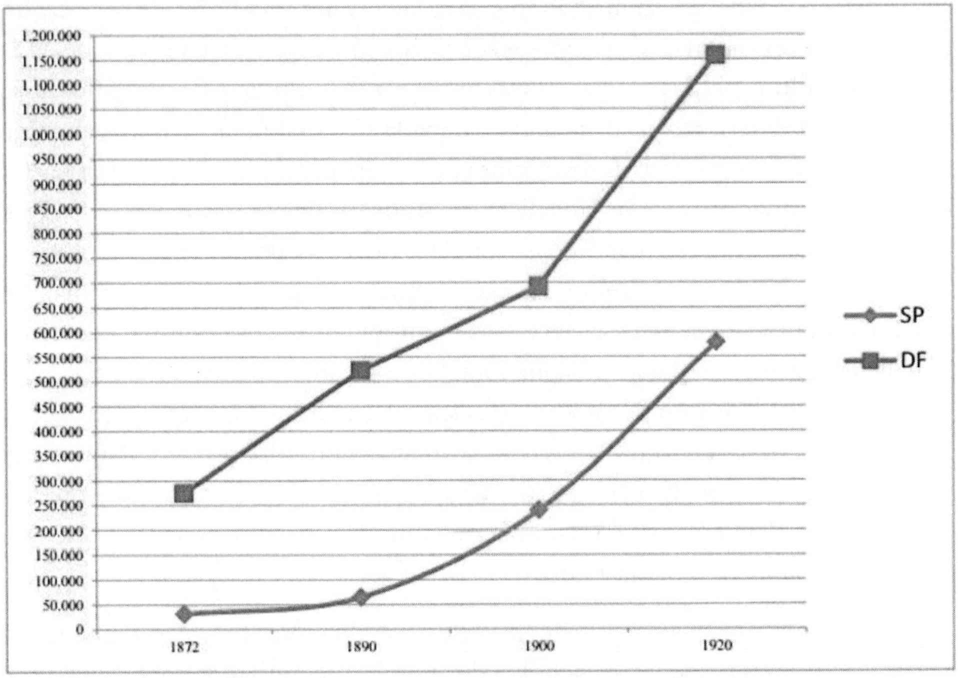

Fonte: DGE. "Recenseamento Geral de 1920", vol. 4, Parte 1, p. IX - X. *In*: CRUZ, Marcelo Freitas S. de Moraes. "Mercado de trabalho e classe trabalhadora em São Paulo e no Rio de Janeiro em 1920". 2014. Dissertação (Mestrado em História Econômica) – Universidade de São Paulo.

O gráfico acima permite a observação do vertiginoso aumento populacional ocorrido tanto em São Paulo como no Rio de Janeiro, que aconteceu nas duas primeiras décadas do século XX; o principal fator de expansão foi a vinda de imigrantes, sobretudo italianos e espanhóis. Esses trabalhadores irão contribuir para a formação do mercado de trabalho nas indústrias, num momento em que a desvalorização da moeda ocasionava o encarecimento das importações de bens manufaturados.(24) Em São Paulo, essa expansão demográfica potencializou os

(24) OLIVEIRA, Carlos Alonso Barbosa de. *Processo de industrialização* — Do capitalismo originário ao atrasado. São Paulo/Campinas: Unesp/Unicamp, 2003. *Apud* BIAVASCHI, Magda. *O direito do trabalho*, observa que no Brasil o processo de gestação dos elementos básicos do modo de produção

graves problemas sociais, com uma parcela da população conseguindo se inserir no mercado e outra alijada dos empregos urbanos. Thomas H. Holloway[(25)] observou, com propriedade, que "não existe nenhum modo seguro de fazer generalizações estatísticas sobre quantos imigrantes deixaram o trabalho nas zonas cafeeiras para assumirem ocupações urbanas nos centros regionais ou na capital". Nas primeiras décadas da República, ganha força a participação de imigrantes operários que trazem consigo, além de técnicas de trabalhos mais avançadas, histórico de engajamento e de lutas políticas que pautaria a tomada de consciência pela classe trabalhadora local.[(26)] Em São Paulo, evidenciando o processo de industrialização que começava a adquirir relevo, a situação da classe trabalhadora era mais dramática. Ainda há o fato de muitos trabalhadores que deixaram as lavouras fossem embora do Brasil, para outros países da América do Sul ou mesmo regressando para seu país de origem, no velho continente. Dados do Recenseamento de 1920 indicam que para cada imigrante ocupado no setor da indústria, havia seis no de serviços, e por volta de 5,5 na agricultura.[(27)] Além do mais, a imigração de estrangeiros para as cidades foi muito maior do que se costuma apontar, podendo-se concluir, nesse aspecto, que o movimento de imigrantes para a indústria não pode ser explanado como mera decorrência da acumulação do setor cafeeiro.

De acordo com Alonso,[(28)] no período colonial, o desenvolvimento econômico do país, ao invés de promover a homogeneização, ampliava desigualdades. O

---

capitalista complementa-se somente quando surge a produção mecanizada, organizada como grande indústria. O autor mostra que, uma vez complementada a implantação do capitalismo, estão garantidas a generalização do trabalho assalariado e a autodeterminação do capital. Nessa fase, o capital, senhor dominante da produção, dispensa a legislação e a violência extra econômica do período manufatureiro que buscavam disciplinar o mercado de trabalho e estabelecer limites para o salário. Na própria esfera econômica da sociedade, atuam mecanismos que garantem ao capital força de trabalho abundante e barata segundo suas necessidades. É nesse momento, também, que se constituem historicamente as condições para o nascimento do Direito do Trabalho (p. 87).

(25) HOLLOWAY, Thomas H. Condições do mercado de trabalho e organização do trabalho nas plantações da economia cafeeira de São Paulo, 1885-1915. *Estudos Econômicos* 2, p. 155, 1972 e ARRUDA, Pedro Fassoni. *Capitalismo dependente e relações de poder no Brasil:* 1889-1930. São Paulo: Expressão Popular, 2012. p. 230.

(26) CHACON, Vamireh. *História das ideias socialistas no Brasil.* Rio de Janeiro: Civilização Brasileira, 1967. p. 313: "O trabalhador estrangeiro, imigrante com maiores conhecimentos técnicos e ideológicos, trouxe também a sua contribuição política ao Brasil. Não vieram para nossos países apenas calabreses ou minhotos primitivos; também operários asturianos, catalães, renanos, lombardos, vênetos, radicais perseguidos nas suas regiões de origem".

(27) CARDOSO, Fernando H. Dos governos militares a Prudente — Campos Sales. In: FAUSTO, Boris (Dir.). *O Brasil republicano.* v. 3 — Estrutura do poder e economia. *História geral da civilização brasileira.* vol. 8. São Paulo: Difel, 1975. p. 23.

(28) OLIVEIRA, Carlos Alonso Barbosa de. *Op. cit.*, 2003.

trabalho, principalmente o físico, era então percebido como uma forma de redução de *status*, o que não se alterou com a introdução do assalariado.[29] Exclusão social e concentração de riquezas sempre se fizeram presentes na sociedade brasileira. Na capital federal, com a abolição do trabalho escravo, junto com a crise cafeeira da região fluminense, há êxodo rural dos ora libertos, antes aglomerados nas lavouras de café. Ao lado das correntes de imigrantes de trabalhadores oriundos sobretudo de Portugal, compunha-se excedente de mão de obra acessível para as atividades nas indústrias, de modo semelhante ao que ocorria na cidade de São Paulo.[30]

Conforme observa Biavaschi:[31]

> Com a Lei Áurea, um bando de "homens livres", errantes, banzeiros, marginais, acumulavam-se nas cidades; por outro lado, as políticas de imigração acirraram o problema da existência de uma massa marginal, com seu inegável potencial reprodutor. Situação que, no início do Governo Provisório, a Lei dos Dois Terços procurou superar. A década de 1930 marca a pujança de uma produção normativa trabalhista. Direitos reconhecidos vão sendo institucionalizados pelo Estado, tendo no voto universal e na Lei dos Dois Terços momentos iniciais de grande relevância.[32]

Essa distinção torna-se mais evidente quando se analisam os postos mais instáveis do emprego dos mercados de trabalhos em São Paulo e Rio de Janeiro. Desde o período colonial, os centros urbanos no país possuíam o problema da desclassificação social,[33] ou seja, uma parcela significativa da população estava

---

(29) OLIVEIRA, Carlos Alonso Barbosa de. Formação do mercado de trabalho no Brasil. In: OLIVEIRA, Marco Antônio. *Economia e trabalho:* textos básicos. Campinas: Unicamp — Instituto de Economia, 1998. p. 114.

(30) PINHEIRO, Paulo Sérgio; HALL, Michael McDonald. *A classe operária no Brasil (1889-1930):* condições de vida e de trabalho, relações com os empresários e o Estado. Campinas: Brasiliense, 1981. p. 52-53.

(31) BIAVASCHI, Magda Barros. *O Direito do Trabalho no Brasil — 1930/1942:* a construção do sujeito de direitos trabalhistas. Tese submetida ao IE/UNICAMP, para obtenção do título: Doutor em Economia Aplicada, 2005, publicada em 2007 pela LTr, Editora p. 92. Ver também COSTA, Emília Viotti da. *Da senzala à colônia*. 3. ed. São Paulo: Unesp, 1998. p. 342. A respeito dos negros brasileiros, ver, entre outros trabalhos de relevo, IANNI, Octávio. *Raças e classes sociais no Brasil.* Rio de Janeiro: Civilização Brasileira, 1966.

(32) BIAVASCHI, Magda Barros. *Op. cit.*, 2005, p. 310.

(33) SOUZA, Laura de Mello e. *Os desclassificados do ouro:* a pobreza mineira no século XVIII. São Paulo: Graal, 1986.

alijada do mercado de trabalho. Com o processo de modernização das economias urbanas, esse problema se potencializa, criando um tipo de *população sobrante* diferente, já que a existência social dessa população estava relacionada à expropriação.

De acordo com Cláudio Batalha,[34] esse contingente de trabalhadores não era o mesmo que existiu no modelo clássico de industrialização e, por conseguinte, similar ao "operariado moderno" europeu. Na maior parte das atividades que esses trabalhadores conseguiam ocupação, as atividades concentravam-se em oficinas e manufaturas pequenas. Assim, na visão de Batalha, a formação desse operariado em São Paulo e Rio de Janeiro tiveram caminhos diferentes aos dos países europeus que tinham as grandes fábricas com um proletariado homogêneo com significativa capacidade de se organizar. Não obstante, isso não quer dizer que o proletariado nacional estivesse alheio às lutas econômicas e políticas.

A Marcelo Cruz,[35] os dados do Censo Demográfico de 1920 permitem observar que a população mantinha a reprodução social à margem dos limites dos respectivos mercados de trabalho. A população total da cidade do Rio de Janeiro era de 1.152.873 habitantes, em que 70% do total residiam dentro do perímetro urbano da capital. Ainda de acordo com Cruz, a parcela da população sem ocupação e com formas precárias de reprodução da vida material é captada no censo nos itens "profissões mal definidas" e "profissões não declaradas e sem profissão", ou seja, a parcela que sobrava na cidade do Rio de Janeiro era 325.133,[36] ou 51% da população em idade ativa, excluindo-se da PIA os menores de 10 anos da população total da cidade. Em São Paulo, os dados demonstram que 41% da população residiam em condições de extrema precariedade e sem inserção social.[37] Essa parcela formava um 'excedente estrutural de força de trabalho' nas duas cidades.

O nível dos salários era determinado pela acumulação cafeeira. Quanto mais acentuada fosse a baixa dos salários no campo, com limite no nível de subsistência,

---

(34) BATALHA, Cláudio, Identidade da classe operária no Brasil (1880-1920): Atipicidade ou legitimidade. *Revista Brasileira de História*, São Paulo, v. 12, n. 23/24.

(35) CRUZ, Marcelo Freitas Soares de Moraes. *Op. cit.*, 2014, p. 95.

(36) Dado obtido a partir do *Censo Demográfico de 1920*. DGE. Vol. 4. Parte 5. Tomo I. p. 20-26.

(37) CRUZ calculou a População em Idade Ativa (PIA) com base no Censo Demográfico, tratando-se da distinção entre a população total e a parcela menor de 10 anos de idade. O corte foi em decorrência de o trabalho infantil ser muito disseminado nessa época, conforme demonstra Esmeralda de Blanco de Moura, disponível em: <https://univesp.br/novidades/o-trabalho-infantil-na-primeira-republica>, acesso em: 31 out. 2016. Além desse motivo, a ausência de formas de segurança social e aposentadoria levou Cruz a considerar os idosos no campo da PIA. Os dados da PIA no Brasil, no Distrito Federal e em São Paulo eram, respectivamente: 22.423.086, 904.775 e 439.693. Fonte: DGE. Vol. IV. Parte 2. Tomo 1. População, 1928, p. 3, 8 e 135.

melhor seria para as atividades urbano-industriais, com reforço no suprimento da mão de obra, através do êxodo rural, ao mesmo tempo em que poderia comprimir para baixo a remuneração.(38) Até o momento em que a indústria de São Paulo não atingisse um volume relativamente mais importante que o verificado até o final da década de 1920, e enquanto sua estrutura produtiva fosse de indústrias simples, não haveria maiores pressões no mercado de trabalho, seja em termos de quantidade de trabalhadores, seja em termos de mão de obra aprimorada.

Ante oferta abundante de trabalho (via café) e praticamente ausência de uma legislação trabalhista, como veremos no decorrer do trabalho, e ainda com emprego de mulheres e menores em larga escala, pode-se projetar que a indústria paulista operou durante todas essas primeiras décadas da República com níveis de salários baixos. Uma indicação nesse sentido é a tabela abaixo, em que, apesar de São Paulo já ter a liderança do crescimento industrial no ano de 1919, o salário médio dos operários paulistas (homens adultos, considerados pelo Censo de 1920), de vários setores, era inferior aos pagos em estados como os do sul, norte e da capital federal. A própria condição operante do mercado de trabalho em São Paulo precisa ser observada, já que proporcionou um estímulo maior ao trabalho feminino, diminuindo as diferenças absolutas de salários de homens e mulheres como demonstra a tabela 1 a seguir.

(38) SAES, Flávio A. M. de. A controvérsia sobre a industrialização na Primeira República. *Estud. av.* [*online*]. 1989, vol. 3, n. 7, p. 20-39. Ver também TESSARI, Cláudia Alessandra. Trabalhadores temporários para o café: mecanização e núcleos coloniais em São Paulo, 1895-1911. *Estud. Econ.* [*online*]. 2014, vol. 44, n. 2, p. 409-434. Na visão de TESSARI, "A formação do exército de reserva permitiria o rebaixamento dos custos com mão de obra, fosse diretamente, pelo rebaixamento dos salários, fosse indiretamente, por permitir a flexibilização do trabalho e o aumento da produtividade proveniente da mecanização do trato".

Tabela 1 – Salário médio na indústria de transformação (*Réis por dia*) 1919.

Estados	Adultos		Menores	
	Homem	Mulher	Homem	Mulher
1) Indústria Têxtil (a)				
Rio de Janeiro	5.759	4.089	2.253	2.052
Guanabara	6.720	5.165	2.479	2.825
São Paulo	5.729	4.684	2.211	2.272
Brasil	5.329	3.738	1.973	1.994
2) Indústria Produtos Alimentares (b)				
Rio de Janeiro	3.709	2.490	1.483	1.291
Guanabara	5.845	3.856	2.617	878 (c)
São Paulo	5.616	3.567	2.028	2.403
Brasil	5.111	2.957	2.004	1.858
3) Indústria do Vestuário (d)				
Rio de Janeiro	4.713	2.069	1.547	1.447
Guanabara	7.582	4.216	2.376	2.049
São Paulo	6.382	3.467	2.142	1.773
Brasil	6.712	3.652	2.174	1.885
	4) Indústria Metalúrgica		**5) Indústria de Calçados**	
	Homem Adulto		Homem Adulto	
	Fundidor	Torneiro	Cortador	Acabador
Rio de Janeiro	5.033	5.750	5.178	3.100
Guanabara	6.853	8.887	8.747	7.679
São Paulo	8.405	7.506	5.687	5.286
Brasil	7.483	8.107	7.656	7.076

Fonte: Censo de 1920; vol. V, 2ª parte, p. XI e XVI.

Os salários dos adultos masculinos em São Paulo são inferiores aos vigentes em: PA, SC, RJ, GB e RS; (b) idem nota a: AM, MT, ES, GB e RS; (c) provável erro tipográfico; idem nota a: PA, GB, RS e BR. (CANO, p. 128).

Ainda de acordo com os dados da Tabela 1, é possível verificar que as diferenças salariais de homens e mulheres em São Paulo eram menores quando comparadas com as de outros estados. Na indústria têxtil, por exemplo, as mulheres recebiam: 19% a menos que os homens em São Paulo; 23% a menos que o outro gênero na Guanabara; 29% a menos no Rio de Janeiro; 42% a menos no

Rio Grande do Sul e Nordeste. Essa situação demonstra antes um barateamento da força de trabalho que seu encarecimento, já que as menores diferenças relativas dos salários masculinos e femininos fomentava a oferta de braços pelas mulheres, rebaixando, por conseguinte, o salário médio total. Com menor diferença relativa, o mesmo fenômeno ocorria com o salário dos menores.[(39)]

A situação de desigualdade salarial, além das péssimas condições de trabalho das mulheres e dos menores, era denunciada[(40)] através dos meios de comunicação disponíveis na primeira década da República, chegando a chamar atenção de renomados nomes ligados à ordem instituída. Evaristo de Moraes, jurista e defensor das pautas dos trabalhadores, justificando a necessidade de criação de uma legislação social, emprega grande parte de seu trabalho a evidenciar a situação de penúria das mulheres e das crianças nas fábricas e oficinas.[(41)]

A situação do menor operário era desesperadora. Como revela um periódico da época:

> Por ocasião do recente movimento grevista uma das reclamações mais insistentes dos operários era contra a exploração dos menores nas fábricas. Aliás, não faziam mais do que exigir o cumprimento de leis existentes. Entretanto, os industriais, à exceção da firma X — que conta com a inimizade de um inspetor sanitário — continuam a empregar menores em trabalhos impróprios. Entre eles podemos citar nominalmente o Senhor Y, porque assistimos ontem à entrada de cerca de 60 pequenos às 19h, na sua fábrica da Mooca. Estas crianças, entrando àquela hora, saem às 6 horas. Trabalham, pois 11 horas a fio, em serviço noturno, apenas com um descanso de 20 minutos, à meia noite! O pior é que eles se queixam que são espancados pelo mestre de fiação. Muitos nos mostraram equimoses nos braços e nas costas. Alguns apresentavam mesmo ferimentos produzidos

(39) CANO, Wilson. *Op. cit.*, 1998, p. 127 e ss.

(40) "Os protestos ganham eco e o problema da tuberculose vem à tona. O governo toma a iniciativa de investigar nas oficinas da imprensa, de que ali trabalhavam crianças tuberculosas, tendo o então diretor do Instituto de Assistência à Infância, Dr. Moncorvo Filho, constatado que das 46 crianças ali empregadas, de 12 a 14 anos de idade, somente 15 não estavam tuberculosas. No entanto, nas fábricas e oficinas particulares, a tuberculose grassa em jovens e velhos trabalhadores". *Jornal A Terra Livre*, v. II (44), 18 ago. 1907. Disponível em <http://bibdig.biblioteca.unesp.br/handle/10/26715>. Acesso em: 7 mar. 2018.

(41) MORAES, Evaristo de. *Apontamentos de direito operário*. São Paulo: LTr, 1971. p. 36-39.

com uma manivela. Um há com as orelhas feridas por continuados e violentos puxões. Trata-se de crianças de 12, 13 e 14 anos.[(42)]

Gimenez[(43)] observa que o Brasil da Primeira República era um país com uma população muito jovem; a oferta abundante contribuía para essas práticas empregatícias. Os dados do Censo de 1920[(44)] indicam que entre uma população total de 30,6 milhões de habitantes, 21,9 milhões de pessoas (71,5%) tinham até 29 anos, mais de 13 milhões (41,1%) tinham até 14 anos, e 6,4 milhões (20,9%) tinham até 6 anos de idade (IBGE, 1939). Não somente o Brasil da Primeira República é um país de jovens, mas também é um país pobre, com uma renda *per capita* baixa e fortemente concentrada. Em 1920, logo após o desfecho da Primeira Guerra Mundial, estima-se que a renda *per capita* brasileira (US$ 963) representava 17,3% da norte-americana, 27,7% da argentina, 29% do Ocidente europeu e pouco mais de 58% da renda *per capita* média da América Latina.[(45)]

Tabela 2 — Dimensões do excedente estrutural de força de trabalho — São Paulo e Rio de Janeiro, 1920.

Cidades	Números absolutos	Percentuais em relação à PIA
São Paulo	184.092	41%
Rio de Janeiro	325.133	51%

Fonte: DGE. Recenseamento Geral de 1920. Vol. IV. Parte 5. População, 1930, p. 24, 25, 26,27, 170, 171, 172 e 173. A PIA das duas cidades também foi calculada a partir do Censo Demográfico. DGE. Recenseamento Geral de 1920. Vol. IV. Parte 2. Tomo 1. População, 1928, p. 8, 134, 135, 136, 137, 138, 139, 170, 171, 172, 173 e 174. In CRUZ, Marcelo Freitas S. de Moraes, *Op. cit.* p. 96.

Ainda sobre o crescimento demográfico na transição do Império para a República, até a década de 1930, vale observar a expansão que ocorreu, com os dados de Merrick:[(46)]

---

(42) Jornal *O Estado de S. Paulo*, 5 set. 1917 *Apud* DECCA, Maria Auxiliadora Guzzo. *Indústria, trabalho e cotidiano. Brasil — 1889-1930*, 4. ed. São Paulo: Atual, 1991. p. 38.

(43) GIMENEZ, Denis Maracci. *Ordem liberal e a questão social no Brasil.* São Paulo: LTr, 2008.

(44) IBGE. *Anuário estatístico do Brasil 1938*. Rio de Janeiro: IBGE. v. 4, 1939.

(45) MADDISON, A. *The World Economy:* A Millennial Perspective. Paris: OECD, 2001 *Apud* GIMENEZ, Denis Maracci. *Ordem liberal e a questão social no Brasil.* São Paulo: LTr, 2008.

(46) MERRICK, Thomas W. The Population of Latin America, 1930-1990. In: BETHEL, Leslie (Org.). *The Cambridge History of Latin America*. vol. VI, tomo 2. Cambridge: Cambridge University Press, 1994. p. 7.

Gráfico 2 – População residente no Brasil, 1872-1930.

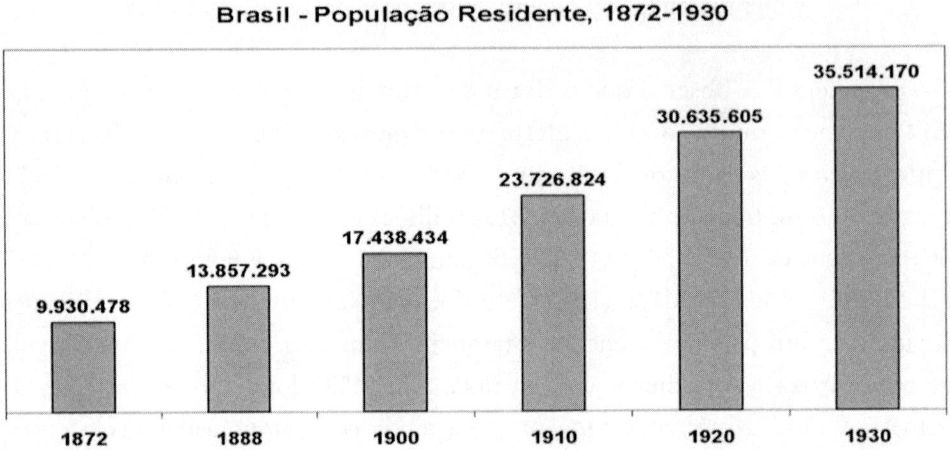

Fonte: IBGE

Em 1930, o Brasil com cerca de 35 milhões de habitantes respondia por 31% da população da América Latina (107,4 milhões de habitantes), contra 15,4% do México, 11,1% da Argentina, 6,8% da Colômbia e 5,3% do Peru (Merrick, 1994, p. 7).

A expansão demográfica em São Paulo superou a da capital, Rio de Janeiro, em função, principalmente, da vinda de enorme contingente de imigrantes que viriam a trabalhar — ou tentar a sorte, ao menos — nas fábricas têxteis e na indústria e comércio então nascentes. Os dados indicam para um acentuado aumento demográfico ocorrido nessas cidades durante as duas primeiras décadas do século XX. Esse incremento implicou maiores demandas urbanas e consequente expansão dos mercados consumidores, tanto em São Paulo e no Rio de Janeiro como no Sul do país, com a imigração que ocorreu nos últimos anos do século XIX para o século XX. Tais demandas causaram o crescimento industrial;[(47)] porém, somente com a produção mecanizada é que ocorre a complementação desse processo. A grande indústria é o momento final do processo de constituição do capitalismo, em que está garantida a generalização do trabalho assalariado, bem como o pleno domínio do capital, ou seja, sua autodeterminação mediante autorreplicação.

---

(47) OLIVEIRA, Carlos Alonso Barbosa de. *Processo de industrialização*, p. 53-54 *apud* BIAVASCHI, Magda Barros. *O direito do trabalho no Brasil*, p. 57. Em síntese, o processo de constituição do capitalismo complementa-se quando surge a produção mecanizada, organizada como grande indústria. Deixa claro, porém, que o período manufatureiro (acumulação primitiva) é momento necessário ao surgimento da grande indústria mecanizada, já que: a) foi nele que se criou o exército de proletários e que se centralizou o capital dinheiro passível de transformar-se em capital industrial; b) aprofundou-se a divisão social do trabalho, constituindo mercados com extensão necessária à produção fabril, que, desde seu início, se apresentou como produção em massa; e c) deu-se a diferenciação e especialização dos instrumentos de trabalho e o aparecimento de operários especializados, condição para a própria produção de máquinas.

Tabela 3 – Crescimento da população, por regiões entre 1890 e 1940.[(48)]

Crescimento da população, por regiões entre 1890 e 1940
População em 1890 = 100. (em %)

Região	Incremento Total	Taxa Média Geométrica Anual
Norte	208,6	2,29
Nordeste	140,5	1,8
Leste	136,6	1,75
São Paulo	419,2	3,37
Sul	300,9	2,8
Centro-Oeste	292,6	2,79

Fonte: Dados Básicos do IBGE. Anuário Estatístico do Brasil, 1941-1945. Rio de Janeiro, 1946, p. 24.
Extraído de Santos (1973, p.255).

Conforme tabela a seguir,[(49)] o Censo de 1920 indica que mais de 80% da população de 30 milhões de habitantes vivia no campo; a dificuldade em manter a eficácia de uma legislação era patente em um contexto, marcadamente, de população rural, o que só começa a mudar na década de 1970.

(48) Ver mais detalhes em População nos Censos Demográficos, segundo as Grandes Regiões e as *Unidades da Federação - 1872/2010*, disponível em: https://censo2010.ibge.gov.br/sinopse/index.php?dados=4&uf=00 Acesso em: 7/3/2018.

(49) *Fonte: IBGE.*

Tabela 4 — População presente por sexo, segundo as Grandes Regiões e Unidades da Federação — 1872-1920.

1. DEMOGRAFIA

1.7 – População presente, por sexo, segundo as Grandes Regiões e Unidades da Federação – 1872-1920

GRANDES REGIÕES E UNIDADES DA FEDERAÇÃO	POPULAÇÃO PRESENTE							
	1º-8-1872 (1)		31-12-1890		31-12-1900 (2)		1º-9-1920	
	Homens	Mulheres	Homens	Mulheres	Homens	Mulheres	Homens	Mulheres
BRASIL	5 123 869	4 806609	7 237 932	7 095 983	8 831002	8 487 554	15 443 818	15 191 787
NORTE	173 967	158 880	247 278	229 092	365 107	330 005	757 219	681 833
Acre	-	-	-	-	-	-	58 330	34 049
Amazonas	31 470	26 140	80 921	66 994	136 636	113 120	196 202	166 964
Pará	142 497	132 740	166 357	162 098	228 471	216 885	502 687	480 820
NORDESTE	2 363 462	2 275 098	2 956 944	3 045 103	3 363 970	3 385 537	5 507 595	5 738 326
Maranhão	178 831	180 209	212 586	218 268	246 751	252 557	428 759	445 578
Piauí	102 267	99 955	133 707	133 902	169 163	165 165	303 185	305 818
Ceará	365 847	355 839	394 909	410 778	419 279	429 848	637 518	681 710
Rio Grande do Norte	119 292	114 687	130 712	137 561	133 925	140 392	260 778	276 357
Paraíba	190 114	186 112	219 833	237 399	244 201	246 583	468 580	492 526
Pernambuco	428 588	412 951	503 555	526 669	586 012	592 138	1 055 313	1 099 522
Alagoas	173 497	174 512	250 480	260 960	333 141	316 132	479 303	499 445
Sergipe	85 579	90 664	150 892	160 034	175 184	181 080	228 055	249 009
Bahia	719 447	660 169	960 270	959 532	1 056 314	1 061 642	1 646 104	1 688 361
SUDESTE	2 101 802	1 915 120	3 144 615	2 959 769	3 999 613	3 704 520	6 988 096	6 666 838
Minas Gerais	1 047 026	992 709	1 627 461	1 556 638	1 838 238	1 756 233	2 981 806	2 906 368
Espírito Santo	41 466	40 671	69 813	66 184	109 228	100 555	234 933	222 395
Rio de Janeiro	576 966	480 730	739 330	660 205	866 578	751 022	1 389 617	1 327 627
São Paulo	436 344	401 010	708 011	676 742	1 185 569	1 096 710	2 381 740	2 210 448
SUL	372 675	348 662	729 316	701 399	914 693	881 802	1 798 224	1 738 943
Paraná	64 810	61 912	128 209	121 282	168 927	158 209	354 526	331 185
Santa Catarina	81 157	78 645	141 989	141 780	161 558	158 731	339 712	329 031
Rio Grande do Sul	226 708	208 105	459 118	438 337	584 208	564 862	1 103 986	078 727
CENTRO-OESTE	111 963	108 849	159 779	160 620	187 619	185 690	392 684	365 847
Mato Grosso	31 623	28 794	47 196	45 631	59 797	58 228	133 146	113 466
Goiás	80 340	80 055	112 583	114 989	127 822	127 462	259 538	252 381

(1) Os resultados não incluem 181.583 pessoas, entre homens e mulheres, estimadas para 32 paróquias situadas: no Maranhão (1 paróquia – 1.600 pessoas), Piauí (2 paróquias – 9.600 pessoas), Sergipe (5 paróquias – 58.400 pessoas), Minas Gerais (14 paróquias – 62.954 pessoas), Rio de Janeiro (6 paróquias – 36.880 pessoas) e Rio Grande do Sul (4 paróquias – 12.149 pessoas), nas quais não foi feito o recenseamento na época determinada. (2) Esses resultados incluem a estimativa da população, na data de referência, para o Distrito Federal, tendo em vista o cancelamento do Censo, sendo então, em 20-09-1906, ali realizado um novo Censo.

Fonte: Estatísticas Históricas do Brasil — Séries Econômicas, Demográficas e Sociais de 1550 a 1988. 1. ed., rev. e atual. Rio de Janeiro, IBGE, 1990. p. 33.[50]

(50) Disponível em: <https://biblioteca.ibge.gov.br/visualizacao/livros/liv21431.pdf>. Acesso em: 7 mar. 2018.

Uma questão fulcral nas relações sociais de produção no campo, após a Abolição, foram os resíduos da própria escravidão. Algo essencial naquele momento de transição de regimes era que o acesso às atividades laborais continuasse disponível e que não houvesse mudanças acentuadas no conteúdo da compulsão ao trabalho.

De acordo com Azis Simão:(51)

> Do ponto de vista das gestões econômicas, a diferença entre o braço escravo e o livre representava apenas uma diferença na forma de investimentos em mão de obra — nunca a negação do direito privado de determinar as condições de locação da força de trabalho. Tal privatismo não foi aqui, portanto, uma consequência da simples adoção das ideias do liberalismo econômico, criadas nas áreas europeias em que se originou a sociedade capitalista. Ao contrário, apenas ajustaram, no processo da vida política, formulações jurídicas do Estado liberal às normas já elaboradas na experiência econômico-social do período escravista. (...) A reivindicação de normas do direito público restritivas do arbítrio pessoal no estabelecimento do regime de trabalho resultou da ampliação da própria experiência social dos assalariados no processo de crescimento da economia urbana.

Tabela 5 – Distribuição da população brasileira, 1920-2000.

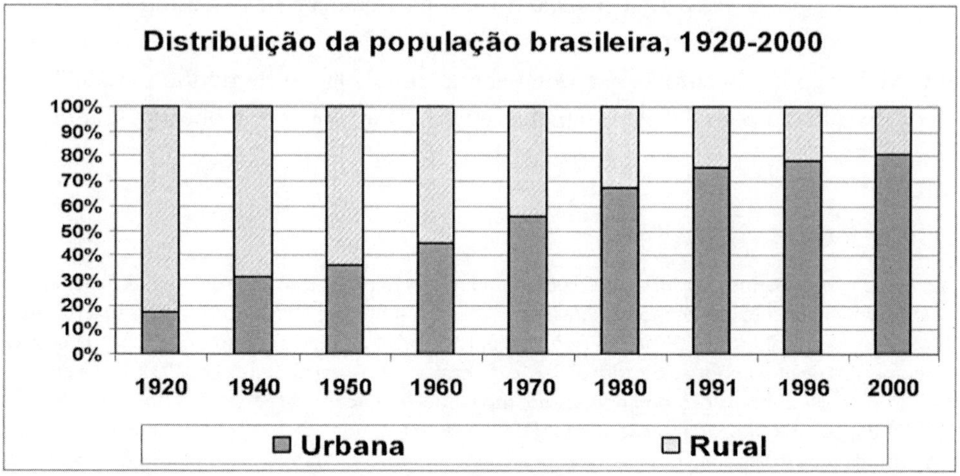

(51) SIMÃO, Azis. *Sindicato e Estado:* suas relações na formação do proletariado de São Paulo. São Paulo: Ática, 1981. p. 58-59.

Na visão de Cruz, "a formação da classe trabalhadora em São Paulo foi um processo que teve sua apresentação histórica de forma conjunta com a imigração". Essa foi a principal saída, em São Paulo, para o fim do escravismo. Diante dessa crise, o Estado realizou uma forte intervenção no "mercado de trabalho" com o objetivo de garantir o acesso barato ao trabalho por parte do setor exportador da economia.(52) Para tanto, era necessário inverter a equação histórica e retirar a sociedade brasileira de sua característica agrária para transformá-la em uma nação moderna. O que se está a olhar, em última instância, é um processo que não se inicia com Getúlio Vargas, mas que marca, como antes sublinhado, nova fase do período de transição do capitalismo: o da industrialização restringida, que, segundo periodização que se encontra em Cardoso de Mello,(53) estende-se de 1933 a 1955.

No período de 1907 a 1919 a economia paulista entra em franca expansão e assume a liderança industrial. Se no ano de 1907, São Paulo detinha apenas 13% da produção nacional, em 1919 a cifra aumentaria para 38% — e a Guanabara passaria de 40% para 31%. É o momento também em que o Estado passa a intervir na relação capital-trabalho, e nisso entram as discussões sobre a legislação trabalhista.

Tecidos de algodão, calçados, chapéus podem ter sua produção empregada como variável para estimar as participações de São Paulo e da Guanabara na produção industrial do país no período. Observando-se os dados para o consumo nacional desses ramos, apurado que o peso da produção nacional sobre a oferta total era de 65% em 1907 e de 88% em 1919, e ponderados os níveis de concentração de produção por esses percentuais, tem-se a participação desses estados na oferta total em contexto de exportações incipientes. Tal participação eleva-se de 38% em 1907 (São Paulo com 16% e Guanabara com 22%) aumentando para 53% em 1919 (São Paulo com 33% e Guanabara com 20%), conforme observa Cano.(54)

(52) MELLO, João Manuel Cardoso de. *O capitalismo tardio.* Contribuição à revisão crítica da formação e do desenvolvimento da economia brasileira. 10. ed. Campinas: Unicamp/IE, 1998. p. 110. *Apud* BIAVASCHI, Magda Barros. *O Direito do Trabalho*, p. 121. Para o autor, o período de 1888 a 1933 marca os momentos de nascimento e de consolidação do capital industrial no Brasil. Em 1933, inicia-se nova fase do período de transição do capitalismo, movendo-se a acumulação de acordo com um novo padrão: é a fase da industrialização restringida e que se estende até 1955. De 1956 a 1961, há um processo de industrialização pesada, demarcada por um novo padrão da acumulação e crescimento acelerado da capacidade produtiva dos setores de bens de produção e de duráveis de consumo.

(53) MELLO, João Manoel Cardoso de. *O capitalismo tardio. Apud* BIAVASCHI, Magda Barros.

(54) CANO, Wilson. *Op. cit.*, 1998, p. 238 e ss.

Tabela 6 — Valor da produção de São Paulo e Guanabara (GB) em relação ao total do Brasil (%).

Produtos		1907	1919
Tecidos e outros têxteis	SP	22%	38%
	GB	27% 49%	17% 55%
Calçados	SP	24%	36%
	GB	56% 80%	42% 78%
Chapéus	SP	30%	66%
	GB	42% 72%	27% 93%
Todos os produtos têxteis e de vestuário	SP	25%	37%
	GB	33% 58%	23% 60%

Adaptado de CANO, Wilson. 1998, p. 239.

Com base nos dados do censo industrial de 1907, já havia a indicação que a indústria não era formada apenas por pequenos e médios estabelecimentos, de tipo artesanal ou manufatureiro. Havia grandes empresas que, conquanto em reduzido número, detinham o grosso da produção e do emprego, entre as quais se destacavam algumas fábricas de fiação e tecelagem.(55)

Conforme o Censo Industrial de 1919, ao passo que 57,3% das empresas de São Paulo empregavam até quatro operários e respondiam por apenas 6,4% do total de operários, as empresas compreendiam apenas 0,8% do número de estabelecimentos e empregavam 31,5% do total dos operários. No restante do país, elas respondiam por pouco menos de 0,7% do total de estabelecimentos e empregavam 21,9% dos operários.(56) Em São Paulo, a maioria dos operários fabris estava concentrada em empresas de maior porte, apesar do grande número de pequenas empresas.(57) No mesmo ano de 1919, o Brasil passou por uma nova fase em seu desenvolvimento social e trabalhista, com a assinatura do Tratado de Versalhes, em que o país se comprometia a cumprir determinadas recomendações em favor dos trabalhadores, além de filiar-se à Organização Internacional do Trabalho. Crescia, com isso, a responsabilidade legislativa do governo, no sentido de uma maior intervenção do Estado nas relações econômicas entre trabalhadores e patrões.

São Paulo exibia volume maior que a capital federal de trabalhadores qualificados em atividade, de acordo com os dados do Censo Industrial de 1920,

(55) OLIVEIRA, Marco Antônio de. *Política trabalhista e relações de trabalho no Brasil da era Vargas ao governo FHC*. Tese de Doutorado, Instituto de Economia, UNICAMP, 2002. p. 14.

(56) CANO, Wilson. *Op. cit.*, 1998, p. 215.

(57) OLIVEIRA, Marco Antônio de. *Op. cit.*, 2002, p.16.

que possui informações pormenorizadas sobre a remuneração dos mais diversos ramos, através do gênero industrial. Para cada indústria, desse modo, é possível averiguar o aspecto específico de remuneração entre o trabalho qualificado e o não qualificado. A Tabela 6 demonstra essa especificidade, por gênero de indústria, nos dois maiores centros industriais do período, Rio de Janeiro (cidade) e São Paulo (estado). Antes de elucidar os números da Tabela 6, cabe mencionar que não é de todo modo surpreendente se deparar ali com níveis de remuneração expressivamente distintos entre mercados de trabalho não tão distantes em termos geográficos. Deve-se advertir que deslocamentos populacionais internos não eram tão importantes, nesse período; destarte, admissível o argumento de que se tratava de mercados segmentados até então. Como se constata, o aspecto distintivo de qualificação é expressivamente maior na cidade do Rio de Janeiro que em São Paulo, nas médias das indústrias: ao passo que no Rio de Janeiro, um trabalhador qualificado recebia em torno de 60% a mais do que os trabalhadores não qualificados do mesmo gênero industrial, em São Paulo, esse percentual orbitava em torno de 35%.

Tabela 7 — Relação entre salários médios da mão de obra qualificada e salário médio da mão de obra não qualificada, por gênero de indústria (cidade do Rio de Janeiro e estados de São Paulo e Minas Gerais) em 1920.

Gênero de indústria	Unidades da Federação	
	Rio de Janeiro (DF)	São Paulo
Têxtil	159,3	147,3
Couros e Peles	ND	152,1
Madeiras	118,9	128,6
Metalurgia	177,6	145,2
Cerâmica	195,5	164,3
Produtos Químicos	ND	ND
Alimentação	122,2	126,6
Vestuário	133,0	111,1
Mobiliário	154,1	131,3
Edificação	206,9	106,0
Transporte	150,2	ND
Forças Físicas	164,3	ND
Média[b]	158,2	134,7

Fonte dos dados brutos: DGE, 1928, Parte II, Tabela I, p. 440-87.[(58)]

(58) Dados adaptados de VERSIANI, Flavio Rabelo. Escravos, homens livres e imigrantes: notas sobre a oferta de trabalho para a indústria período até 1920. In: SILVA, Sérgio S.; SZMRECSÁNYI, Tamás (Orgs.). *História econômica da Primeira República*, vol. 1. São Paulo: Hucitec, 1996.

Números-índices: salário médio da mão de obra não qualificada em cada indústria = 100.

Média não ponderada.

Nd: Dado não disponível: o gênero industrial não existe, ou o número de observações não é relevante.

Observação: Para cada gênero de indústria foi escolhida certa categoria representativa de trabalho qualificado: Têxtil: tecelão; Couros e Peles: curtidor; Madeira: serrador; Metalurgia: ferreiro; Cerâmica: vidreiro; Alimentação: moleiro; Vestuário: cortador de calçados; Mobiliário: marceneiro; Edificação: carpinteiro; Transportes: seleiro; Forças Físicas: foguista. Para o trabalho qualificado, definiram-se como representativa a função de batedor na Indústria Têxtil, e categoria residual "outras profissões", no caso das demais indústrias.(59)

As vultosas levas migratórias ocuparam o mercado de trabalho que surgia na cidade a partir dos surtos industriais, da expansão dos serviços urbanos e da própria urbanização. Esse preenchimento foi constantemente reforçado durante a conjuntura de crise enfrentada pelo setor cafeeiro nos primeiros anos do século XX.(60) Com o aumento da imigração europeia e o crescimento demográfico da população, nas principais cidades, que reforçaram a oferta de mão de obra, foi ampliada também a intensa utilização do trabalho de mulheres e de menores nas atividades fabris. Ainda em 1920, 40,8% do total de ocupados na indústria eram formados por mulheres e menores, cuja presença era predominante nas indústrias têxteis, do vestuário e da alimentação. Na cidade de São Paulo, essa proporção chegava a 43,1%, e no Distrito Federal a 35%.(61)

De acordo com Decca,(62) os trabalhadores, igualados e homogeneizados naquela estatística por sua "condição operária", são em sua maior parte imigrantes e filhos de imigrantes na cidade de São Paulo que, aliás, ainda é vista por alguns

(59) VERSIANI, Flavio Rabelo. *Op. cit.*, 1996.

(60) CRUZ, Marcelo Freitas Soares de Moraes. *Op. cit.*, 2014, p. 133 *apud* CANO, Wilson. *Raízes da Concentração Industrial em São Paulo.* São Paulo: Difel, 1977. p. 126.

(61) PINHEIRO, Paulo Sergio. O proletariado industrial na Primeira República. In: *História Geral da Civilização Brasileira***.** 3. ed., tomo III – O Brasil Republicano, 2º vol. Sociedade e Instituições (1889-1930). São Paulo: Difel, 1986. p. 146.

(62) DECCA, Maria Auxiliadora Guzzo. *A vida fora das fábricas:* cotidiano operário em São Paulo (1920/1934). São Paulo: Paz e Terra, 1987. p. 16.

observadores como uma cidade "estrangeira", mesmo em 1940.[63] Ainda de acordo com a autora, apesar da excessiva preocupação com a constituição de uma "nação" realmente brasileira, que percorre, aliás, todas as pesquisas sobre a "população paulistana" realizada na década de 1930 pelo Departamento de Cultura, a cidade de São Paulo, nos fins dos anos 1920 e início dos 1930, mostra-se como um centro industrial, operário e "estrangeiro": os italianos, seus filhos e netos sendo majoritariamente trabalhadores industriais. A xenofobia, fato consumado nas primeiras décadas do século XX, principalmente em relação ao trabalhador no estado de São Paulo, ainda percorre relatos da mais diferente natureza no decorrer da década de 1930.[64]

Conforme atestam os dados do Boletim da Diretoria de Terras, Colonização e Imigração:

Tabela 8 — Evolução imigratória no estado de São Paulo (1827-1929).

Evolução Imigratória no Estado de São Paulo (1827-1929)

	Imigração Total	Migração Brasileira
1827-1884	37.841	------------
1885-1889	168.127	-----------
1875-1899	----------	965
1890-1899	735.076	----------
1900-1909	388.708	20.874
1910-1919	480.509	33.927
1920-1929	712.436	225.183
Total	2.522.337	280.949

Fonte: Movimento Migratório no Estado de São Paulo. D.T.C.I., Boletim da diretoria de Terras, Colonização e Imigração. Secretaria de Agricultura, Indústria e Comércio. São Paulo, ano I, outubro de 1937. N. 1, p. 29-72. Apud, Florestan, 1978, p.102/103.

Os dados de São Paulo e Rio de Janeiro[65] merecem destaque por conta da leva de imigrantes que chegavam a esses destinos, o que iria trazer, ainda nas

(63) ARAÚJO, Oscar Egídio de. Enquistamentos Étnicos. *Revista do Arquivo Municipal*. São Paulo, Departamento de Cultura, 1940, n. 65, p. 227-46: "(...) Diante desse resultado seria preferível fazer o que, pilheriando, disse o Prof. Samuel Lowrie, da Universidade do Texas, na ocasião em São Paulo: estudar não as colônias estrangeiras, mas a colônia brasileira" (p. 230).

(64) DECCA, Maria Auxiliadora Guzzo. *Op. cit.*, 1987, p. 16-17.

(65) CRUZ observa que "(...) Dentro dessa massa da população sem integração produtiva bem definida destacava-se a presença muito mais significativa de brasileiros do que de imigrantes, principalmente

primeiras décadas da República, um acirramento da questão social, ou mais especificamente, da questão em torno do capital e trabalho. A estrutura ocupacional da população economicamente ativa em 1920 nos dois estados nos permite observar em quais setores iria se desenvolver de maneira mais acentuada a tensão. Parcela considerável da classe operária vivia nessa região, sobretudo nas capitais federal e estadual homônimas, em condições precárias de vida, em meio a padrões de higiene considerados, por vezes, imorais pelos representantes da indústria, residindo em porões alugados por proprietários de casas, consumindo maus gêneros alimentícios oferecidos por comerciantes.(66) Essa população estaria às voltas com altas taxas de mortalidade infantil e com tipos variados de flagelos, como a febre tifoide, tuberculose, mortalidade infantil, alcoolismo, desnutrição, prostituição etc.(67)

Tabela 9 — Estrutura ocupacional da população economicamente ativa em 1920.

Estrutura Ocupacional da População Economicamente Ativa em 1920

Atividades	Guanabara	São Paulo	Demais Estados
Primárias	6,4	63,9	75,6
Indústrias	32,0	16,6	11,0
Transporte e Comércio	27,4	10,1	6,5
Outros serviços, inclusive governo	19,3	6,1	3,6
Serviços domésticos	14,9	3,3	3,3
Total	100,0	100,0	100,0

Fonte: Anuário Estatístico do Brasil, 1939-1940, páginas 1302-1303. Tabela extraída de Cano (1998).

Além das altas taxas de mortalidade infantil e problemas variados relacionados à saúde, essa população encontrava péssimas condições de trabalho, sem

no Rio de Janeiro. Na capital, quase 78% das pessoas que se enquadram no excedente estrutural de força de trabalho era composta por brasileiros, enquanto apenas 22% eram estrangeiros. O caso de São Paulo mostra um panorama mais bem distribuído, uma vez que 52% do total do excedente era de fato brasileira. Entretanto, devemos mencionar que o percentual estrangeiro da população era muito maior em São Paulo do que no Rio de Janeiro, ainda mais se levarmos em consideração apenas a população com alguma ocupação definida. Além disso, podemos inferir que dentro da população considerada nacional de ambas as cidades havia um imenso contingente de descendentes de estrangeiros". *Op. cit.*, p. 97.

(66) NOGUEIRA, Octavio Pupo. O problema das vilas operárias. *Diário da Noite*, 12-7-1926. Ver também LIMA, Marcos Alberto Horta. *Legislação e trabalho em controvérsias historiográficas:* o projeto dos industriais brasileiros (1919-1930), 2005, p. 40.

(67) *Idem.*

higiene ou segurança dignas — especialmente quando se observam as pequenas fábricas, situadas em locais transitórios e insalubres, sem iluminação, ventilação ou proteção para o uso das máquinas, fator de numerosos acidentes.

Nos locais de trabalho prevaleciam os regulamentos internos, que determinavam as condições sobre a jornada de trabalho, valor dos salários, idade de admissão de menores, multas por atrasos, conversas e eventuais equívocos cometidos na produção. Não era previsto o pagamento de horas extras, descanso semanal, férias ou licença para tratamento de saúde, e as pouco numerosas normas de proteção aos trabalhadores eram desconhecidas ou meramente desconsideradas.

Como constata Souto Maior[(68)], já nos primeiros anos do século passado são criadas importantes associações em defesa dos trabalhadores. No ano de 1903, é criada a Federação de Associações de Classe, que realiza, no ano de 1906, outro Congresso Operário. Ainda em 1903, é concebida, no Rio de Janeiro, a Federação dos Operários em Fábricas de Tecidos, com clara inspiração no modelo sindical francês, adicionando a conscientização do anarquismo entre os operários. Com essa organização, tem-se oportunidade para a primeira greve geral[(69)] no país, desencadeada no mesmo ano de 1903, tendo sido alimento do movimento popular, de 1904, a "Revolta da Vacina".[(70)] Também em 1903, o operariado, após as agitações advindas das discussões de 1892 do Código Civil, foi contemplado com a recomendação do ministro da Suprema Corte Lúcio de Mendonça para que os esforços dos trabalhadores fossem direcionados em inserir no projeto de lei institutos de caráter trabalhista. E, procurando melhorar suas condições de vida, fundaram na cidade do Rio de Janeiro a Federação Operária Regional Brasileira, com sede naquela cidade.

Em 1906 ocorreu o I Congresso Operário Brasileiro (COB)[(71)] em que, das 38 organizações presentes, 26 eram paulistas. Essa participação decorria do fato de São Paulo já começar a ter destaque no movimento operário brasileiro. E não era

---

(68) SOUTO MAIOR, Jorge Luiz. *História do Direito do Trabalho no Brasil* — Curso de Direito do Trabalho, vol I – Parte II. São Paulo: LTr, 2017. p. 127.

(69) O relato da primeira greve geral no país, em 1903, pode ser averiguado no estudo pormenorizado realizado por AZEVEDO, Francisca Nogueira de. *Malandros descontrolados:* o diário da primeira greve geral no Rio de Janeiro. Rio de Janeiro: Relume-Dumará/Prefeitura, 2005.

(70) GOLDMACHER, Marcela. Movimento operário: aspirações e lutas. Rio de Janeiro (1890-1906). In: MATTOS, Marcelo Badaró (Org.). *Trabalhadores em greve, polícia em guarda:* greves e repressão policial na formação da classe trabalhadora carioca. Rio de Janeiro: Bom Texto, 2004. p. 110.

(71) Conforme observa Ângela de Castro Gomes, no Rio de Janeiro, criada por deliberação do I Congresso, de 1906, foi a FORJ (Federação Operária do Rio de Janeiro) — que, de 1907 a 1909, organizou a comemoração do 1º de Maio no Rio de Janeiro, fazendo dessa data a oportunidade para divulgar

de estranhar, quando se observa o elemento do imigrante e da composição étnica do operariado paulista nesse período.(72) Merece destaque a força dos anarquistas na primeira década do século XX, muito por conta da imigração em São Paulo, em um período de acelerado crescimento de seu parque industrial. Foi esse grupo ativo que conduziu os primeiros grandes passos do movimento operário, em que a repressão foi das mais fortes. Através da doutrinação, mobilização e organização da classe trabalhadora, os movimentos desencadeados pelos anarquistas foram considerados como radicais, pela classe patronal, com intensa atividade sindical de arregimentação. Nesse momento se fundaram diversas organizações de classe, círculos políticos, com intensa atividade cultural então inédita.(73)

No primeiro Congresso Nacional transcorreram os trabalhos sobressaindo, especialmente, duas tendências sindicais em relação à oferta de mão de obra: a revolucionária e a reformista, sendo essa preocupada, exclusivamente, com as melhorias graduais das condições profissionais de classe. Esse ponto de vista sai vitorioso do Congresso de 1906, com destaque para a seguinte resolução:

> (...) Considerando que o operariado se acha extremamente dividido pelas suas opiniões políticas e religiosas; que a única base sólida de acordo e de ação são os interesses econômicos comuns a toda classe operária, os de mais clara e pronta compreensão; que todos os trabalhadores, ensinados pela experiência e desiludidos da salvação vindo de fora de sua vontade e ação, reconhecem a necessidade iniludível da ação econômica direta de pressão e resistência, sem a qual, ainda para os legatários, não há lei que valha; o Congresso aconselha proletariado a organizar-se em sociedade de resistência econômica, agrupamento essencial, e, sem abandonar a defesa, pela ação direta, dos rudimentares direitos políticos de que necessitam as organizações

o seu real sentido e para propagar os ideais de sua doutrina. No ano de 1908, a FORJ lançou o jornal *A Voz do Trabalhador*, como órgão da COB (Confederação Operária Brasileira), passando a utilizá-lo como canal para discordar dos socialistas e de suas ideias para fundar um partido. Ver mais informações em GOMES, Ângela de Castro. *Op. cit.*, 1988, 119.

(72) SIMÃO, Azis. *Op. cit.*, 1981, p. 26-27; BANDEIRA JUNIOR, Antonio Francisco. *A Indústria no Estado de São Paulo em 1901*. Estudo de Antônio Francisco Bandeira Junior. São Paulo: Typ. do Diario Official, 1901. XXIX, *Introdução;* FERREIRA, Maria Nazaré. 1978, *Op. cit.*, p. 56.

(73) DIAS, Everardo. *História das lutas sociais no Brasil.* São Paulo: Edaglit, 1962. p. 51; SIMÃO, Azis. *Op. cit.*, 1981, p. 163: "Os anarquistas não só condenavam as caixas beneficentes das empresas como se opunham à inclusão do mutualismo entre as finalidades dos sindicatos". Particularmente, até a Primeira Guerra Mundial, combateram as mutuais e especialmente as organizadas pelo patronato e pela Igreja, através de sua imprensa e atuação nas "ligas operárias".

> econômicas, a por fora do sindicato a luta política especial de um partido e as rivalidades que resultariam da adoção, pela associação de resistência, de uma doutrina política ou religiosa, ou de um programa eleitoral.[74]

Observa-se desse manifesto o êxito de certa concepção dos sindicatos profissionais entregues à luta econômica por melhores condições de vida para os trabalhadores. Como resultado desse manifesto, começam a aparecer por todo o país as sociedades de resistência, principalmente entre os estivadores e armazenadores, com o fortalecimento das uniões e associações de empregados no comércio, condutores de viaturas, sapateiros e outras categorias. Essas categorias mantinham contato com outras, de outros centros operários, trabalhando todos em torno de um propósito comum. Ocorreram inúmeras greves, procurando os poderes políticos coibi-las com o uso do aparato repressor e da violência do Estado. A própria oferta da mão de obra e melhores condições de salários foi um dos motivos para as greves do período.

Em relação à disponibilidade de mão de obra e dos níveis salariais, isso não chegou a ser uma dificuldade à expansão das atividades urbano-industriais. Ao se decidir o problema da mão de obra necessária à expansão da economia cafeeira, decidiu-se também o problema da mão de obra para a indústria, seja pela entrada direta de imigrantes no meio urbano, seja pelos êxodos rurais que ocorreram durante as crises cafeeiras mais intensas, entre 1898 e 1907, ou durante a redução do plantio de café, entre 1907 e 1910.[75] No ano de 1907, em São Paulo, as mulheres trabalhadoras, participando de atividades através de conferências, cursos noturnos de alfabetização, teatros operários, tomaram posição de suas lutas por seus direitos. A imprensa publicou o "Manifesto das Costureiras", cujo conteúdo oferece dimensão do nível de consciência que, através de lideranças femininas, já havia alcançado:

> Companheiras! Em vista da apatia que vos domina e que ninguém pode ainda discutir, nesta cidade em que somos tão exploradas, resolvemos nós fazer uma nota em defesa de todas, esperando que não nos deixeis sós a reclamar dos direitos que nos cabem indiscutivelmente(...).[76]

---

(74) ALEXANDRE, Francisco. *Theoria e Pratica do Syndicalismo*. Rio de Janeiro, 1935, p. 72-73.

(75) OLIVEIRA, Marco Antônio de. *Política trabalhista e relações de trabalho no Brasil:* da era Vargas ao Governo FHC. Campinas, 2002. p. 16.

(76) Este manifesto foi assinado pelas trabalhadoras Tereza Cari, Tecla Fabri e Maria Lopez, e foi publicado nos principais meios operários da época, especialmente nos de São Paulo, como a *Terra*

A greve de 1907 foi motivada, sobretudo, pela questão da redução da jornada de trabalho para oito horas, pretensão que logra sucesso parcial, para determinadas categorias, sendo que ainda nesse mesmo ano ocorreram revezes.

> Estas operárias (fazendo-se menção às costureiras) que sem dúvida alguma estavam em condições revoltantes, insuportáveis, declararam-se em greve também reclamando vários melhoramentos. Em quase todas as casas conseguiram nove a nove horas e meia de trabalho e aumento de ordenados (...).[(77)]
>
> As operárias da importante "Lavanderia Paulista" obtiveram com a greve a redução da jornada de trabalho que era em média de 11 a 14 horas (...).[(78)]

Assim, greves eram feitas por reclamações abarcando questões variadas em relação às mulheres e, de modo geral, ao conjunto dos trabalhadores: jornada de trabalho, seguro contra acidentes, aposentadoria, regulamentação do trabalho do menor, da mulher, férias, horas extras e outras. Seguindo as diretrizes apontadas pela ordem patronal, as classes dos ferroviários e de outros setores do operariado urbano se relacionavam no plano organizacional de acordo com a profissão e/ou empresa à qual estavam atrelados. As relações entre os capitais advindos do setor cafeeiro e a expansão do capital industrial não ocorriam num único sentido ou em uma única direção. No período 1906-10, por exemplo, houve o crescimento da indústria e estagnação do café, que teve que conviver com a baixa de preços externos e internos.[(79)] A indústria nacional teve maior vulto com o decorrer da Primeira Guerra, com a correspondente expansão das áreas urbanas e da população propriamente operária. Além do fator que a Revolução Russa de 1917 trouxe, com grande repercussão no Brasil, principalmente nos centros de maior densidade proletária, como São Paulo e Rio de Janeiro.[(80)]

Livre e o *Avanti*, em português, e no *La Bataglia*, em italiano. Ver também FERREIRA, Maria Nazaré. *Op. cit.*, 1978.

(77) Jornal *A Terra Livre*, n. 35, 1º jun. 1907. Também disponível em: ALVIN, Zuleika M.F. A participação política da mulher no início da industrialização em São Paulo. *Revista de História da USP*, n. 114 (1983). Disponível em: <http://www.revistas.usp.br/revhistoria/article/viewFile/62062/64898> Acesso em: 1º jun. 2017.

(78) Jornal *A Terra Livre*, n. 33, 10/5/1907. Ver também ALVIN, Zuleika M.F. *Op. cit.*, 1983.

(79) CANO, Wilson. *Op. cit.*, 1998, p. 78 e ss.

(80) De acordo com a estatística oficial, fundaram-se no Brasil, entre 1915 e 1919, 5.940 novos estabelecimentos industriais. E sobre a repercussão que teve a Revolução Russa, entre nós, veja-se a

Nas palavras de Evaristo de Moraes, àquela época, advogado e defensor dos trabalhadores oprimidos e de novas concepções associativas:

> (...) A organização operária, que se vai fazendo nesta cidade, trouxe, como principal consequência, a multiplicação das greves. Não é ocasião de aprofundar o assunto, indagando se há aqui, efetivamente, entre as classes trabalhadoras, os meios de resistência necessários para essas manifestações coletivas do *direito de não trabalhar*. Verdade é que tivemos que assistir, nos últimos anos, ao irrompimento de umas cinco ou seis greves, quase todas bem sucedidas. A reação apareceu, afinal, por parte do poder executivo, representado pela polícia. Continuou com a intervenção do poder judiciário. (...) *Por ocasião da chamada greve dos cocheiros — triste tentativa sem plano e sem chefe — toda gente imparcial se sentiu indignada diante dos processos violentos do pessoal da polícia, que pôs a capital da Republica em estado de sítio, prendendo, ameaçando, coagindo por todas as formas. (...)* A greve dos sapateiros *durou meses; deu ocasião a várias intervenções policiais e a não poucas prisões arbitrárias.*[81] (g.n.)

No ano de 1912, através do IV Congresso Operário Brasileiro, que não teve a participação dos anarquistas, houve a crítica por parte daqueles que apostavam em ações em prol da criação de leis trabalhistas, por intermédio da participação dos trabalhadores nas eleições, procurando sistematizar a pauta trabalhista. A representatividade desse congresso, que ficou conhecido posteriormente, como "pelego", "amarelo" — na crítica dos anarquistas — é questão discutível. O que importa destacar é que a realização do evento só foi viável através do patrocínio do governo federal, que forneceu o local para o evento, além do transporte dos trabalhadores. O fato é indicativo de que mesmo o Estado liberal da Primeira

---

seguinte passagem do livro de PIMENTA, Joaquim. *Retalhos do passado*. Departamento de Imprensa Nacional, 1949, p. 195: "(...) A consciência de classe, pode dizer-se que começou a definir-se nos dois últimos anos da guerra de 1914/1918, pela repercussão que teve ela, juntamente com a revolução russo-soviética, tanto nos centros obreiros do país que diretamente suportaram todo o peso da grande catástrofe, como nos meios trabalhistas das nações menos alcançadas pelos seus terríveis efeitos, entre elas o Brasil, e nas capitais de população proletária mais densa: São Paulo e Recife". Deve-se registrar a grande repercussão no Parlamento. Ver por exemplo os *Documentos Parlamentares, Op. cit.*, vol. II, p. 659-870, com os discursos de diversos deputados sobre as ocorrências trabalhistas da época.

(81) MORAES, Evaristo de. *Apontamentos de Direito Operário*. Rio de Janeiro, 1905. p. 60-62.

República passava a ter preocupação com a questão do trabalho: o liberalismo que antes só reconhecia indivíduos relacionados livremente pelo contrato passa a ter acomodações e rearranjos.

De acordo com Horta Lima,[(82)] desde o final da guerra mundial (1914-1918), as pautas e reivindicações operárias estavam colocadas na ordem do dia, sendo que o "socialismo" era algo que começava a ter um peso inclusive no cenário brasileiro, com a repercussão do sucesso bolchevique. Ainda no ano de 1914 a Convenção da *Federação Americana do Trabalho* emitia voto de paz durável, pelo restabelecimento das relações amistosas e proteção a todos os trabalhadores do mundo.[(83)]

Em um cenário caracterizado por novas perspectivas, as pautas reivindicatórias e os movimentos trabalhistas eram tratados com extrema violência, em que pese o risco à ordem republicana. A política destinada, durante a maior parte da Primeira República, portanto, aos trabalhadores urbanos, era a indistinta repressão policial aos movimentos anarquistas, comunistas e socialistas. Ainda que, por outro lado, procurando proporcionar a ordem social, os líderes das indústrias nacionais compreenderam que a relação entre capital e trabalho não poderia ser resumida a expedientes de cunho policial.[(84)]

Sabe-se que nas décadas de 1910 e de 1920 cresceram sobremaneira as discussões em torno do conflito capital-trabalho, enquanto nas cidades de São Paulo e do Rio de Janeiro as condições operárias se precarizavam. Em havendo uma burguesia pouco flexível, demandavam-se órgãos públicos capazes de estudar em profundidade a questão. Além do chão de fábrica e fora do Parlamento, outras condicionantes e cenários norteavam o debate em torno da questão laboral.

2. A repercussão dos embates operários na imprensa e nas primeiras leis trabalhistas

A importância da imprensa escrita não se restringe à função de retratar um determinado grupo social ou época, como seria fulcral ao historiador; ou mesmo

(82) LIMA, Marcos Alberto Horta. *Legislação e trabalho em controvérsias historiográficas:* o projeto político dos industriais brasileiros (1919-1930). Tese de Doutorado – Unicamp, 2005. p. 24.

(83) Referindo-se a esse apelo da Federação Americana do Trabalho, a Confederação Geral dos Trabalhadores (C.G.T.), em 15 de agosto de 1915, concitava o proletariado internacional ao comparecimento de uma Conferência, com o propósito de assentar as bases para uma paz duradoura, estatuindo: a) Supressão do regime dos tratados secretos; b) Absoluto respeito às nacionalidades; c) Arbitramento obrigatório para os conflitos entre as nações.

(84) LIMA, Marcos Alberto Horta. *Op. cit.*, 2005, p. 47.

como meio de veiculação (coletiva ou não), assim salutar aos olhos dos estudiosos da comunicação. Sua relevância pode ser averiguada nos estudos sociológicos como valiosa ferramenta para imprimir orientação coletiva. Deve-se observar, sobretudo, que por meio dos periódicos que os anarquistas, especialmente os anarcossindicalistas, procuravam conscientizar o conjunto da classe trabalhadora, e, principalmente, prover mobilização aos operários. Como destaca Dirceu Fernandes Lopes, "(...) De 1890 a 1920 surgiram no Brasil 343 jornais. Desses, 149 eram de São Paulo, 35% destes, em idioma estrangeiro. Outros 100 eram do Rio de Janeiro e os 94 restantes estavam espalhados por todo o Brasil. Dos 343 títulos, 60 eram editados em outros idiomas: um em alemão, quatro em espanhol e 55 em italiano".(85)

Já no ano de 1910, o Jornal *Correio da Manhã*(86) destacava a figura de Monteiro Lopes e sua atuação na Câmara, como o único deputado negro eleito no Brasil, seja nos Reinados seja na República. O representante carioca,(87) sufragado

---

(85) LOPES, Dirceu Fernando. *Uma história marcada por censura e resistência*. Disponível em: <http://www.usp.br/jorusp/arquivo/2008/jusp831/pag08.htm>. Acesso em: 23 de out. 2017. Como certo militante observou: "a missão do jornalismo não se limita, entretanto, a difundir ideias, a educar politicamente e a atrair aliados políticos. O jornal não é somente um agente coletivo de propaganda, mas também um organizador social". LENIN, Vladimir Ilich. *Arte, literatura y prensa*. Versão em espanhol de Guilherme G. Nicolau. México: Grijalbo, 1919, p. 105 *apud* FERREIRA, Maria Nazaré. *Op. cit.*, 1978, p. 88.

(86) *Correio da Manhã*, 14 dez. 1910, ed. 03098, p. 5.

(87) Conforme DOMINGUES, Petrônio, "Mais do que um deputado negro, ele era um deputado que assumia sua condição racial e travava embates em prol da 'causa'. Enquanto isso, a coluna 'Agulhas e alfinetes', do jornal *O Século* (17/5/1909), despejava pilhéria: "O deputado Monteiro Lopes é hoje o nosso homem político mais representativo". Na escuridão deste momento, S. Ex. não é um homem, é um símbolo". (...) Sua "estreia" na Câmara dos Deputados ocorreu em julho de 1909, ocasião na qual agradeceu, mais uma vez, o apoio recebido de diversas partes do país. Já no primeiro discurso ocupando a tribuna, no dia 17 daquele mês, ele se reportou às "leis de proteção ao proletariado" e conclamou o "regime da lei, da ordem e do trabalho". *Sr. Presidente, permitam V. Ex. e os meus ilustres colegas que as minhas primeiras palavras interpretem com a maior fidelidade os mais solenes protestos de gratidão e de carinho a uma parte do eleitorado independente e incorruptível, que desde 1903 vem sufragando o meu humilde nome nas urnas livres republicanas da capital da minha pátria [...]. A Câmara conhece as grandes e extraordinárias dificuldades que dia a dia assoberbam a vida das classes menos favorecidas da fortuna. Entrei nesta Casa com uma eleição fortemente amparada pelas classes laboriosas. De todas elas tenho recebido nos difíceis e acidentados transes de minha carreira política, inigualáveis provas de confiança, verdadeiros pronunciamentos de dedicação exemplar, de modo a não ser possível divorciar-me da grande família operária, do homem do trabalho, do homem da oficina (Aplausos das galerias). É por isso que desde muito me constituí seu advogado na ininterrupta série dos seus sofrimentos, procurando na razão direta de minhas forças diminuir-lhe os seus inenarráveis sacrifícios (Muito bem). Há nesta Casa dois projetos que constituem as mais justas e nobres aspirações do operariado. O primeiro é o de n. 166, de 1906, que uniformiza as horas de trabalho e os vencimentos das diversas classes de operários [...]. O segundo projeto [...] é o de n. 273, de 1908 [...]. Peço licença à Câmara para afirmar que no dia da sanção da lei uniformizando a hora de trabalho, o vencimento do operário, regulamentando os acidentes*

principalmente pelos votos dos "operários de cor" das oficinas federais e municipais da capital do país, apresentou um projeto de lei de acidentes do trabalho extensível aos trabalhadores da indústria privada, no qual assegurava a "pensão" ou "aposentadoria" para eles, se invalidados fossem definitivamente ou mortos no trabalho.

A atuação do deputado Monteiro Lopes não era a regra entre outros parlamentares nessa década. Vale observar, todavia, que sua atuação como deputado teve entre suas imprescindíveis proposições e metas as que se concatenam à questão dos trabalhadores. Entre as pautas, estavam: a equiparação dos trabalhadores da União ao mesmo patamar do funcionalismo público; a crítica à exploração e ao abandono dos trabalhadores pelo Estado, sujeito à condição de miserabilidade e a toda sorte de acidentes; a ausência de legislação trabalhista no Brasil; a urgência da elaboração de um Ministério do Trabalho; a contraditória exploração do trabalho de menores, crianças e mulheres e a situação precária em que estavam as famílias dos trabalhadores acidentados ou que foram a óbito; a autorização para aposentadorias e crescimento para os vencimentos de determinados trabalhadores e etc. Era necessário, explanava, que se garantissem condições para que os direitos dos operários fossem garantidos na Constituição republicana, já que a "república não era o regime da impunidade, da injustiça, dos privilégios e da desigualdade ...Que se garanta ao menos o direito dos que trabalham (...)." Não teve nenhum projeto aprovado.[88] Observe-se que, apesar de ter sofrido episódios de ridicularização por parte de outros parlamentares na Câmara –especialmente por Germano Hasslocher – e os tenha contestado à altura, Monteiro Lopes[89] em tempo algum

---

e riscos do mesmo trabalho, será definitivamente celebrado o legítimo consórcio da República e o povo. Sr. Presidente, não há país nenhum, ainda mesmo de civilização mediana, em que não se encontre lei protetora do operariado [...]. Venho pedir à Câmara justiça republicana para os humildes, para os operários de minha terra (Apoiados). Sr. Presidente, nós republicanos precisamos nos desobrigar dos grandes e extraordinários compromissos que contraímos com o povo nos difíceis tempos da propaganda (Palmas no recinto). Nós, os republicanos, precisamos dizer lá fora e provar no recinto desta Casa, ser a República o regime da ordem, da paz, da justiça... e do trabalho (Muito bem, muito bem. Palmas nas galerias e no recinto. O orador é abraçado e cumprimentado)". O Século, 19 ago. 1909, e *Anais da Câmara dos Deputados do Brasil*, vol. IV. Rio de Janeiro: Imprensa Nacional, 1909, p. 460-3. Ver em DOMINGUES, Petrônio. "Vai ficar tudo preto: Monteiro Lopes e a cor na política". *Novos estudos CEBRAP* [*online*]. 2013, n. 95, p. 59-81.

(88) Ver, como exemplo, *Anais da Câmara dos Deputados*, 2.9.1909 e 13.9.1909.

(89) A propósito da figura de Monteiro Lopes, ver o estudo de DANTAS, Carolina Vianna. "Manoel da Motta Monteiro Lopes, um deputado negro na I República". Programa Nacional de Apoio à Pesquisa — FBN/MinC, 2008. Disponível em: <https://www.bn.gov.br/sites/default/files/documentos/producao/pesquisa/manoel-motta-monteiro-lopes-um-deputado-negro-i-republica//carollina_dantas.pdf>. Acesso em: 12 maio 2017.

se referiu à questão racial em seus pronunciamentos nesta casa legislativa. Suas concepções e questionamentos pertinentes podem ser verificados nos periódicos através da reprodução de algumas de suas exposições em eventos públicos e entrevistas.(90)

Maurício de Lacerda salientava, desde a década de 1910, a "frouxidão" e "deficiência" demonstradas nas "tíbias" convenções internacionais relacionadas à questão trabalhista. Era igualmente claro, por outro lado, a negligência por parte das autoridades estatais, indicava Maurício, em face das propostas oriundas das pautas do movimento operário. Lacerda e outros ligados ao legislativo defendiam, como solução para o problema da demora da formalização das leis sociais, uma maior centralização do poder de decisões referente ao processo de institucionalização de proteção aos trabalhadores. Diz ele:

> Está claro que essa recôndita previsão guardava eu em meu peito, não a escorrendo nas frases em que ela não deixava de transparecer; e condicionava a aceitação do projeto relativo às "tíbias" convenções de Washington a uma imediata aprovação da lei do trabalho em expectativa, que não somente as nacionalizaria como as ampliaria ou adequaria com o espírito social já bem mais avançado no Brasil do que se revelara – naquela Conferência Internacional do Trabalho (de 1919). Isso porque nesse mesmo ano se realizava na capital da República um III Congresso Nacional Operário [na realidade o 3º Congresso ocorreu em 1920], onde não só as providências legais urbanas tinham sido discutidas e votadas como também as que deviam se estender aos trabalhadores dos campos.(91)

Maurício de Lacerda referia-se na ocasião ao trabalho adiantado da Comissão de Legislação Social, a qual, em suas metas legais, fora bem mais longe que as convenções internacionais, quando a Conferência de Washington não havia encerrado as suas sessões. Mencionou um desses projetos, do Departamento Nacional do Trabalho, proposto em 1917, que veio a ser convertido em lei no ano seguinte, muito antes do Tratado de Paz e da Conferência Internacional do

(90) Ver, por exemplo, *Correio do Povo*, 22 jan. 1910; *A Opinião Pública*, 25 jan. 1910. Ver também: DANTAS, C. V. 2010. "Monteiro Lopes (1867-1910), um 'líder da raça negra' na capital da República". *Afro-Ásia*, vol. 41, p. 167-209.

(91) A efetiva instalação do Congresso Nacional Operário ocorreu em 1920, ratificando o ponto mencionado no texto. LACERDA, Maurício de. *A Evolução Legislativa do Direito Social Brasileiro*. Rio de Janeiro: Nova Fronteira, 1980. p. 237-238.

Trabalho de 1919 ou da criação na Câmara, em 1918, da Comissão de Legislação Social. Apesar da demora ou, nas suas palavras, "deficiências" das aludidas convenções, foi do parecer que "se votassem as mesmas em regime de urgência", antes que se encerrassem os trabalhos legislativos, naquela sessão, para, com isso, deixar assinalado "um mínimo de preceitos sociais" que não existiam em nossas leis e eram de interesse da classe trabalhadora.(92)

Os projetos de 1904 e 1908 estavam organizados em um padrão de consenso formal e substancial, e o de 1912 regulava os acidentes por um modo mais superficial, mas que foi, ao contrário do sucedido por seus predecessores no Parlamento, submetido a estudo que se prolongou até o ano de 1919.

No projeto de 1912, em que além da redução de horas de trabalho, no máximo de oito, aludia-se aos acidentes "ocorridos no trabalho" ou "adquiridos em serviço" dos patrões — com o argumento que, se o Estado garantia a subsistência dos seus servidores invalidados, tinha o dever de estabelecer a mesma obrigação para os trabalhadores privados. Estabelecia, ainda, o direito à indenização, apenas para o operário que contasse "mais de cinco anos" de serviço "na casa", o que representava uma forma injusta e discriminatória da lei projetada. Por isso a pressão dos trabalhadores e a força policial que começa a agir com mais intensidade, ainda antes das grandes greves da Primeira República.

O uso do aparato repressivo era válido para todos os trabalhadores, porém havia especificidades. O Decreto n. 2.741 de 1913 revogou o Decreto n. 1.641, de 7 de janeiro de 1907.(93) que facultava a expulsão de estrangeiros do território nacional; porém, em 1919, a extradição voltou a ser discutida. Um projeto de lei foi apresentado, regulando não somente a expulsão de estrangeiros do território

---

(92) LACERDA, Maurício de. *A Evolução Legislativa do Direito Social Brasileiro.* Rio de Janeiro: Nova Fronteira, 1980. p. 236.

(93) No dia 5 de outubro de 1917, Maurício de Lacerda, em Sessão da Câmara dos Deputados, inicia a discussão do seu Requerimento de Informações, que fora indicado na sessão de 28 de setembro de 1917, sobre a utilização de decretos de expulsão com fundamento na Lei n. 2.741, de 8 de janeiro de 1913, em face do Supremo Tribunal Federal tê-la considerado inconstitucional. Reivindica o motivo para expulsão bem como em quais condições fora aplicado e se existiu prazo de defesa dos acusados, bem como o tempo de residência no país, a nacionalidade dos expulsos e os crimes que supostamente teriam praticado. Maurício de Lacerda traz à tona a discussão da origem da Lei n. 2.741 de 1913, que estabelecia a condição de excluir o prazo de dois anos de residência no país, o qual era impeditivo da expulsão na legislação que fora aprovada anteriormente, e, em virtude dessa exclusão, o reconhecimento da inconstitucionalidade pelo Supremo Tribunal Federal. Ver mais informações em MENDES, Maurício Matos: "A experiência anarquista no Brasil: algumas anotações sobre as greves de 1917 e suas repercussões na Câmara dos Deputados". Disponível em: <http://bd.camara.gov.br/bd/handle/bdcamara/5065>. Acesso em: 13 out. 2017.

brasileiro, como também as condições de entrada. Com essa lei, aprovada no ano de 1921, o deputado de São Paulo, Adolpho Gordo,[94] pretendia expulsões para os estrangeiros, o que, na prática, reprimia os movimentos anarquistas. Essa situação não se aplicava somente aos estrangeiros. Paulo Sérgio Pinheiro[95] constatou que a violência e repressão do Estado ocorriam mediante a censura e campos de desterro. Este não ficou restrito apenas aos grupos de oposição política, sendo aplicados para os "desclassificados" da cidade, isto é, para mendigos, menores viciosos e capoeiras. Algo que vinha desde a Revolta da Vacina (1905). Conforme explicita o autor:

> Este arbítrio do Estado pode ser constatado de forma viva e alargada durante o governo Arthur Bernardes, quando se tornou tão notário como naquele período de desterro de cidadãos envolvidos nas revoltas tenentistas, militantes, trabalhadores e desempregados.[96]

Era por intermédio da burguesia industrial que a polícia[97] era acionada, com o propósito de assegurar a defesa da liberdade de trabalho, do livre contrato e de pautas ancoradas em princípios liberais. João Tristan Vargas,[98] de posse dessas considerações, observa que, em que pese o alcance das concepções liberais, grande parte do que se entendia sobre "liberdade de trabalho" estava pautada na impossibilidade dos trabalhadores fazerem greves. Essa atitude era crescente nos debates entre a classe patronal e os trabalhadores, e teve amparo nos anseios da burguesia industrial de controlar os movimentos grevistas, que encontravam respaldo no Código Penal de 1890.[99]

---

(94) Adolpho Gordo era ligado à indústria paulista e foi responsável pelas primeiras leis repressivas a estrangeiros. A lei do ano de 1913 modificou a lei de expulsão de 1907, condicionando o fim da proteção a estrangeiros com mais de dois anos de residência, ou que tivessem parentes brasileiros (mulher e filho(a)(s).

(95) PINHEIRO, Paulo Sérgio. *Estratégias da Ilusão:* a revolução mundial e o Brasil - 1922-1935. São Paulo: Companhia das Letras, 1991. p. 87.

(96) PINHEIRO, Paulo Sérgio. *Op. cit.*, 1991, p. 95.

(97) Algumas manobras policiais ocasionavam tumultos e violências, que eram promovidos, em períodos eleitorais, pelos próprios candidatos. Episódios dessa natureza foram muito bem retratados por Lima Barreto em suas crônicas e em romances, como em *Clara dos Anjos*, como "eloquentes manifestações eleitorais". Ver mais em BARRETO, Lima. *Clara dos Anjos*. 2. ed. São Paulo: Brasiliense, 1961.

(98) VARGAS, João Tristan. *O trabalho na ordem liberal:* o movimento operário e a construção do Estado na Primeira República. Campinas: UNICAMP/CMU, 2004. p. 26-7.

(99) Os seguintes artigos tratam, ainda que de modo genérico, sobre a organização dos trabalhadores em relação à pauta grevista e reivindicativa dos trabalhadores (com a redação da época).

Tristan Vargas(100) sugere que, na realidade, o intuito da classe patronal era ter recursos para inviabilizar as pautas dos trabalhadores, utilizando, para tanto, o aparato repressivo policial, na contenção dos movimentos de greve. Como afirma Pinheiro,(101) a distinção entre bons e maus profissionais era utilizada pela classe dos patrões para desmobilizar os trabalhadores, criminalizando-os em diferentes tipos, como os agitadores, que faziam greves para a perturbação da ordem pública, e estavam sujeitos ao desterro. Enquanto que para os operários o princípio da liberdade era defendido, para a classe patronal significava somente a diminuição dos entraves para a expansão de suas atividades nas indústrias então em expansão.

Ângela Castro Gomes demonstra como o impulso para o livre contrato de trabalho ofereceu espaço para os debates em torno das criações de leis sociais. Em um duplo movimento, discute que o avanço rumo à sociedade de mercado ocasiona uma reação de autodefesa, com o propósito de dificultar os excessos do mercado livre em um momento de transição. Fundamentando-se em Polanyi, observa que foram sendo criados meios que pudessem limitar a autorregulação do mercado, como tarifas alfandegárias, criação de legislações sociais e mecanismos de intervenção estatal para o desenvolvimento de uma economia alicerçada no capitalismo industrial.(102)

CAPÍTULO VI – DOS CRIMES CONTRA A LIBERDADE DE TRABALHO

Art. 204. Constranger, ou impedir alguem de exercer a sua industria, commercio ou officio; de abrir ou fechar os seus estabelecimentos e officinas de trabalho ou negocio; de trabalhar ou deixar de trabalhar em certos e determinados dias:

Pena – de prisão cellular por um a três mezes.

Art. 205. Seduzir, ou alliciar, operarios e trabalhadores para deixarem os estabelecimentos em que forem empregados, sob promessa de recompensa, ou ameaça de algum mal: Penas – de prisão cellular por um a três mezes e multa de 200$ a 500$000.

Art. 206. Causar, ou provocar, cessação ou suspensão de trabalho, para impor aos operarios ou patrões augmento ou diminuição de serviço ou salario:

Pena – de prisão cellular por um a três mezes.

§ 1º Si para esse fim se colligarem os interessados:

Pena – aos chefes ou cabeças da colligação, de prisão cellular por dous a seis mezes.

§ 2º Si usarem de violencia:

Pena – de prisão cellular por seis mezes a um anno, além das mais em que incorrerem pela violencia. Disponível em: <http://legis.senado.gov.br/legislacao/ListaPublicacoes.action?id=66049>. Acesso em: 5 abr. 2017.

(100) VARGAS, João Tristan. *Op. cit.*, 2004, p. 27-31.

(101) PINHEIRO, Paulo Sérgio. *Op. cit.* 1991.

(102) GOMES, Ângela Maria de Castro. *Burguesia e trabalho:* Política e legislação no Brasil, 1917-1937. Rio de Janeiro: Campus, 1979. p. 30.

Um dos primeiros indícios da existência de uma política social-trabalhista em elaboração no início da década de 1920 foi sem dúvida a "mudança de atitude" do jornal governista *O Paiz* em relação à "questão social".(103) Ainda que não possamos tomar literalmente os artigos de *O Paiz* como as palavras do governo, é razoável supor que Artur Bernardes procurasse instrumentalizar o jornal carioca em vista de seus propósitos políticos, conforme fica demonstrado nos artigos do periódico.

O Paiz, justificando o restabelecimento(104) de sua "seção operária", apresentava-se como um jornal que, embora sendo "conservador", admitia "renovações dentro da ordem", não desconhecendo "a importância capital da cooperação do proletariado em todos os problemas nacionais". A essa constatação juntava-se, por fim, a afirmativa de que "um jornal moderno não poderia prescindir de uma tribuna para o proletariado", pois este era "a força mais poderosa e mais bem organizada da sociedade atual, elemento de prestígio e de progresso".(105)

Num período imediatamente posterior, o periódico convocava membros de cada associação sindical carioca, sem distinção doutrinária ou ideológica, para uma numerosa assembleia que seria realizada na sede da redação com o intuito de "firmar uma diretriz capaz de servir à larga divulgação de doutrinas e fórmulas de ação proletária, facultadoras de acordos entre o capital e o trabalho", acordos esses

---

(103) "No jornal *O Paiz* da capital da República, de 23 do corrente, encontramos o seguinte comunicado da nossa coirmã Associação Gráfica do Rio de Janeiro: Camaradas! *A Classe Gráfica de S. Paulo* empreendeu uma luta que, nas circunstâncias atuais, se reveste de uma importância capital para todos os trabalhadores gráficos do Brasil. O nosso dever é sustentar esse movimento por todos os meios, assegurando assim a vitória da classe gráfica de S. Paulo". In: *O Trabalhador Gráfico*, 26 fev. 1923. AEL/UNICAMP.

(104) Já na edição de 22 de março de 1923, Abner Mourão — jornalista importante na cidade do Rio de Janeiro, com passagens pelo jornal *A Imprensa* e redator-chefe por muitos anos do *Correio Paulistano* — comentava sobre a criação da "secção operária", que teria um papel ao longo dos anos do periódico *O Paiz*, um "brilhante e largo desenvolvimento"; nessa edição afirmava ainda que "um dos maiores perigos que ameaçam o proletariado moderno é o dos defensores interesseiros, incapazes de lhe falar a linguagem da verdade, apelando incessantemente para as suas necessidades e aspirações, com o intuito exclusivo de explorar". "A questão social no Brasil". *O Paiz*, 22 mar. 1923.

(105) GOMES, Ângela M. de Castro. *A Invenção do Trabalhismo*. Rio de Janeiro: Vértice, 1988, diz o seguinte: "É interessante observar a primeira reação dos comunistas, através de artigo de Astrojildo Pereira no Movimento Comunista". Sob o título de "Manobras Suspeitas", Astrojildo comenta três fatos que ilustram "como o capitalismo, através de agentes vários, se esforça por estabelecer um cordão de isolamento em torno do proletariado, subtraindo-o à influência revolucionária". Os fatos eram a criação do Conselho Nacional do Trabalho, um tumultuado caso que envolveu a direção e a associação dos operários da América Fabril (WEID e BASTOS, 1986, Cap. IV), e a assembleia da CSCB na sede de *O Paiz*, inaugurando a nova filosofia da "Seção Operária".

"que servissem ao impossibilitamento dos violentos choques sociais, por intermédio do devido prestígio aos mais eficazes processos evolutivos".(106)

Na mesma edição, advertia em tom taxativo, por meio de editorial:

> São chegados aos tempos em que os homens, as instituições e principalmente os órgãos de publicidade não podem, nem devem, por constituir crime indefensável perante os mais altos interesses do regime, manterem-se alheados às ferramentas populares, abandonando o alicerçamento de inevitáveis transformações sociais a irrequietos espíritos e perigosamente inteligentes e cultos. São reclamadas todas as colaborações, impõe-se a luta doutrinária em substituição às teorias repressiva e à política dos corredores parlamentares, ou administrativos. O século justifica as mais adiantadas reivindicações e as classes obreiras apresentam-se gravemente divorciadas do que supõem representar seus interesses.(107)

Após a realização da assembleia, que, de acordo com o periódico, teve a participação de 350 líderes operários que representaram na oportunidade 106 associações, num total de 32.000 trabalhadores, destacou-se o argumento do dirigente anarquista Carlos Dias, que mais tarde atenderia novamente outros convites dessa dimensão. Durante a sessão, manifestaram-se dois representantes do periódico *O Paiz* presentes na reunião, (o secretário de redação e o gerente do jornal), Sarandy Raposo,(108) Libânio da Rocha Vaz,(109) mais dois representantes de cooperativas de consumo e dois operários, "todos os outros oradores bateram na mesma tecla das

(106) "O Paiz e o proletariado". *O Paiz*. 13 nov. 1923, p. 3.

(107) *Idem*.

(108) Sarandy Raposo fez parte da Confederação Sindicalista-Cooperativista Brasileira (CSCB) no começo da década de 1920, sendo um de seus presidentes e fundadores e colocou parte significativa da "secção operária", do jornal *O Paiz*, para que membros do PCB tivessem voz. Pregava ainda um cooperativismo dentro dos sindicatos com forte cunho positivista, incentivava a cooperação entre capital e trabalho, a inexistência da luta de classes; defendia que os sindicatos e as cooperativas eram a base da sociedade e preconizavam que a transformação da sociedade estava dentro de uma evolução da ordem política e do progresso econômico. Ver mais em BRANDÃO, Octávio. *Combates e batalhas:* memórias. vol.1. São Paulo: Alfa-Ômega, 1978; ARAÚJO, Ângela Maria Carneiro. *A construção do consentimento:* corporativismo e trabalhadores no Brasil dos anos 30. São Paulo: Edições Sociais, 1998.

(109) Libânio da Rocha Vaz, além de deputado e empresário, foi um dos fundadores, ao lado de Luiz Ribeiro Pinto e Francis Walter Hime, da Companhia Brasileira Usinas Metalúrgicas (CBUM), que foi criada em 1925, e possuía duas usinas, uma em Morro Grande-MG e outra em São Gonçalo-RJ.

generalidades verbais, visando o congraçamento do capital e do trabalho. Parlenda absolutamente vazia e vaga, mas grandiloquente como convém aos fins específicos de engazopar os ingênuos", nas palavras do líder anarquista Carlos Dias.[110] Isso estava colocado diante das condições dos trabalhadores da indústria e comércio, com o tema da melhoria da condição de trabalho, em que uma das pautas trazidas já era a questão dos acidentes de trabalho.

Quanto à elaboração e implementação da lei de acidente de trabalho, a lei de 1919 não contemplou o setor do comércio. Todavia, em que pese ter sido excluída do projeto de código de trabalho pela Comissão de Legislação Social (CLS), a lei de acidentes do trabalho acabaria por se tornar a primeira lei trabalhista de alcance nacional, porém com limites claros, já que sua aprovação ocorreu em decorrência do desmembramento de uma legislação mais ampla, que voltaria a ser discutida na Câmara nos anos posteriores. No instante de sua decretação, uma das críticas que mais se ouvia, era que se tratava de uma lei manca, com o claro objetivo de apaziguar os ânimos dos trabalhadores. O Decreto do Poder Legislativo 3.724, de janeiro de 1919, ao regulamentar a obrigação patronal de reparar a operária vítima de acidente no trabalho, no artigo terceiro, designa os ramos de serviços dos operários beneficiados pela lei, podendo-se notar a referida ausência:

> são considerados operários, para o efeito da indenização, todos os indivíduos de qualquer sexo, maiores ou menores, uma vez eu trabalhem por conta de outrem nos seguintes serviços: construções, reparações e demolições de qualquer natureza, como prédios, pontes, estradas de ferro e de rodagem, linhas de *tramways* elétricos, redes de esgotos, de iluminação, telegráficas e telefônicas, bem como na conservação de todas essas construções; de transporte carga e descarga; e nos estabelecimentos industriais e nos trabalhos agrícolas em que se empreguem motores inanimados.[111]

De acordo com a alínea *"e"* do art. 8º do Decreto n. 16.027 de 30 de abril de 1923, compete à Secretaria Geral superintender a fiscalização de seguros contra acidentes do trabalho e quaisquer outros seguros sociais. O Decreto n. 13.498, de 12 de março de 1919, no texto publicado em 22 de março de 1919, regulamenta

(110) "No Meio Operário", *O Paiz*, 12 mar. 1923, p. 3; 13 mar. 1923; 14 mar. 1923.

(111) Ver Decreto n. 3.724, de 15 de janeiro de 1919.

a execução da Lei n. 3.724 de 15 de janeiro de 1919; no que tange às obrigações resultantes dos acidentes do trabalho, em seu art. 29, determina as condições necessárias para as sociedades de seguros serem autorizadas a operar em acidentes do trabalho, mandando submetê-las à fiscalização do Ministério da Agricultura, Indústria e Comércio, sem prejuízo da fiscalização da Inspetoria de Seguros.

Não bastou a simples lei de 15.1.1919 para estancar a sede de reivindicações do proletariado brasileiro. Recrudesceram os movimentos da classe operária, principalmente por meio das greves. Pretendeu-se, de fato, a realização de uma greve geral, justamente em função da ida do representante brasileiro à Conferência de Paz de Versalhes. Tratava-se de protestar e de alardear ao mundo a péssima situação em que se encontravam os trabalhadores no país. Assim, apareceram as greves nos principais centros demográficos locais: São Paulo, Rio de Janeiro, Recife e Salvador.

Até aquele momento, haviam sido autorizadas pelo governo a operar em acidentes do trabalho sete companhias, sendo cinco na capital (Rio de Janeiro) e duas em São Paulo. A primeira autorizada a funcionar, no dia 14 de agosto de 1919, por meio do Decreto n. 13.725, foi a Companhia Nacional de Seguros Operários, depois denominada Companhia Nacional de Seguros Ypiranga.

A Secretaria-Geral, por seu turno, era incumbida de organizar todas as estatísticas relativas aos problemas relacionados a acidentes de trabalho. Em inquérito procedido junto a quatro dessas companhias, ficou constatado que em 1924, era de 261.975 o número de trabalhadores operários segurados. Foram registrados 70.145 acidentes, sendo 281 mortes, 1.187 de incapacidade permanente e 68.677 os de incapacidade temporária.(112)

Nas empresas de estradas de ferro essas reparações eram feitas por intermédio das Caixas criadas pelo Decreto n. 4.682 de 24 de janeiro de 1923, que tinham entre suas atribuições a de indenizar os danos por acidentes de trabalho. Por deficiência dos dados expostos nos relatórios das Caixas, tornou-se problemático levantar as estatísticas de acidentes nas empresas de estradas de ferro.

Fato é que as cifras de indenizações feitas por algumas das Caixas mantiveram, com os anos, uma soma elevada, indicando que essas Caixas receberam pesados ônus. Isso sem razão, já que o mais natural seria que as obrigações da classe patronal resultante dos acidentes ferroviários continuassem a pertencer às empresas respectivas, e isso por muitas razões dispensáveis de serem enumeradas.

(112) *Revista do Conselho Nacional do Trabalho*, n. 1, jul. 1925, p. 79.

Para a Secretaria Geral, era competência do CNT organizar as estatísticas de acidentes do trabalho, que, embora já tivessem sido iniciadas, exibiam falhas sensíveis. Um dos motivos apontados era a obrigação imposta aos escrivães de efetuarem remessas de cópias das sentenças proferidas em Juízo (art. 50 do Decreto n. 13.498 de 12 de março de 1919), e bem assim o dever que cabia à autoridade policial que tomou conhecimento do acidente de enviar o inquérito ao juízo competente e ao Ministério da Agricultura, Indústria e Comércio (art. 43, §§ 1º e 2º do mesmo diploma normativo); tais deveres muitas vezes eram procedidos com impontualidade, ou simplesmente inobservados.

A Conferência Internacional do Trabalho, de 1924, discutiu a questão de reparação dos acidentes do trabalho. O Brasil precisou assumir compromissos no sentido de aperfeiçoar as normas pertinentes; os trabalhadores protestavam por medidas ampliadoras de direitos. Na ocasião da Conferência, o delegado belga Mertens observou a prisão de diversos trabalhadores depois das greves dos têxteis no Rio de Janeiro e dos ferroviários em Santos, além de violenta repressão após levante em São Paulo.(113)

Como destaca Guilherme Nunes Machado,(114) Mertens, o delegado belga, no encontro de 1925, questionou o "paraíso na terra", que o governo de Bernardes anunciava no exterior, questionando as perseguições a trabalhadores brasileiros, a violação dos sindicatos e as deportações para Oiapoque. Na ocasião, o delegado terminou sua manifestação de modo categórico: "que Deus me preserve de ser obrigado a viver em semelhante país".

Gomes afere a existência do Centro Industrial do Brasil, ente que conglomerava os industriais, visando interferir junto ao Congresso quando da criação de normas — geralmente de cunho social ou tributário — que lhes tangessem os interesses. Aprovado o Decreto 3.724, estabeleceu-se comissão para decidir a forma de indenizar acidentados e dependentes, da qual participou o secretário-geral do Centro Industrial do Brasil, Costa Pinto;(115) optou-se ali pelo sistema de companhias privadas de seguros, mencione-se.

---

(113) GOMES, Ângela de Castro (Coord.). *Ministério do Trabalho:* uma história vivida e contada. Rio de Janeiro: CPDOC, 2007. p. 25.

(114) NUNES, Guilherme Machado. *A Lei de Férias no Brasil é um aleijão:* greves e outras disputas entre Estado, trabalhadores/as e burguesia industrial (1925-1935). Dissertação de Mestrado, Universidade Federal do Rio Grande do Sul. Instituto de Filosofia e Ciências Humanas. Programa de Pós-Graduação em História, 2016. p. 28.

(115) GOMES, Ângela de Castro. *Op. cit.*, 1979, p. 173 *apud* LIMA, Marcos Alberto Horta.

Batalha, por seu turno, constata que antes mesmo da década de 1920 já havia, em diversas categorias profissionais, certa identidade que proporcionava legitimidade de classe a esses operários. E, principalmente, apura que a própria consciência de classe se enraizava na medida em que aprimoravam as experiências de associações operárias. Nesse sentido:

> A associação operária é a materialização da experiência comum no decorrer da qual se constrói a identidade coletiva; mas é ele próprio, um fator de reprodução dessa identidade. Isso não significa que o surgimento de uma identidade de classe e da consciência em determinada categoria ou grupo de trabalhadores só possam ser constatadas a partir de sua organização: elas se fazem presentes em toda e qualquer manifestação de ação coletiva. Ocorre, porém, que no ato de criação da organização se evidencia a vontade de estabelecer uma identidade coletiva.(116)

Da mesma maneira que a identidade e consciência de classe estão colocadas em todas as manifestações coletivas dos operários na década de 1920, a luta empreendida por melhores condições, ainda que com limitações diante das condições estruturais da sociedade brasileira nesse momento histórico, exercia sua incumbência de "arena para a luta de classes", sendo suficiente para evidenciar a questão social do trabalho.

A década de 1920 abre a crise da estrutura do poder republicano. A hegemonia da burguesia cafeeira passa a ser contestada no governo de Epitácio Pessoa. Existia nesse instante grupo de pressão — estando o poder estruturalmente fragmentado entre as diversas parcelas da classe dominante 3, comandado pela bancada paulista no Congresso, com o propósito de obtenção de recursos oficiais para o embate da crise do café. Tal embate, em meio ao aparelho central de Estado, foi precariamente resolvido com a tentativa de Epitácio Pessoa em conciliar os interesses cafeeiros como os das outras frações da burguesia agrária.(117) A bancada paulista partilhava de muitos pontos das manifestações produzidas pela bancada gaúcha. Não obstante, apesar das semelhanças entre ambas, a posição dos paulistas era divergente no que diz respeito ao tema trabalhista.

---

(116) BATALHA, Claudio. "Identidade da classe operária no Brasil (1880-1920): atipicidade ou legitimidade". *Revista Brasileira de História*. São Paulo: ANPUH-Marco Zero, v. 12, n.23/24, set.1991/ ago.1992, p. 123. Ver também "O Princípio Associativo". *O Graphico*. Rio de Janeiro, 2 (30), 16/3/1917, p.1.

(117) CHACON, Vamireh. *História das ideias socialistas no Brasil.* Rio de Janeiro: Civilização Brasileira, 1965. p. 301-2.

Augusto Olympio Viveiros de Castro,(118) futuro primeiro presidente do Conselho Nacional do Trabalho, em 1920, proferiu uma série de palestras em livro intitulado *A questão social* e inicia reconhecendo:

> Sendo um estudioso dos fenomenos sociaes, venho de ha muito examinando o gravíssimo problema das relações entre o capital e o trabalho, procurando separar o trigo do joio, indicando as reclamações operarias que realmente são justas e não podem deixar de ser atendidas, e repelindo com firmeza as declamações revolucionarias de alguns doutrinários que pretendem modificar radicalmente a actual organização social, estabelecendo um regimen economico que não fará desapparecer a miséria, e apenas terá o tristissimo efeito de torna-la universal.

Para Viveiros de Castro, futuro presidente do CNT, a questão social não reportava apenas às condições vigorantes em um contrato privado entre patrão e empregado. Reportava-se ao conflito distributivo entre capital e trabalho, distinguia o papel do Estado na organização da sociedade — como o responsável pelo interesse coletivo — e categoricamente excluía a solução pautada "exclusivamente pela acção livre das leis naturaes".(119) Contudo, fazia a discriminação constitucional do trabalhador estrangeiro ao dizer que "se não fosse à corrente imigratória, avolumada pelos alemães e italianos influenciados pelo socialismo germânico, a América estaria completamente indene do vírus comunista".(120)

Declarava-se adepto de um intervencionismo estatal, porém sem exageros. Chegava ao ponto crucial que estava em debate na década de 1920, se haveria mesmo um problema operário urgente ou eram apenas agitações superficiais que se aproveitavam de um determinando momento histórico. Aferia que a industrialização colocou as "classes inferiores" em uma situação de miséria e de graves adversidades.

(118) CASTRO, Augusto Olímpio Viveiros de. *A Questão Social*. Rio de Janeiro: Conselheiro Cândido de Oliveira S.A., 1920. p. 35.

(119) CASTRO, Augusto Olympio Viveiros de. *Op. cit.*,1920, p.38.

(120) ARRUDA, Pedro Fassoni. *Capitalismo dependente e relações de poder no Brasil:* 1889-1930. São Paulo: Expressão Popular, 2012. p. 306-308 *apud* MORAES FILHO. "A proto-história do marxismo no Brasil", p. 41. Pouco tempo antes, em 1917, no contexto de uma grande onda de atividades grevistas, o STF tornou mais "flexível", por assim dizer, o dispositivo legal que proibia a expulsão de estrangeiros residentes antes há mais de dois anos no Brasil. Os anarquistas sentiram diretamente o peso de tal decisão: "por se oporem à ordem social e pretendê-la destruir através da violência, constituíam um 'elemento flutuante', que vagava pelo país para difundir seus métodos e ideais" (Cf. PINHEIRO. "O proletariado industrial na Primeira República", p. 159).

De acordo com Viveiros de Castro,[121] era necessário que se fizessem leis, com a intenção de o Estado intervir no grave problema do capital e trabalho, antes que as ondas revolucionárias trazidas pelos trabalhadores de outros países pudessem eclodir. Na sua visão, o Estado não é um tirano que oprime; diz ele que o Estado "(...) é uma força salutar e insubstituível, que auxilia, anima, toma iniciativas opportunas, encaminha o esforço individual, protege por toda a parte o Direito, e serenamente distribue a Justiça".[122]

Para mais adiante afirmar:

> (...) Estes progressos incessantes da industria, estes novos caminhos que as artes abriram, a alteração das relações entre os patrões e os operarios, a concentração das riquezas nas mãos de um pequeno numero ao lado da indigencia das multidões, a opinião mais elevada que, finalmente, os operarios têm de si mesmos, e a sua união mais intima, tudo isto, sem falar da corrupção dos costumes, teve como resultado final um terrivel conflicto... Esta situação preoccupa e exercita ao mesmo tempo a intelligencia dos doutos, a prudencia dos sabios, as deliberações das reuniões populares, a perspicacia dos legisladores e dos conselhos governamentaes; e, presentemente, nenhuma outra causa domina tão vehementemente o espirito humano.[123]

O posicionamento de Viveiros de Castro permite avaliar certas ideologias em fluxo no país à data. A propósito ainda de Viveiros de Castro, convém destacar o papel que teve já na abertura dos trabalhos do CNT no mandato de Artur Bernardes. O jornal *O Brasil* destacava o papel que Viveiros de Castro passaria a ter em relação ao CNT, em agosto de 1923. De acordo com o periódico, quando da instalação do órgão:

> O ato [de abertura dos trabalhos do CNT] se revestiu da maior solenidade.
>
> Com a presença de nove membros do Conselho, pessoas graúdas e representantes da imprensa, o Sr. Ministro da Agricultura declarou instalado o Congresso, fazendo um discurso mostrando o benefício

(121) CASTRO, Augusto Olympio Viveiros de. *Op. cit.*, 1920, p. 51.

(122) *Ibidem*, p. 37.

(123) *Ibidem*, p. 51.

> que esse aparelho exerceria nas questões entre o capital e o trabalho. Lembrou s. ex., que a não existência de importante departamento dava lugar a que no estrangeiro se duvidasse de nossa proteção aos trabalhadores agrícolas e isto, forçosamente acarretava diminuição na imigração.
>
> O Sr. Ministro Viveiros de Castro, delegado pelo Conselho para responder ao ministro, designando o estudo pelo Conselho de todas as questões que a ele forem afetas, de modo a evitar que repercutisse fora do Brasil, as lutas entre o elemento patronal e o operariado, sempre desastrosas a ambas as partes e à Nação.
>
> Retirando-se o sr. Ministro, o Conselho Nacional do Trabalho elegeu presidente o sr. Viveiros de Castro, e vice-presidente o sr. deputado Andrade Bezerra.
>
> O Sr. Bandeira de Mello, secretário geral do Conselho, leu o regulamento interno do Conselho e da respectiva secretaria, trabalho este do deputado Andrade Bezerra, que foi distribuído aos srs. membros do Conselho para o exame e sugestões.
>
> Foi em seguida lido longo memorial dos ferroviários da Leopoldina Railway, documentado com várias circulares, demonstrando a pressão da Companhia sobre o pessoal para colocar no Conselho Administrativo da respectiva Caixa de Aposentadorias e Pensões dois dos seus auxiliares, de reconhecida subserviência.(124)

Em sua obra *A questão social*, Viveiros de Castro(125) atentava que parte dos temas que repercutiam em celeumas trabalhistas poderia ser solvida juridicamente, desde que o Poder Público reprimisse as manifestações de egoísmo e de sórdida

(124) "Estreou auspiciosamente o Conselho Nacional do Trabalho — Foi aconselhado o adiamento das eleições para a Caixa de Aposentadorias e Pensões da Leopoldina". *O Brasil*, ed. 478, p. 2, 24 ago. 1923.

(125) Viveiros de Castro afirma não concordar com o credo da chamada "escola liberal", por não acreditar que o conflito entre o capital e o trabalho possa ser resolvido pela plena liberdade contratual, por acordos livremente discutidos pelas partes interessadas; faz um apelo franco para a intervenção do Estado. Também dizia não ser socialista pelos seguintes motivos: na sua visão, todas as correntes socialistas têm como dogma a abolição da propriedade individual, a socialização de todos os bens, ficando o Estado o distribuidor supremo do trabalho, o regulador único de todo o consumo. Considerava perfeitamente legítima a propriedade individual, embora reconhecesse que muitos indivíduos a empregavam abusivamente a fortuna de que eram detentores. Na sua visão, desaparecendo a propriedade individual, desapareceria o estímulo ao trabalho. Ver mais informações em CASTRO, Viveiros de. *Op. cit.*, 1920, p. 39.

ganância. Sendo um estudioso dos fenômenos sociais, o que interessava para ele era indicar as reclamações operárias que realmente fossem justas, não podendo deixar de ser atendidas, e repelindo com firmeza, diz o autor, "as declamações revolucionárias de alguns doutrinários que pretendem modificar radicalmente a atual organização social, estabelecendo um regime econômico que não fará desaparecer a miséria, e apenas terá o triste efeito de torná-la universal".(126) Era o temor que Bernardes enfrentaria em seu governo.

Artur Bernardes, o sucessor de Epitácio Pessoa, iria se defrontar com uma das mais difíceis conjunturas da história republicana: pressão aglutinadora de poder por parte da burguesia paulista; espiral inflacionária herdada por Wenceslau Brás e agravada pelo seu sucessor; descontentamento popular contra a carestia; câmbio baixo; interrupção dos serviços da dívida externa; crise na indústria têxtil; ameaça de fim da ordem republicana, com a segunda rebelião "tenentista".

Paulo Sérgio Pinheiro destaca que durante das revoltas tenentistas na capital (1922) e em São Paulo (1924), em que pese não ter existido a movimentação operária nos levantes, Bernardes se aproveitou da situação para utilizar a repressão estatal. Assim sintetiza Pinheiro:

> (...) Por temor ao populacho ou ao bolchevismo, o fato é que uma pesada repressão "política" se abateu sobre o movimento operário, apesar de, repetimos, este não estar presente organicamente na revolta de 1924. No Rio, foram suspensas todas as publicações operárias, fechados os sindicatos e presos os mais destacados militantes. Alguns foram expulsos do Brasil, outros enviados ao presídio na ilha Rasa e a maioria é mandada para o campo de internamento em Clevelândia, como os redatores da *Plebe* de São Paulo.(127)

E em relação à questão social os "tenentistas" manifestavam-se contra o contratualismo individualista e teciam sugestões no sentido de uma criação para o código do trabalho, em que deveria ser contemplado o direito à greve e de associação, o contrato coletivo de trabalho, salário mínimo que pudesse garantir a subsistência familiar, a participação dos trabalhadores nos lucros e a extensão de proteção social aos trabalhadores do campo. Defendiam, ainda, a reforma agrária,

---

(126) CASTRO, Augusto Olympio Viveiros de. *A questão social.* Rio de Janeiro: Conselheiro Cândido de Oliveira S.A.,1920. p. 37.

(127) PINHEIRO, Paulo Sério. *Op. cit.*, 1991, p. 108-109.

sendo favoráveis também à industrialização de todo o país. Tal visão iria se aprofundar na década de 1920, com influência de pensadores como Oliveira Vianna, cujas concepções tiveram grande aceitação entre os jovens militares, ainda que nem sempre houvesse identificação entre a visão dos tenentes e desses intelectuais.(128)

Há destarte um conjunto de fatores que fazem a gestão de Bernardes cogitar uma primeira grande tentativa de cooptar setores do proletariado urbano, com os seguintes propósitos: a) impedir todo e qualquer "contágio" entre a conspiração civil-militar da pequena-burguesia e o descontentamento popular contra a alta do custo de vida; b) isolar as tendências "revolucionárias" do movimento sindical e operário; e se possível cooptar algumas dessas tendências ou aguçar a divisão entre elas; c) criar uma base de apoio no proletariado urbano, contrabalançando, assim, a ofensiva político-militar da pequena burguesia.(129)

Dentro desse quadro é que se deve compreender as manobras em curso nos bastidores no cenário político de Minas Gerais, feitas com o propósito de aproximar próceres "trabalhistas" para a candidatura presidencial de Artur Bernardes. Expoentes da época, com significativo prestígio nos círculos operários, como Joaquim Pimenta, Evaristo de Moraes e Maurício de Lacerda, são abordados por membros do governo de Bernardes.(130)

---

(128) Luiz Werneck Vianna observa que tanto Oliveira Vianna como Francisco Campo, que era, na década de 1920, deputado federal por Minas Gerais, condenaram as revoltas militares de 1922/24. Alceu Amoroso Lima manteve-se, por seu turno, fiel ao regime político da Primeira República até seus últimos dias. Ver mais detalhes em VIANNA, Luiz Werneck. *Liberalismo e sindicato no Brasil.* São Paulo: Paz e Terra, 1976. p. 178.

(129) PEREIRA, Astrojildo. *Op. cit.*, p. 84 e LACERDA, Carlos. "A exposição anticomunista". *O Observador Econômico* (36), janeiro de 1939, p. 410. Conforme destaca Marina Gusmão de Mendonça, para obter dados necessários sobre a história do Partido Comunista Brasileiro (PCB) e sobre o conjunto de fatores que fizeram Bernardes tomar essa iniciativa, Lacerda "se valeria de sua intimidade com diversos militantes, que lhe devotavam grande consideração, especialmente considerando seus laços familiares com Mauricio, Fernando e Paulo de Lacerda". É desse modo que conseguiu obter informações importantes da organização interna do partido, de quadros como Astrojildo Pereira, então dirigente do PCB. O resultado foi a matéria "A Exposição Anticomunista", em que o autor, pela primeira vez, assumia, de maneira firme, sua posição contrária ao Partido e ao Movimento Comunista Internacional. Fato que merece ser mencionado é que Carlos Lacerda era filho do deputado socialista Maurício de Lacerda e sobrinho de Fernando e Paulo de Lacerda, dirigentes do PCB, como destaca Marina Gusmão de Mendonça. Ver mais informações em "Imprensa e Política no Brasil: Carlos Lacerda e a Tentativa de Destruição da Última Hora", disponível em: <http://www.historica.arquivoestado.sp.gov.br/materias/anteriores/edicao31/materia04/>. Acesso em: 23 out. 2017.

(130) MORAES, Evaristo de. *Minhas prisões.* Rio de Janeiro. Ed. do autor, s. d, p. VI; LACERDA, Maurício de. *Entre duas revoluções.* Rio de Janeiro: Leite Ribeiro, 1927. p. 135 e PIMENTA, Joaquim. *Retalhos do passado.* Rio de Janeiro: Coelho Branco, 1949. p. 253-4. Anos depois, comentando as ações de

Não obstante, o enredo de cooptação vai mais longe, objetivando atrair membros dirigentes e associações operárias de diversas tendências; consegue, inclusive, a adesão de líderes de entidades sindicais tais como:(131) Sociedade União dos Operários Estivadores; Sindicato Central Ferroviário; Associação de Resistência dos Trabalhadores nos Cais do Porto; Centro Beneficente dos Carregadores da Alfândega; União dos Operários em Bebidas; Centro dos Operários em Pedreira;(132) Associação dos Empregados em Comércio do Rio de Janeiro; União dos Operários Municipais, entre outras.

A plataforma de Bernardes, em 1921, procurava responder às substanciais modificações sociais em curso após o término da Primeira Guerra Mundial e com o Tratado de Versalhes de 1919. Nesse sentido, não há como dissociá-las das mobilizações sociais dos operários do fim da década de 1910, do imenso debate parlamentar colocado sobre a "questão social" e dos compromissos então assumidos. Contudo, estava distante, ainda, de consubstanciarem investidas do Poder Público sobre assuntos trabalhistas com fito de aproximação entre o governo e os trabalhadores, tal como iria ocorrer nas décadas seguintes. Não restam dúvidas de que a deterioração do cenário político deve ter cooperado para o aprofundamento dessa orientação. Em razão de a década de 1920 ter visto nascer um amplo projeto de cooptação da classe operária,(133) tentou-se viabilizar os seguintes canais de

---

peculato e suborno praticados pelo governo de Arthur Bernardes, diria Evaristo de Moraes: "Durante a campanha pró-Bernardes tornou-se famosa a Recebedoria de Minas, celebrizando-se o diretor Libânio e, após o êxito da aventura, continuou o sistema de pagar dedicação, com os dinheiros públicos. Que era aquilo que então se fazia senão peculato franco, descarado, à luz do sol, não raro confessado pelo que deles aproveitaram?". – "Porque aumentam entre nós os casos de Peculato e Contrabando?". *Diário Carioca*. 2 ago. 1928, p. 6.

(131) DIAS, Everardo. *Op. cit.*,1962, p. 172-177 (capítulo IX).

(132) A propósito do Centro dos Operários de Pedreira, MUNAKATA (1984, p.16 ss) expõe que nas assembleias semanais desse sindicato de expressão anarquista, através do seu jornal *A Vida*, lê-se por exemplo: *"Tratou-se em primeiro lugar da falta havido nas 5 oficinas do industrial J. Campanha, sendo lido um ofício do mesmo industrial em que nos dá conhecimento que o mesmo pagamento havia sido feito no dia 13, apresentando desculpas dessa falta que diz ser involuntária e pedindo para que sua oficina volte a trabalhar o mais breve possível".* (Jornal *A Vida*, 31 dez. 1927). *Verifica-se que por detrás de um tom cordial com que os trabalhadores se referem aos patrões, estão inúmeras lutas que os operários de Pedreira travaram por longos anos: como a greve geral pela jornada de 8 horas (de novembro de 1918 a fevereiro de 1919); greve parcial por quase três meses pela admissão de delegados sindicais nas oficinas (março de 1919); greve geral, também de três meses, pelo aumento salarial de 20% (abril de 1924), esta última enfrentando o lock-out decretado pelo Centro dos Industriais de Pedreira.*

(133) A expressão "grande projeto de cooptação da classe operária" é utilizada por José Murilo de Carvalho, mas referindo-se à década de 1940, no livro *Pontos e bordados*. No entanto, os pontos indicados podem sugerir que a cooptação dos trabalhadores pode ter tido seu início já antes do período Vargas.

interlocução: a) parlamentar-legislativo; b) político-ideológico; c) sindical-cooperativa; d) administrativo; e) cívico-recreativo; f) outros como: apoio a congressos nacionais e internacionais sobre Legislação do Trabalho e Previdência Social.

A própria guerra, com as alterações acarretadas no meio econômico, teve um grande papel para intensificar a legiferação do trabalho. Como observa Leo Wolman,[(134)] viram-se as nações beligerantes forçadas a mobilizar todos os seus recursos militares e industriais. Tiveram os governos — e aqui incluído o de Bernardes — de modificar sua política do trabalho e reconhecer certos direitos aos trabalhadores, chamando-os a participar de modo mais ativo dos problemas da produção, em conselhos, organismos técnicos, comissões de toda ordem.

Bernardes, não obstante, estava preparado a ir mais longe com o propósito de domesticar os operários. Assim que teve início sua gestão, decidiu dar execução ao decreto que criou o Departamento Nacional do Trabalho. A história, aliás, da regulamentação desse Decreto 3.550 de 16 de outubro de 1918 é curiosa, e lança um pouco de luz sobre as relações que já vinham sendo travadas entre o regime e certos líderes operários. Tudo começou em 1918,[(135)] quando Maurício de Lacerda, um dos raros políticos trabalhistas da Primeira República, apresentou no Congresso um projeto que transformava a antiga Diretoria do Serviço de Imigração e Povoamento em um Departamento Nacional do Trabalho, cujos fins seriam de preparar e dar execução regulamentar às medidas administrativas referentes ao trabalho e dirigir e proteger as correntes migratórias estrangeiras.[(136)]

---

(134) WOLMAN, Leo. *Industry-Wide Bargaining*, v. 1. Lab. LJ, 1949. MORAES FILHO, Evaristo de. *Op. cit.*, 1971, p. 198.

(135) Conforme BIAVASCHI, Magda Barros. *O Direito do Trabalho*, p. 85, para uma discussão mais detalhada sobre questão social nos anos 1917-18 ver: Annaes da Câmara dos Deputados. Sessões de 2 a 31 de julho de 1917, v. III, Rio de Janeiro, Imprensa Nacional, 1918; Annaes da Câmara. Sessões de 1 a 16 de julho de 1918, v. IV, Rio de Janeiro, Imprensa Nacional, 1919. Remete-se, ainda, a Ângela de Castro Gomes (GOMES, Ângela de Castro. *Burguesia e trabalho*: política e legislação social no Brasil 1917-37,1979, p.9) que, analisando as discussões na Câmara no período de 1917 a 1919, concluiu evidenciarem as vinculações entre as demandas do operariado e a situação em que se encontrava o comércio e a indústria do país. Partindo desse marco, identifica pelo menos três posições básicas expressando atitude de defesa ou restrição a uma legislação protetora do trabalho, sistematizando-as com segue: a) a dos deputados "trabalhistas", representada basicamente pela atuação de Maurício de Lacerda, Nicanor Nascimento e Deodato Maia, na defesa da legislação social; b) a bancada gaúcha, das mais significativas, pela importância do Rio Grande do Sul na disputa pelo controle da política federal, que, segundo ela, sob a batuta de Borges de Medeiros, reagia contra a regulação do mercado de trabalho pelo Estado; e c) a bancada paulista, representando os maiores interesses econômicos e reveladora de grande preocupação com os problemas gerados pelas greves, defendendo legislação social apta a possibilitar a superação desse problema: a greve.

(136) LACERDA, Maurício de. *Evolução legislativa do direito social brasileiro*. Rio de Janeiro: Serviço de documentação do MTIC 1960 p. 108/14. Competia-lhe, ao DNT, preparar e dar execução às medidas administrativas referentes ao trabalho, de modo geral, e proteger as correntes migratórias que por

Conforme observa Gomes, embora não exista nenhuma referência nos Anais da Câmara ou nos Relatórios das Associações de Classe sobre os motivos da inoperância inicial do Departamento Nacional do Trabalho — que na sua essência, seria um órgão de fiscalização das leis trabalhistas —, o fato é que o Departamento passaria a funcionar apenas após 1930, quando da criação do Ministério do Trabalho, Indústria e Comércio.(137) Fato é que o CNT, órgão consultivo e não deliberativo para assuntos do trabalho, não arcou com a mesma oposição patronal forte que o DNT parece ter sofrido. Como sugere Gomes, o seu estabelecimento vincula-se ao abandono do projeto anterior, esvaziado em seu alcance; grande parte da oposição da classe patronal ao DNT era devido à sua competência de árbitro nos embates entre capital e trabalho, que estivera, até então, informalmente na esfera policial. Conforme esclarece a autora:

> Sem dúvida, tal arbitragem implicaria, de um lado, na necessidade de toda uma reformulação dos mecanismos articulados pelo patronato com possíveis reflexos na relação repressão-demandas operárias, e, de outro, numa maior fiscalização das condições de trabalho das fábricas. Já o CNT, não possuindo tal autoridade, facilitava sua aceitação por parte do empresariado, uma vez que não atingia este ponto fundamental. (...) O CNT constituiria, na prática, uma instância de maior eficácia da atuação empresarial, pois, se estes não conseguem impedir a votação de leis pelo Congresso, conseguem manobrar as condições de sua aplicação, no momento de elaboração dos Regulamentos organizados pelo CNT.(138)

O projeto de Lacerda foi aprovado ainda em 1918.(139) Em 1921,(140) Epitácio Pessoa, sob as influências do Tratado de Versalhes, convidou representantes

---

aqui viessem. Bem como amparar as que se formassem dentro dele, superintendendo a colonização estrangeira e nacional. Ver MORAES FILHO, Evaristo de. *Op. cit.*, 1960, p. 208.

(137) GOMES, Ângela de Castro. *Op. cit.*, 1979, p. 208.

(138) *Ibidem*, p. 209.

(139) De acordo com BIAVASCHI, Magda Barros. *O Direito do Trabalho*, p. 202. "Em meados de 1918, em meio a grande agitação operária, a Câmara, por iniciativa de Nicanor Nascimento, voltou a debater o projeto do Código de Trabalho, não o tendo aprovado. O projeto, que enfrentava resistências, acabou desmembrado para votação da parte acidentária. Assim foi possível aprovar, em 15 de janeiro de 1919, a Lei n. 3.742, primeira lei de acidentes no trabalho. Segundo Ângela de Castro Gomes, os deputados Maurício de Lacerda, Nicanor Nascimento e Deodato Maia compunham o grupo dos deputados "trabalhistas" que denunciaram as precárias condições de trabalho dos operários brasileiros e defendiam sua atuação grevista. Deodato Maia compôs a equipe de Lindolfo Collor, no Ministério do Trabalho". CASTRO GOMES, Ângela Maria de. *Burguesia e trabalho:* política e legislação social no Brasil: 1917-1937.

(140) "Projeto de Regulamento do Departamento Nacional do Trabalho". *Diário Oficial da União (DOU)*, 23 jul. 1921.

sindicais do Rio de Janeiro para sugerir emendas ao projeto governamental de regulamentação. Respondendo ao convite, 46 associações sindicais, das quais 22 de diversos Estados da Federação, representadas pelos "companheiros" da União dos empregados no Comércio do Rio de Janeiro e 24 do Distrito Federal,(141) discutiram o projeto de regulamentação do decreto, elaborando, como fruto das discussões, um anteprojeto alternativo. Os principais pontos desse anteprojeto eram: a construção de um tribunal arbitral para dirimir as questões suscitadas a patrões e operários, composto de representantes de ambos os lados, sob a presidência de um juiz togado; a criação de uma 4ª Seção para estatísticas de tudo quanto se relacionasse com o comércio, a indústria e o operariado.(142)

O substitutivo foi enviado ao governo, para uma análise, tendo sido por esse incorporado, parcialmente, ao projeto original. Contudo, passada essa fase de consultas, ninguém teve mais notícia do projeto de regulamentação ou da sorte do ementário elaborado pelos líderes "operários".(143)

Entre os motivos para esse "esquecimento", estava, em certa medida, a atitude que assumiu a burguesia comercial e industrial, sugerido com o projeto de regulamentação do Departamento Nacional do Trabalho. Diante da ameaça de consumar a execução do decreto, o patronato, por meio de suas entidades de classe, como a Associação Comercial do Rio de Janeiro e o Centro Industrial do Brasil, responderam com uma representação dirigida ao ministro da Agricultura, Comércio e Indústria, Miguel Calmon, expondo que, pela sua abrangência, o projeto de regulamentação teria que ser alterado por um anteprojeto de lei proveniente do próprio Legislativo. Argumentava ainda que, para os industriais e comerciantes, a conjuntura política era de todo inapropriada para a discussão de tais medidas, em face da necessidade de se concluírem as grandes obras projetadas para a "indispensável festa da comemoração" do centenário da Independência, e devido à proximidade da campanha pela sucessão presidencial. Afirmavam os empresários que os burocratas do DNT, em meio a esses acontecimentos, poderiam conduzir os operários estrangeiros a agirem em sentido desfavorável aos "interesses nacionais",

(141) "O operariado desta capital se agita em torno da questão do Conselho Nacional de Trabalho? Fala-nos a respeito Sr. Petronillo Pontes, conhecido líder trabalhista". *O Brasil*, 11 mar. 1923, p. I.

(142) *Ibidem*, p. 1

(143) "Para a organização e orientação do trabalho nacional". Será ou não criado o departamento nacional do trabalho? — O Operariado do Brasil premido pela situação angustiosa do momento aguarda a realização dessa ideia". *O Brasil*, 25 fev. 1923.

e que a agitação operária disso decorrente poderia se acentuar, ou mesmo poderia ser desviada, pelos reflexos das lutas entre interesses partidários.(144)

Diante desse cenário, é muito provável que o governo tenha recuado, como voltaria a fazer em outras circunstâncias semelhantes, em seus propósitos originais de regulamentar o Departamento Nacional do Trabalho. Uma das pautas colocadas para o governo Bernardes era a redução da jornada de trabalho, que constituía uma das principais reivindicações do movimento operário na época (e não apenas para o caso brasileiro). No Rio de Janeiro, a questão era debatida nas primeiras décadas da Primeira República, e diversas categorias de operários lutaram, por meio de manifestações e greves, pela implantação da jornada. O sucesso parcial, todavia, ocorreu apenas em algumas categorias que de fato conseguiram a redução — como a dos marmoristas em 1905 e a dos têxteis em 1919.(145)

Nos outros casos, a reivindicação ou não foi atendida, ou os patrões não respeitavam o acordo sobre o horário estabelecido. A questão voltaria à tona em meados de 1923, quando a imprensa operária passou a exigir de Bernardes a execução da lei, aprovada em 1918. Aparecem, nesse instante, os primeiros sinais de que o governo não pretendia mais conceber um Departamento do Trabalho, e sim um Conselho Nacional do Trabalho, com incumbências simplesmente consultivas — ante um contexto marcado por grande instabilidade econômica, pela desvalorização cambial e por altas taxas de inflação.

(144) Relatório do Centro Industrial do Brasil – 1918/22. Rio de Janeiro, gráfica do Jornal do Comércio 1922 p. 189-92 e Relatório da Associação Comercial do Rio de Janeiro. *Jornal do Comércio*, 1922, p. 524/525.

(145) *O Paiz*, 1º maio 1924; *A Voz do Povo*, 22 abr. 1920. AEL/Unicamp.

Capítulo 2

Os Debates na Comissão de Legislação Social

> *[...] E quanto aos doutores do Direito que estão envenenados, intoxicados até à medula, com tudo o que decorre do sinistro e cruel direito romano, codificado, em grande parte, por um tirano das margens do Propôntida e pela prostituta sua mulher, como diz Condorcet, nas suas* Réflexions sur l'Esclavage des Nègres; *quanto a tais chacais e hienas a serviço dos burgueses, eu tomo a liberdade de dizer-lhes que, tarde ou cedo, sem eles ou com eles, há de se fazer uma reforma social contra "o Direito" de que são sacerdotes, pois o seu deus já está morto no coração da massa humana e só falta enterrá-lo, com o seu cortejo de apostilas e sebentas, de consolidações e manuais, não levando tal enterro senão as grinaldas dos arqueólogos, antiquários, geólogos e paleontólogos.* Requiescat in pace!
>
> BARRETO, Lima. "No ajuste de contas".
> *Jornal ABC*, 11 maio 1918.

Nos anos 1920, o crescimento das exportações, auxiliado pela política de valorização do café, facultou a retomada da importação de produtos manufaturados, em prejuízo à indústria nacional. Com a guerra, o contexto havia sido de inversões e de ampliação da capacidade produtiva, possibilitados pelos capitais acumulados no setor cafeeiro, e concorrência amainada.

Após a exposição do cenário socioeconômico no momento em que Bernardes assume o governo, compete retroceder até 1912, e avaliar a proposição de uma norma que se pretendeu sintetizar numa "lei operária", e viria a fomentar o debate da questão social e ensejaria projetos com o mesmo tema jurídico.

1. As discussões na Comissão Especial de Legislação Social, o comportamento da classe patronal e a repercussão internacional

No ano de 1912,[146] o deputado do Distrito Federal Figueiredo da Rocha[147] apresentou, logo no início da primeira sessão da legislatura, um projeto de lei, também assinado pelo deputado Rogério de Miranda,[148] do Pará, concernente às relações entre patrões e operários. Aos parlamentares, essas relações "precisavam ser reguladas pelo poder competente", no que tange a *horários e acidentes*, tolhendo a jornada estafante acima de 8 horas, e estabelecendo-se uma indenização ao operário

---

(146) Antes desse ano, é importante frisar a extensa fila de projetos da primeira década da República que visavam garantir direitos à classe trabalhadora, destacando-se, o projeto do deputado Barbosa Lima que revogava as diferenças nas repartições públicas federais entre empregados de quadro; este projeto, todavia, ficou sem andamento até 1906, quando o deputado Figueiredo da Rocha, com o apoio parlamentar de Alcindo Guanabara, Pedro de Carvalho e Mayrink, representantes da bancada carioca, apresentou um projeto que uniformizava as "horas de trabalho" e os "vencimentos" de diversas classes de operários públicos, o qual recebeu longo parecer demonstrando a evolução legislativa do problema desde os primeiros anos da República, com menção aos decretos de Benjamin Constant (n. 644 sobre os operários e funcionários dos telégrafos, cuja justificativa era a de que: "perante a lei, em um regime francamente democrático, como o que foi inaugurado pela patriótica revolução de 15 de novembro, devem por igual, valer todos os funcionários públicos, eliminada a distinção odiosa de classes com privilégios, garantias e isenções especiais"); e (n. 2.417 de dezembro de 1896, que estabelecia por gratificação por tempo de serviço um quinto dos vencimentos após 20 anos como operário da União), bem como o decreto de 1904 do Presidente Rodrigues Alves e, finalmente, o projeto do deputado Figueiredo Rocha, do ano de 1906. Ver mais informações em LACERDA, Mauricio de. *Op. cit.*,1960, p. 52; *Anais da Câmara do Deputados*, Sessão em 13 de julho de 1904, p. 169 e COSTA, Ana Maria Machado da. "O apostolado positivista e o castilhismo na construção do direito do trabalho no Brasil". Dissertação de Mestrado, Pontifícia Universidade Católica do Rio Grande do Sul. Disponível em: <http://repositorio.pucrs.br/dspace/handle/10923/3807>. Acesso em: 24. out. 2017.

(147) De acordo com Izabel Pimentel da Silva, do CPDOC/FGV, João de Figueiredo Rocha "foi deputado federal do DF, nas legislaturas 1906-1908 e 1912-1914. De 1899 a 1902, foi intendente no Conselho Municipal do Distrito Federal. Em 1906 foi eleito deputado federal pelo Distrito Federal e exerceu seu mandato durante toda a legislatura, de 3 de maio de 1906 a 31 de dezembro de 1908. Nesse período foi promovido a major graduado, em 7 de agosto de 1908, e efetivo, em 17 de dezembro do mesmo ano. Novamente eleito deputado federal pelo Distrito Federal em 1912, exerceu seu segundo mandato de 21 de maio de 1912 a 31 de dezembro de 1914". Disponível em ABRANCHES, J. Governos; ASSEMB. LEGISL. RJ. "Inventário analítico". Disponível em: <http://www.alerj.rj.gov.br/center_arq_cons_munic_link5.htm>; CÂM. DEP. Deputados brasileiros. Acesso em: 13 abr. 2016.

(148) De acordo com o verbete do CPDOC/FGV, Rogério Correia de Miranda "foi deputado pelo estado do Pará de 1903-1914. Foi eleito pela primeira vez deputado federal pelo Pará para a legislatura 1903-1905 e tomou posse em maio de 1903. Reeleito em 1906, 1909 e 1912, exerceu o mandato na Câmara dos Deputados, no Rio de Janeiro, então Distrito Federal, até dezembro de 1914". Disponível em: <cpdoc.fgv.br/sites/default/files/.../MIRANDA,%20Rogério%20Correa%20de.pdf>. Acesso em: 13 abr. 2016.

acidentado "quando contasse mais de 5 anos de serviço *na casa*". Caberia ao governo regulamentar a execução imediatamente à sanção.(149)

O parecer desse projeto, extenso e minucioso, na Comissão de Justiça, foi lavrado pelo deputado Melo Franco,(150) de Minas Gerais, na ausência do relator Nicanor do Nascimento,(151) que iria subscrevê-lo posteriormente. No ano de 1911,(152) já havia sido objeto de um parecer do deputado Lamenha Lins, do Paraná, matéria similar — horários de trabalho —, cuja justiça era reconhecida, mas foi contestada a competência do Congresso para legislar a respeito. Ponto de vista com o qual vinha coincidir no ano seguinte (1912) o voto separado do deputado fluminense Porto Sobrinho.(153) O deputado Carlos Maximiliano,(154)

---

(149) LACERDA, Mauricio de. *Op. cit.*,1960, p. 69 e ss.

(150) De acordo com o verbete do CPDOC/FGV, Melo Franco "foi deputado federal de MG 1906-1918; min. Viação 1918-1919; dep. fed. MG 1920-1923; Embaixador brasileiro da Liga das Nações 1924-1926; dep. fed. MG 1927-1929; min. rel. ext. 1930-1933. Esteve praticamente ausente do Congresso em 1911, ano em que viajou com a família pela Europa. Não obstante, foi reeleito em 1912, passando a atuar na Comissão de Constituição e Justiça da Câmara, onde se posicionaria várias vezes nos anos seguintes contra as intervenções federais nos estados, notadamente nos casos do Ceará (1914), Rio de Janeiro (1916), e Piauí (1920)". Disponível em: <http://www.fgv.br/cpdoc/acervo/dicionarios/verbete-biografico/franco-afranio-de-melo>. Acesso em: 13 abr. 2016.

(151) De acordo com o verbete do CPDOC/FGV, NASCIMENTO, Nicanor "foi deputado federal, pelo DF, no período de 1911 a 1917 e de 1924 a 1924, tendo grande participação nos projetos de regulamentação das horas de trabalho no comércio. Durante a greve de SP, em 1917, percorreu fábricas, delegacias e hospitais, denunciando na Câmara, posteriormente, o que presenciou. Em 1921 voltou a ser deputado federal, não tendo o mandato reconhecido, nem sendo empossado. Voltou à Câmara em 1924 e permaneceu até 1926". Ver mais informações em: <http://cpdoc.fgv.br/sites/default/files/verbetes/primeira-republica/NASCIMENTO,%20Nicanor%20Queir%C3%B3s%20do.pdf>. Acesso em: 29 maio 2017. E BRANCHES, Governos; BATALHA, Claudio. *Le syndicalisme*; Memorial Pontes de Miranda. Disponível em: <http://www.trt19.gov.br/mpm/memorial.htm>; PAIM, A.; PROTA, L.; RODRIGUEZ, R. Socialismo; SODRÉ, N. História; VIEIRA, J. Cadeia.

(152) No dia 19 de julho de 1911, o Jornal *A Noite* (RJ) noticiava que às 14h da tarde desse dia, reunira-se na Câmara dos Deputados a Comissão de Constituição e Justiça, presidida pelo Sr. Frederico Borges e a compareceram, além de Lamenha Lins, os deputados Pedro Moacyr, Felisbello Freire, Domingos Guimarães, Adolpho Gordo e Porto Sobrinho, que o Adolpho Gordo havia apresentado um substitutivo ao projeto de Seraphico da Nobrega, fixando novos prazos para o preparo das apelações em segunda instância, na justiça federal. *A Noite*, 19 de julho de 1911.

(153) De acordo com o verbete do CPDOC/FGV, PORTO SOBRINHO, José Pereira Rodrigues, "foi deputado federal pelo Rio de Janeiro 1909-1914. Em 1909, foi eleito deputado federal pelo 1º distrito do estado do Rio. Exerceu o mandato de 1º de junho de 1909 a 31 de dezembro de 1911, e, reeleito em 1912, voltou a ocupar uma cadeira na Câmara dos Deputados a partir de maio daquele ano. Durante sua passagem pela Câmara, integrou a Comissão de Constituição e Justiça. Faleceu no Rio de Janeiro em 11 de junho de 1914, em pleno exercício do mandato". Disponível em: <cpdoc.fgv.br/sites/.../PORTO%20SOBRINHO, %20José%20Pereira%20Rodrigues.pdf>. Acesso em: 13 abr. 2016.

(154) De acordo com o verbete do CPDOC/FGV, Carlos Maximiliano "foi Deputado Federal pelo RS 1911-1914; Min. da Justiça de 1914-1918; novamente deputado federal, RS, entre 1918-1923;

do Rio Grande do Sul, repelia a ingerência do Legislativo na questão, que violaria "a liberdade de trabalho e do seu contrato". Não se deveriam promulgar "leis desnecessárias", "copiando" o que "não" servia "ou importando" o que "não faltava", cabendo "leis brasileiras para o povo brasileiro" – ou seja, na visão do deputado gaúcho, era equivocado importar leis da Europa sem critério mais apurado.

Propunha o deputado Maximiliano um substitutivo no tocante ao limite de idade para admissão dos menores antes de 12 anos completos nas fábricas, oficinas, minas, carga e descarga de navios. Aos acima desse limite, "maiores de 12 e menores de 16 anos poderiam trabalhar nos referidos serviços" durante "8 horas por dia". Ainda, no seu voto, dizia, convicto, que "o Brasil não era a Alemanha onde Babel foi encarcerada e Karl Marx proscrito", os quais "aqui não passariam de inofensivos visionários", não havendo paridade alguma que se poderia estabelecer entre as condições de trabalho do Novo e Velho Mundo, pois "desconhecíamos a tirania do capital" e já "sentíamos a pressão do operariado unido", que ia "conquistando", sem as lutas europeias que duravam séculos, a realização pacífica "entre flores" dos seus direitos, devido à "generosidade tradicional dos patrões brasileiros". Por fim, opinava que no Brasil não existiu capitalismo nem uma classe de proletários no sentido europeu, acontecendo mesmo que antes que se fortificassem "os grandes", se haviam unido e iam triunfando "os pequenos" quanto às condições do seu trabalho.[155]

Procurador Geral da República entre 1934-1936; e Ministro do STF, 1936-1941. Durante algum tempo militou no Partido Federalista e foi editor-chefe do jornal *A Reforma*, órgão de divulgação do partido. Em 1911 foi escolhido pelo senador João Gomes Pinheiro Machado para assumir uma cadeira na Câmara dos Deputados, ocupando a vaga aberta na bancada gaúcha com a morte do deputado Germano Hasslocher. Teve seu mandato renovado em 1912 para a legislatura 1912-1914, durante a qual integrou a Comissão de Constituição e Justiça, destacando-se por seus pareceres. Ainda em 1912, por ocasião da votação do projeto de lei sobre os direitos do trabalhador — que, entre outros pontos, fixava a jornada de trabalho em oito horas diárias e proibia o trabalho noturno nas oficinas —, foi contrário à sua aprovação, alegando que a limitação do tempo de trabalho feria a liberdade contratual, infringindo, portanto a Constituição vigente. Seu voto correspondia à orientação dada pelo presidente do Rio Grande do Sul e líder do PRR, Borges de Medeiros, à bancada gaúcha na Câmara: o governo gaúcho, embora reconhecesse a questão social e a ela desse atenção, considerava que a regulamentação do trabalho era uma intervenção política inaceitável no setor, que, de acordo com os postulados positivistas da Constituição gaúcha, deveria ficar sob a responsabilidade da iniciativa privada. Embora tenha sido voto vencido na Comissão de Justiça da Câmara, na votação final Carlos Maximiliano foi acompanhado pela maioria, que rejeitou o projeto". Disponível em: <http://cpdoc.fgv.br/sites/default/files/verbetes/primeira-republica/MAXIMILIANO,%20Carlos.pdf>. Acesso em: 17 abril 2016.

(155) LACERDA, Mauricio de. *Op. cit.*, 1960, p. 70.

O que podemos perceber é que o deputado, que também era professor, magistrado e tratadista do nosso direito público e privado, seguia as orientações positivistas de seu estado natal, o Rio Grande do Sul.

Porto Sobrinho começou invocando Turgot e Colbert da ciência econômica, mencionando o "Estado providência", recomendando quanto à regulação social que se tratasse dela "com toda prudência" — para que se evitassem os resultados receados por Spencer, de uma regulamentação minuciosa que pudesse absorver a liberdade individual. Preconizava com apoio de Leon Donnat[(156)] a observância do método experimental, especialmente na delicada regulação legal do trabalho. Dissertando sobre as pautas reivindicativas dos socialistas nesse objeto, citava a marcha das "8 horas" na Alemanha, Rússia, França, Hungria, Estados Unidos e outros países. Mencionando em caráter comparativo às leis publicadas nesses países a respeito, chegava à conclusão que o projeto seria aceitável, mas "faltava ao Congresso Competência Constitucional para decretá-lo". Sustentava esse ponto de vista como prejudicial à adoção do projeto, discorrendo sobre a inconstitucionalidade arguida com base no afastado decreto 213 de 1890 sobre locação de serviço, como genitora de conflito de caráter territorial ou regional, que assegurou ser característico dessas leis no "sistema americano". Em apoio à sua reflexão, mencionou a amplidão e as peculiaridades do nosso território, findando por recursar "interpretação extensiva" da Constituição que seria "insuportável" na "espécie", e reiterando, como outros já faziam, a relevância da liberdade constitucional de contratar serviços.[(157)]

O voto do deputado Melo Franco, por meio de escassa maioria, converteu-se em parecer da Comissão de Justiça e Legislação da Câmara, sendo subscrito pelo deputado Cunha Machado, como presidente, e Nicanor Nascimento, como relator, antes designado como relator da matéria. O deputado Melo Franco findou por ser o relator do projeto. Como tal, chegou a mencionar o malogro da arbitragem recente do presidente de Minas Gerais, que mediante um dissídio operário reduzira as horas de trabalho a 8 diárias, sem com isso ter acarretado alteração da

(156) De acordo com João Coelho Gomes Ribeiro, Leon Donatt, o eminente publicista da escola experimental, criticando a nossa Constituição, nos *Annaes Economicos* (Ns. de 5 e 20 de novembro de 1890), caracterizou-a em duas palavras: "A Constituição brasileira não é de nenhum modo banal. Em nada apparenta ser um expediente destinado a satisfazer a opinião publica, deixando na sombra, os pontos controvertidos. É manifesto que seus auctores procuraram fazel-a tão completa quanto o permitte o estado actual da sciencia. Ella foi obra de philosophos políticos". *In*: RIBEIRO, João Coelho Gomes. *A gênese histórica da Constituição federal*. Rio de Janeiro, 1917, Disponível em: <www.stf.jus.br/bibliotecadigital/DominioPublico/43474/pdf/43474.pdf>. Acesso em: 16 abr. 2016.

(157) *Ibidem*, p. 71.

produção industrial. Não obstante, entendia que se devia abordar o problema legal seguindo a lição de León Donnat, ou seja, utilizando-se do método de "experimentação", estendendo gradativamente os dispositivos de lei às várias classes operárias. Seria, num primeiro momento, de bom grado inovar nos grandes centros industriais, nos quais trabalhadores em maior grau de adiantamento reclamavam reformas legais de cunho social.

O deputado reforçava seu argumento mencionando exemplo que envolvia o próprio Governo Provisório que, após criar o Registro Torrens, autorizou Domingos Teodoro de Azevedo[(158)] e outros a organizarem uma sociedade anônima para o registro obrigatório de todos os prédios e terrenos na capital federal, arrecadando as correspondentes taxas; não havia, àquele momento, nenhum texto que impedisse a aplicação de leis federais ao tema, por força do que se percebeu a casa autorizada a legislar sobre isso. Por analogia, não haveria impedimento para normiferar no Congresso Nacional no tocante ao tema trabalhista.

O projeto de 1912 do Deputado Figueiredo Rocha permaneceu estagnado até 1915, quando Maurício de Lacerda retomou a discussão para que a Comissão respectiva o estudasse, no ensejo da demanda popular crescente por um Código do Trabalho. Estabeleceu-se, assim, nova discussão; um dos signatários do substitutivo — o deputado Nicanor do Nascimento — julgara, com assentimento dos demais membros, ser adequado prover "projetos parciais até englobá-los segundo experiência" numa "codificação". Como consequência, requereu-se que o projeto voltasse à Comissão, para que esta, dando uma "solução média", o remodelasse, devolvendo-o ao plenário, "mais complexo e sistemático", embora não como um "Código". O que implicava, no entendimento de Maurício de Lacerda, risco de "petrificação no Congresso", por tempo indefinido, tal como ocorrera com o Código Civil. Desse modo, "sem que importasse em adiar o problema", foi o projeto de 1912 reenviado à Comissão saindo da ordem do dia em julho de 1915, já em

---

(158) Para mais detalhes sobre o Decreto 451, B de 31 de maio de 1890 e depois o Decreto n. 1.156, A de 11 de dezembro de 1890, ver: <http://legis.senado.gov.br/legislacao/DetalhaDocumento.action?id=66565>. Acesso em: 17 abr. 2016. Como afirma Souto Maior, "o fato demonstra que a questão trabalhista, por retórica ou não, entra na pauta das discussões do governo depois da proclamação da República, mas, por iniciativa particular de Deodoro, cuja formação era influenciada por Castilho, adepto da teoria positivista. No geral, prosseguia a ideia de formação de uma classe operária, incentivada pela imigração, para a qual não se vislumbrava a necessidade de garantir direitos". SOUTO MAIOR, Jorge Luiz. *História do Direito do Trabalho no Brasil* — Curso de Direito do Trabalho. vol. I, parte II, p. 105.

seu último turno regimental. Ante o compromisso assumido, Maurício de Lacerda se empenhava na elaboração de uma Comissão para o Código do Trabalho. O parlamentar reiterou o pedido em julho de 1915, diante da inação da Comissão, de que se nomeasse uma "Comissão de Estudos", mista de senadores e deputados, para "elaborar e apresentar" ao Congresso — em suas duas casas, paralelamente — "um projeto de lei sobre trabalho", já com o apoio de deputados de outros estados, como Mário Hermes,(159) da Bahia.

Para o grupo em que Maurício de Lacerda era um dos principais expoentes, os de deputados trabalhistas, as mobilizações e pautas operárias estavam ligadas aos problemas mais amplos que afligiam a maior parte da população urbana no Brasil. As demandas sociais remetiam, assim, diretamente, às questões de ordem social e econômica, como a carestia, sobre as quais incidiam questões relativas ao comércio e à indústria, alimentadas pelas sucessivas emissões que diminuíam o valor da moeda e pelo protecionismo estatal. A questão social, com isso, não era apenas uma simples questão sanitária e de ordem moral, constituindo-se em um aspecto da política econômica que perpassava os meios operários.

A preocupação de Maurício de Lacerda e seu grupo era coibir uma intervenção estatal que fosse simplesmente repressiva na seara do trabalho, atribuindo-lhe a função de regulamentar o trabalho com fundamento nas leis e normas sociais e institucionais de resolução de conflitos. Tratava-se, assim, de constranger o Estado a abandonar o papel de espectador ou agente repressivo, como estava colocado, que favorecia apenas à classe patronal, para que fosse possível assegurar alguma proteção — ainda que mínima — à classe operária, passando a intermediar e prevenir os litígios trabalhistas. A garantia de direitos, como o de greve, era considerada como meio para a preservação da própria ordem institucional pelo esvaziamento das mobilizações operárias.

O ano de 1915 terminaria sem que se chegasse à deliberação na Câmara e à declaração formal e regimental de seu presidente o projeto encaminhado por Mário

---

(159) De acordo com CPDOC/FGV, Mário Hermes, "filho do marechal Hermes Rodrigues da Fonseca e de Orsina Francioni da Fonseca, foi deputado federal pelo 1º distrito da Bahia, com mandato de 1912 a 1914. Em 3 de maio de 1912 assumiu sua cadeira na Câmara dos Deputados, no Rio de Janeiro, então Distrito Federal, e logo foi escolhido líder da bancada baiana por J. J. Seabra. Pouco tempo depois presidiu o 4º Congresso Operário Brasileiro, instalado em 7 de novembro de 1912 no palácio Monroe, no Rio de Janeiro. A realização dessa reunião foi muito comentada pela imprensa, principalmente pelos protestos que ocasionou entre o operariado carioca. A censura maior deveu-se ao fato de o evento ter sido sugerido pelo filho do presidente da República, e de muitos trabalhadores serem contra a vinculação do governo na obtenção de melhorias em suas condições de vida". Ver mais em: <http://cpdoc.fgv.br/sites/default/files/verbetes/primeira-republica/FONSECA,%20M%C3%A1rio%20Hermes%20da.pdf>. Acesso em: 17 abr. 2016.

Hermes. Perante esse procedimento, com o qual se protelava ou prejudicava de vez a iniciativa de uma lei sobre trabalho, no ano seguinte (1916), Maurício de Lacerda foi levado a conduzir o projeto de criação de um Departamento Nacional do Trabalho, na realidade uma reorganização da Diretoria do Serviço de Povoamento do Ministério da Agricultura, como órgão técnico de preparo e experimental de uma lei do trabalho.

O projeto se converteria no Decreto 3.550 de 16 de outubro de 1918, sem, todavia, ter nenhuma execução. Maurício tratou de apresentar, meses depois, no início da sessão que aprovava a criação do DNT, uma "indicação" endereçada à Comissão de Justiça da Câmara, em cujo bojo dormitava o projeto de 1912 do deputado Figueiredo Rocha, com os respectivos substitutivos e o projeto de Mário Hermes de 1915, sobre as leis do trabalho.

Na referida indicação se propunha que a comissão modificasse os textos da legislação pátria sobre o trabalho. Mesmo porque, ao término da sessão de 1915, em que havia sido sugerido esse Código de Trabalho, finalizou-se a votação do Código Civil, cuja sanção pelo presidente Venceslau Brás se deu em janeiro de 1916. Carlos Maximiliano, que como ministro da Justiça, em 1912, havia impugnado a positivação das leis de relações do trabalho na indústria privada, manifestando sua preferência pela antiga legislação civil no assunto, inclusive referendou a norma civilista. Oferecia-se brecha para que dispositivos de locação de serviços, de modo genérico e abrangente, regulamentassem quaisquer contratos de trabalho. Era premente a votação de um Código do Trabalho que atendesse ao novo direito em formação de modo adequado ou especial – como clamava a consciência jurídica do país e o sentimento nacional por uma justiça social.

A coincidência das discussões em torno do Código Civil e a proposição de um Código do Trabalho, no ano de 1916, tornava-se muito significativa. O primeiro circunscrevia obrigações pertinentes a contratos de trabalho, enquanto os acidentes eram abordados com lastro no tema de responsabilidade civil, em vez de no risco profissional.

No Senado, ainda no ano de 1915, foi conduzido projeto de lei para alterar a tratamento civilista do tema do acidente de trabalho, debatido nos anos de 1917 e 1919. Por fim, concluiu-se por uma lei de acidentes, a primeira lei social de uma primeira Comissão de Legislação Social constituída na Câmara após interrupção relacionada a um levante de cunho social na Capital do país, em novembro de 1918.(160)

(160) Trata-se da tentativa insurrecional anarquista, abortada pela forte repressão policial. Esse comício realizou-se em torno da estátua do Visconde do Rio Branco na Praça Mauá, na região portuária do Rio. BANDEIRA, Moniz; MELO, Clóvis; ANDRADE, A. T. *O ano vermelho* — A Revolução Russa e seus reflexos

De acordo com Souto Maior, a Comissão Especial de Legislação Social, da Câmara dos Deputados, foi instituída em 16 de maio de 1919, com o objetivo de atender as obrigações assumidas pelo Brasil, no Tratado de Versalhes, quanto ao compromisso de produzir uma legislação social voltada às relações de trabalho.

Na ocasião, disse Delfim Moreira:

> Exercendo passageiramente o alto cargo de Chefe do Estado, nesta hora delicada em que, pela assinatura do Tratado de Versalhes, se criam direitos e deveres para o Brasil, entre estes — o da organização do Trabalho, com os consequentes necessários do solidarismo e constituição das uniões profissionais, — julguei, contudo, do meu dever pedir-vos que, por leis adequadas, sejam suprimidas as omissões de nossa legislação, de modo a torná-la harmônica com as conclusões da memorável Assembleia de Paz.(161)

Ainda na visão de Souto Maior, a leitura dos anais(162) da referida comissão permite inferir o quanto é equivocada a visão de que no Brasil o tema da legislação trabalhista só foi ventilado com a chegada de Getúlio Vargas ao poder, em 1930.(163) O referido documento possui três volumes, sendo cada um com 800 páginas.

A aprovação do Código Civil no final de dezembro de 1915, pelo Senado, teve a assinatura do presidente Venceslau Brás e referendo de seu ministro de Justiça, o deputado Carlos Maximiliano – autor do voto separado do projeto de lei do trabalho de 1912, do deputado Figueiredo Rocha. Havia restrição à aprovação

---

no Brasil. Rio de Janeiro: Civilização Brasileira, 1967. p. 181, citando o jornal do Rio *A Razão* de 2 de maio de 1919.

(161) SOUTO MAIOR, Jorge Luiz. *Op. cit.*, 2017, p. 145.

(162) Nos dois primeiros volumes (Documentos Parlamentares – Legislação Social. Acidentes de trabalho — indemnisação — maximo de trabalho — condições de salarios — contractos de locação de serviços no commercio. 1º Vol. Rio de Janeiro: Typ. do Jornal do Commercio, de Rodrigues & C. 1919, faz-se um levantamento histórico dos debates travados no Congresso Nacional acerca de projetos pertinentes à legislação trabalhista, ocorridos mesmo antes da criação da referida comissão: Projeto Medeiros e Albuquerque, 1904 (indenizações de acidentes do trabalho); Projeto Graccho Cardoso, 1908 (indenizações de acidentes do trabalho); Projeto Wenceslau Escobar, 1908 (indenizações de acidentes do trabalho); Projeto Nicanor Nascimento, 1911 (regulamentação do contrato de locação de serviços entre patrões e empregados do comércio); Projeto Adolpho Gordo, 1915 e 1917, Substitutivo Prudente de Morais, 1918; e Substitutivo Andrade Bezerra, 1918 (indenizações de acidentes do trabalho). In: SOUTO MAIOR, Jorge Luiz. *Op. cit.*, p. 145.

(163) *Ibidem*, p. 145.

de leis operárias na Comissão Técnica de Constituição e Legislação da Câmara. Óbices, no recinto da Câmara, à aprovação de um Código do Trabalho, de uma Lei Orgânica do Trabalho (1917), ou mesmo de um decreto de proporções mais modestas de uma "Lei operária" (1918) — quando ficou evidente a oposição a elas da bancada gaúcha, da ala de Borges de Medeiros, cuja influência significativa teve curso ao longo dos anos de 1918 e 1919 na Câmara. Ali se procederam a esforços e vãs tentativas de adoção de um corpo de leis proletárias e sociais, exceção feita à de acidentes de trabalho, e, em meio a maiores dificuldades, à de equiparação dos operários do Estado aos funcionários públicos — dispositivo já constante na Constituição do Rio Grande do Sul, desde os primeiros dias da República, obra de Júlio de Castilhos.(164)

A bancada gaúcha, tendo à frente a figura de Borges de Medeiros, teve um papel significativo como obstáculo à possibilidade de se regulamentar o trabalho.(165) Diante da influência do presidente do estado, Borges de Medeiros, a bancada se colocava contra a interferência do governo federal, alegando que legislar sobre o tema era uma responsabilidade específica dos estados. Apesar disso, prosseguiam nas discussões e progrediam com a concepção de que as pautas trabalhistas e concernentes ao operariado, de maneira geral, estavam dentro do âmbito privado — assim, não permitiam nem autorizavam a ingerência. Tal disposição iria ao encontro do princípio de livre contrato e de liberdade de trabalho. Ademais, para os deputados gaúchos, estava evidente que a indústria não aguentaria, de modo algum, arcar com o ônus decorrente, e assim preconizavam.

Desse modo, o Código Civil, lei comum, passou a ser o escudo dos oposicionistas a uma lei de trabalho, lei especial, que seria redundante — não obstante à margem daquele existirem outras leis esparsas ou mesmo códigos, como o Comercial e o Penal.(166)

---

(164) LACERDA, Mauricio de. *Op. cit.*,1960, p. 81.

(165) João Tristan Vargas observa que esse papel da bancada gaúcha foi superdimensionado pela historiografia, ao constatar que mesmo a constituição gaúcha, ao proibir "leis que regulamentem qualquer profissão", considerando as intervenções dos representantes do Rio Grande durante o Congresso Constituinte de 1891, não deixava evidente a intenção de seus criadores de impedir que fossem criadas leis para o trabalho operário. Na visão de Tristan Vargas, o objetivo dos representantes gaúchos parece ter sido apenas o de impedir a regulamentação das profissões liberais, sendo provável que a posição contrária a leis sobre relações de trabalho, de modo geral, "tenha sido um desdobramento posterior". Ver mais detalhes em VARGAS, João Tristan. *Op. cit.*, 2004, p. 91 e ss.

(166) O Código Comercial já vigorava desde 1850, como podemos ver aqui: <http://www.planalto.gov.br/ccivil_03/leis/L0556-1850.htmCompilado.htm>; o Código Penal era de 1890: <http://www2.camara.leg.br/legin/fed/decret/1824-1899/decreto-847-11-outubro-1890-503086-publicacaooriginal-1-pe.html>. Acesso em: 7 mar. 2018.

Esse ponto será rediscutido neste trabalho quando analisados os projetos de leis que de 1917 em diante foram submetidos à deliberação do Congresso, especialmente da Câmara. O ano de 1917 é marco relevante, porquanto, à data, tenha ocorrido forte movimento grevista na cidade de São Paulo, com confrontos entre as forças policiais e os trabalhadores, culminando em forte repressão, sob protesto e execração de alguns parlamentares. No mesmo ano, a Câmara de Deputados estabeleceu a Comissão da Legislação Social, que apresentou o longo projeto de n. 284, abarcando todo o Código do Trabalho. Foram ali abarcados conteúdos de projetos anteriores acerca da questão operária, nele sendo inserida a matéria dos acidentes de trabalho contemplada no projeto 237, de autoria do senador Adolpho Gordo, de 1915. O relator foi o deputado Maximiano de Figueiredo, e um dos autores, o deputado Maurício de Lacerda.

Conforme salienta Ângela de Castro Gomes, o ano de 1917 evidenciou nuances entre as diversas correntes em disputa por melhores condições de vida para os trabalhadores; não obstante, em que pese o confronto existente entre anarquistas e socialistas, ocorreu aproximação e colaboração. Em decorrência dos episódios de greves, os deputados Maurício de Lacerda e Nicanor Nascimento fizeram a defesa de modo enfático das lideranças anarquistas no Congresso Nacional, repugnando as leis de expulsão, as prisões e deportações como atos arbitrários. No ano seguinte (1918), Evaristo de Moraes e Nicanor Nascimento continuaram atuando na defesa de militantes e operários anarquistas. Anteriormente, Evaristo de Moraes fizera a defesa de Edgar Leuenroth em São Paulo, motivo pelo qual recebera agradecimentos e o respeito do presidente da Associação Gráfica, João Leuenroth. Assim, como demonstra Ângela Castro, não é surpresa que Evaristo fosse convidado em 1919 pelo Partido Anarquista-Comunista a realizar conferência e que, no ano seguinte, junto com Maurício de Lacerda, escrevesse no periódico *A Voz do Povo.*(167)

A postura do Estado era de repressão aos trabalhadores nas primeiras décadas do regime republicano. O Estado defendia a propriedade e a liberdade de trabalho — especialmente a livre exploração dos trabalhadores — que, na visão da incipiente burguesia industrial, estavam ameaçadas com as mobilizações que começavam a adquirir maior peso. Com isso, concebe-se como necessária a intervenção do poder público nas relações de trabalho quando a violação do contrato

(167) GOMES, Ângela de Castro. *Op. cit.*, 1988, p. 124-125. Ver também *O Graphico*, 16 mar. 1918, 16 jan. 1919, 16 fev. 1919 e 1º maio 1919. A Associação Gráfica do Rio de Janeiro, criada em 17.10.1915, esteve durante quase todo o período que vai até 1919, sob a presidência de João Leuenroth, irmão do conhecido militante paulista Edgard Leuenroth. Mesmo que se considere que a associação não era anarquista (não se filia à Forj), seu jornal é um exemplar significativo para se acompanhar esse debate, de acordo com Ângela de Castro Gomes. *Op. cit.*, 1988, p. 126.

ou o risco à propriedade estivessem na pauta, ou seja, nos momentos de greves e paralisações. Percebia-se que a greve colocava em risco a posição do patrão, coagido diante de um grupo de indivíduos, trabalhadores grevistas; disso decorreria rompimento do contrato, ou ao menos desequilíbrio entre as partes contratantes, habilitando o Estado e tomar decisões em defesa da classe patronal. Esse modelo mostrou-se ineficaz nas greves finais da década de 1910 para conter o ímpeto do movimento operário.[(168)] Greves mobilizaram milhares de operários, que paravam cidades inteiras, como em São Paulo, ou setores de importância crucial para a economia, como os ferroviários e portuários. Era inviável mobilizar o aparato repressivo do Estado nessas grandes manifestações, haja vista a impossibilidade de "pacificar" e dispersar os grandes contingentes de trabalhadores ali reunidos.

Não obstante, foi apenas em 1918 que o deputado Andrade Bezerra[(169)] logrou êxito em romper o cerco de críticas e de dificuldades para a aprovação do "Código do Trabalho", tendo sido aprovado seu projeto sobre acidentes de trabalho com ênfase na primeira parte do Código, como lei especial.[(170)] Após a aprovação da codificação, efetuou-se a revisão do projeto 239, de 1918, por meio da Comissão Especial de Legislação Social. A Comissão comportou-se em relação aos trabalhos, de acordo com Araújo Castro,[(171)] "ouvindo as classes diretamente interessadas no assunto e procurando por essa forma acomodar, tanto possível, aquele projeto às condições e necessidades reais da indústria nacional", de modo que determinou que fosse desagregado em duas partes o mencionado projeto, uma referente aos acidentes do trabalho e a outra sobre regulamentação do trabalho.

Com o desenrolar da greve geral na cidade do Rio de Janeiro e o movimento operário fomentando as pautas trabalhistas, teve repercussão a criação do Conselho Nacional do Trabalho, em 1923, o primeiro organismo do poder público para tratar do cumprimento da legislação trabalhista. Contudo, na visão de Evaristo de Moraes Filho,[(172)] o CNT persiste como um organismo sem a devida participação ativa para orquestrar os acordos entre patrões e empregados.

---

(168) João Tristan Vargas discorda da concepção de que na Primeira República houvesse uma política de Estado fundamentalmente repressiva e de que o que vigorava nas relações de trabalho era o *laissez-faire*.

(169) Ver mais informações em VARGAS, João Tristan. *Op. cit.*, 2004, p.17.

(170) Andrade Bezerra foi relator do projeto substitutivo n. 239.

(171) ARAÚJO CASTRO. *Accidentes do trabalho*. 2. ed., rev. e aum. Rio de Janeiro: Liv. Ed. Leite Ribeiro, Freitas Bastos, 1928. (4. ed. rev. e aumentada, 1935) p. 19-22.

(172) MORAES FILHO, Evaristo de. "A regulamentação das relações de trabalho no Brasil". *Revista Brasileira de Ciências Sociais*. Faculdades de Economia da Universidade de Minas Gerais, v. 3, n. 2, jul. 1963.

No começo de janeiro de 1919, o jornal *A Razão*, no editorial "A Força da Civilização", demonstrava a situação das discussões sobre a questão social trazida pela Liga das Nações, demonstrando a situação em outros países, como Argentina e Estados Unidos, em que a discussão começava a adquirir força no meio da classe trabalhadora:

> Buenos Aires e Nova York estão, já há três dias, agitadas por dois grandes movimentos paredistas, que rebentaram simultaneamente, em uma e outra cidade, e tendo origens diferentes, ou obedecendo a objetivo específico deverão oferecer um interesse comum a todas as nações da América, porque explodiram justamente no momento em que, graças às esperanças suscitadas nas classes proletárias pela próxima Conferência da Paz, a questão social atinge a máxima acuidade no Velho Mundo.(173)

No dia 10 de abril de 1919, o jornal *A Razão* assim reportava as discussões da questão social:

> Está claro que nos dirigimos aos operários eleitores que vão tomar parte no pleito presidencial. Porque é verdade que as classes operárias, após contínuas decepções com os homens políticos, acabaram se abstendo dos pleitos eleitorais. É um fenômeno que não decorre apenas no Brasil, mas em todas as nações do Novo mundo, mesmo naquelas em que há organizados partidos políticos trabalhistas, com representações nos Parlamentos e Ministérios, pois os seus contingentes eleitorais estão longe de corresponder, como experiência numérica, à força eletiva de que dispõe os respectivos meios obreiros. Confiando a vitória de suas reivindicações, mais à evolução dos fatos que a perfeição das leis, os homens do trabalho se conservam vigilantes e atentos à margem dos acontecimentos, afastados e superiores a luta dos partidos em torno às posições de mando. É hoje mais do que nunca essa a sua atitude, em face da marcha vitoriosa da questão social.(174)

Prossegue ainda afirmando que, com a morte do conselheiro Rodrigues Alves, os líderes políticos ainda não haviam escolhido seu candidato. O jornal faz

(173) Jornal *A Razão*, 11 jan. 1919.

(174) Jornal *A Razão*, 10 jan. 1919.

a opção pela candidatura de Borges de Medeiros, como "o único homem público que se nos afigura capaz de fazer um governo que atenda aos interesses das classes operárias, garantindo-lhes o livre exercício de todos os direitos contidos em nossa Constituição".[(175)] Deve-se observar que a postura de Borges de Medeiros era radicalmente contra qualquer iniciativa de legislação trabalhista. Isso coloca questões, a respeito do apoio do jornal *A Razão* a ele.

Posteriormente, no final do ano, o jornal *A Razão*, em editorial denominado "O ludibrio da legislação social",[(176)] acusa a inépcia da Comissão de Especial de Legislação Social da Câmara e as incertas modificações pelas quais ocorreram na legislação de acidentes de trabalho. Recomenda, ainda, que no Brasil se adotassem as orientações internacionais de proteção aos trabalhadores. Conforme observa Oliveira,[(177)] em um trecho do editorial, consta o seguinte:

> Nem mesmo as alterações introduzidas na lei dos acidentes vieram a plenário, para que pudessem entrar em discussão a tempo de se converterem em nova lei, corrigindo as graves falhas da primeira, da maior, da única iniciativa do Congresso sob a questão social, nestes últimos anos. O fato é típico: sem Comissão Especial de Legislação Social, a Câmara e o Senado votaram essa lei na sessão passada, o presidente da república sancionou-a, e teve ela começo de execução no ano que hoje finda. Entretanto, constituída e instalada a referida comissão, logo no início dos trabalhos legislativos deste ano, o seu primeiro trabalho foi retocar a malsinada lei, e chegamos a 31 de dezembro, sem que tais retoques se lhe incorporem ao texto, embora o instituto reclame radical transformação! E o dia de oito horas de trabalho? E a regulamentação do trabalho de menores e de mulheres? E o Departamento do Trabalho? E as demais questões do trabalho, que constituem os princípios da Conferência da Paz, o programa do Congresso de Washington e as teses da Comissão da Câmara? Ora, seria muito trabalho junto, para ser votado numa só sessão.

Para os periódicos mais combativos sobre o tema da legislação trabalhista, vale observar a crítica efetuada quanto à intenção dos parlamentares em esperar o termo dos debates e convenções internacionais:

---

(175) *Idem.*

(176) "O ludibrio da legislação social. A comissão especial da Câmara celebra no último dia de sessão, a vitória de sua inépcia". Jornal *A Razão*, em 31 dez. 1919.

(177) OLIVEIRA, Lucas Goulart. *Coerção e consenso:* a questão social, o federalismo e o legislar sobre o trabalho na Primeira República (1891-1926). Dissertação. Universidade de São Paulo, 2015. p. 104.

> Nenhuma nação ficou a esperar os resultados do Congresso de Washington, para refundir a sua organização do trabalho, a luz dos princípios que deviam triunfar naquela assembleia, por isso que ali se debatia o problema do ponto de vista internacional. Muito menos o poderia fazer o Brasil, que nada tem de organizado a tal respeito, dentro das leis em vigor no seu território. O nosso dever consistia em adiantar-nos a grande obra em elaboração na capital norte-americana, mas cujos contornos gerais eram conhecidos de todo mundo através do pacto da Liga das Nações. Um dos signatários desse pacto, membro do Conselho Executivo da Liga, quedamo-nos, entretanto, numa passividade de povo tutelado, aguardando as ordens das grandes potências, porque um órgão do poder legislativo sobrepôs à sua madraçaria, a sua comodidade, a sua inércia às aspirações do proletariado brasileiro, às exigências da soberania nacional, à dignidade do nosso nome! E os responsáveis por essa vergonha, à hora derradeira de sua missão inútil, ainda se distribuem louvores, e se entoam loas, como heróis autênticos de uma façanha que só eles perceberam e glorificam![(178)]

O editorial de *A Razão* critica a inércia dos parlamentares em relação às questões sociais no país, inobstante existisse a Comissão Especial de Legislação Social, então recém-criada. As pautas trazidas pela Organização Internacional do Trabalho passam a ser reivindicadas. E, em que pese o caráter conservador dessa instância do aparelho estatal, o Congresso Nacional, por meio da comissão, passou a ser, em meados da década de 1920, importante cenário de debates sociais.

Certamente, como demonstra Souto Maior, a questão trabalhista estava incorporada às preocupações das instituições de poder, independentemente de que a maior parte desses projetos não tenha ido adiante, em razão dos argumentos reacionários, que também podem ser visualizados nos próprios documentos em questão.[(179)] Calca-se o autor em registros das atas das reuniões no Congresso Nacional realizadas desde os primeiros anos da República, bem como nos trabalhos da Comissão de Legislação Social, que atuou na Câmara dos Deputados de 1919 a 1921, com ênfase nos conteúdos dos projetos de leis apresentados e nos argumentos expostos em debates.

---

(178) *Idem.*

(179) SOUTO MAIOR, Jorge Luiz. *Op. cit.*, 2017, p. 145.

Vale observar que a primeira lei que instituiu no Brasil a aposentadoria por tempo de serviço e estabilidade funcional é sancionada em janeiro de 1923, com um caráter manipulatório, visando assegurar o provimento de fundos às recém-criadas caixas de pensões, seja pelos atores da categoria profissional que a contemplou, seja pelos motivos que a fundamentaram.(180)

O jornal *A Rua*, DF (RJ), de 26 fev. 1923,(181) anunciava, por sinal, que em breve seria criado o Conselho Nacional do Trabalho.(182) Na visão do periódico, já no governo de Epitácio Pessoa essa ideia esteve próxima de se converter em realidade. Surgiram, contudo, embaraços e o presidente teve que deixar ao seu sucessor, Artur Bernardes, a organização do órgão. Alertava, todavia, que seria um grave erro de Bernardes criá-lo como simples repartição burocrática, onde houvesse bons empregos para os amigos dos políticos, em uma clara referência aos favores que aconteciam na Primeira República. De acordo com o jornal:

> O Departamento do Trabalho já se torna necessário em nosso paiz, como o orgão officialmente incumbido de intervir nas relações entre o capital e o operariado, defendendo-os contra a invasão das doutrinas subversivas, que a ambos prejudicam e amparando os direitos do proletario contra possíveis imposições menos justas dos patrões.(183)

Destacava ainda que era necessário um Departamento do Trabalho com competência ampla de fiscalizar o chão de fábrica e disciplinar o ritmo do trabalho. E finalizava, em sua edição, que na organização do departamento, o governo brasileiro haveria de, certamente, conservar elevados objetivos, para que o órgão não fosse uma repartição inócua, "mero viveiro de parasitas, ou, o que seria pior, um núcleo de teóricos e sonhadores, capazes de perturbar a boa marcha em que vão os homens do dinheiro (capital) e os homens do trabalho".(184)

As recomendações internacionais atuam para amenizar a resistência a uma regulação estatal sobre as questões do trabalho. Mesmo tendo como próceres as

---

(180) VIEIRA, Hermes Pio. *Heloi Chaves, Precursor da Previdência Social no Brasil.* Rio de Janeiro: Civilização Brasileira, 1978. p. 231.

(181) "O Trabalho e o Capital". *A Rua*, 26 fev. 1923, p. 2.

(182) Importante registrar que o que foi criado (na lei), em 1918 (por iniciativa de Maurício de Lacerda), foi o DNT, não o CNT. Na prática, poderiam, guardadas as ressalvas, ter a mesma função, mas o nome era outro.

(183) *Idem.*

(184) *Idem.*

figuras de Maurício de Lacerda, Nicanor Nascimento, entre outros, a regulação de atividades trabalhistas era questionada, sobretudo pela bancada gaúcha, a qual alegava que a aprovação de leis trabalhistas era um engodo — não passariam de letra morta diante da impossibilidade de sua aplicação.[185] De fato, a reinante percepção de vista liberal das relações de trabalho e a esperada ausência de suporte da incipiente indústria nacional expressaram o tom da posição dos parlamentares gaúchos, para quem as greves é que era um mecanismo significativo para a regulação da condição de vida dos trabalhadores urbanos. Era mediante elas que era possível verificar as demandas e os compromissos a serem realizados; qualquer intromissão estatal nesses espaços transformaria esse meio opaco, dissimularia e confundiria a percepção das opressões que os trabalhadores estivessem vivenciando — as leis antecipariam disputas e inquietações que poderiam ser naturalmente esclarecidas dentro das relações privadas.

Registre-se, todavia, que em São Paulo, assim como em outras cidades, a exemplo do Rio de Janeiro, as agitações não eram menores em busca de compromissos em prol de leis do trabalho – embora o comando das greves fosse em grande parte anarquista, portanto contrário às leis de trabalho; havia ameaças de greves, invasão das sedes sindicais, pedidos de *habeas corpus* etc., no ano de 1917. O governador do estado era o Altino Arantes. O movimento dos trabalhadores teve repercussões no Congresso, tendo dele se ocupado, exaustivamente, justamente os deputados Nicanor do Nascimento e Maurício de Lacerda, por mais de uma sessão legislativa. Alguns documentos alusivos a um fato pertinente foram, a requerimento desses dois parlamentares, incluídos nos *Anais da Câmara*. Ali é possível ler acerca do movimento que teve início no dia dois de maio, cujo estopim foi o embate entre um operário tecelão e o gerente de uma fábrica. As fábricas do bairro do Brás tiveram o trabalho suspenso, declarada a greve. E prossegue o documento:

> Foi o início do grande movimento, que hoje altera ou anuvia a vida dos grandes centros, como S. Paulo, Sorocaba, Jundiaí, Itu, Campinas, Santos, etc. O incidente pessoal em uma fábrica do capitalista Matarazzo foi a causa-pretexto da greve, sendo sua causa imediata, aparente. A causa verdadeira e real, da greve de São Paulo, como por sinal de todas as greves é o mal-estar geral em que se encontrava a

(185) OLIVEIRA, Lucas Goulart. *Op. cit.*, 2015, p. 105. Ver também *Documentos Parlamentares*, vol. II, p. 879-888.

classe trabalhadora, resultado do asfixiante encarecimento do custo de vida, dos baixos salários, da redução da força de trabalho.(186)

O operariado formulou ao patronato as seguintes pautas: a) jornada diária de oito horas de trabalho; b) repouso semanal ininterrupto de 36 horas; c) proibição do trabalho dos menores de 14 anos, como também o trabalho noturno das mulheres; d) estabelecimento do salário mínimo, baseado no custo dos víveres, devendo ser os pagamentos efetuados semanalmente; e) equiparação do salários das mulheres ao dos homens; f) completo respeito por parte do poder público às associações operárias e plena liberdade de pensamento g) rebaixamento efetivo e seguro dos gêneros de primeira necessidade; h) medidas impeditivas da falsificação dos gêneros de primeira necessidade; i) redução imediata dos aluguéis.

Em pleno desenrolar dessa onda de greves que atingia não apenas São Paulo e Rio de Janeiro, mas também de outras capitais e centros urbanos, o presidente da República, em mensagem enviada ao Congresso, recebida em 16 de maio de 1919, assim se pronunciava:

> (...) Srs. Membros do Congresso Nacional — A situação criada no mundo pelos efeitos da grande conflagração e, especialmente, a colocação do Brasil entre os demais países, que, juntos, pelejaram para a conquista dos mesmos princípios e dos mesmos ideais, constituem motivos plausíveis e justos, para que se adote uma determinada orientação no encaminhamento das importantes reformas que a Conferência da Paz vai consagrando e os diversos povos vão recebendo com entusiasmo.
>
> As concessões relativas ao Trabalho exigem, como complemento, uma legislação interna adequada e prática, que lhes consubstancie as bases fundamentais, respeitadas as peculiaridades do nosso meio econômico e social, bem como as inerentes ao regime político federativo adotado.
>
> Para preparar essa nova legislação social e assentar os fatores das soluções aos graves problemas que nos impõe o momento atual, é imprescindível a coordenação de todas as forças diretoras da Nação, bem como o sistemático esclarecimento da opinião pública, pela influência bem inspirada da imprensa, de modo a ficar assegurada,

(186) MORAES FILHO, Evaristo de. *Op. cit.*,1960, p. 204 e ss.

> não a vitória de um partido, ou de uma seita, mas a obra fundamental em que possa repousar o futuro de nossa Pátria.
>
> Exercendo passageiramente o alto cargo de Chefe de Estado, nesta hora delicada em que, pela assinatura do Tratado de Versalhes, se criam direitos e deveres para o Brasil, entre estes — o da organização do Trabalho, com os consequentes necessários do solidarismo e constituição das uniões profissionais — julguei, contudo, do meu dever pedir-vos que, por leis adequadas, sejam supridas as omissões de nossa legislação, de modo a torna-la harmônica com as conclusões da memorável Assembleia da Paz.(187)

Essa mensagem, assinada por Delfim Moreira, data de 15 de maio, sendo a primeira manifestação expressa de um presidente da República inquirindo os parlamentares para suprir a falta, em nosso sistema de direito positivo, de uma ampla e compreensiva legislação social.

Destarte, o tema de maior expressividade que inquietou, dentro e fora do Parlamento brasileiro, o proletariado, a burguesia, e próprio governo, desde 1919 pelo menos, foi sem dúvida nenhuma o projeto do Código de Trabalho, apresentado à Câmara dos Deputados em 8 de outubro de 1923. Fundamentado em um memorial emitido pela União dos Empregados no Comércio (UEC) da cidade do Rio de Janeiro, em 1919, o deputado Andrade Bezerra encaminhou o projeto da Comissão de Legislação Social de um anteprojeto de Código do Trabalho, acrescentando, desse modo, as diversas recomendações apontadas pelos comerciários.(188)

Esse projeto teve, todavia, a sua votação adiada por requerimento de um deputado, para que se nomeasse uma comissão especial que o estudasse novamente. A criação da Comissão de Legislação Social, em novembro de 1918, lograria êxito depois de quatro anos de estudo, somente, quando o relator da comissão, Andrade Bezerra, reapresentou o seu antigo projeto à consideração de seus pares, logrando aprovação com pequenas alterações e envio ao plenário da Câmara para apreciação.(189)

---

(187) *Idem. Ibidem*, p. 205-206.

(188) "A legislação Social no Brasil. Importante entrevista concedida pelo deputado Andrade Bezerra". *A Pátria*. 25 out. 1923.

(189) REBELO, Edgard Castro. "Carta aberta ao Sr. Albert Thomas". *Correio da Manhã*. 21 jul. 1925. "Véspera de agitações. Em torno da legislação social quatro grandes classes defenderam interesses; o facho aceso em um telegrama do centro industrial do Brasil: Industriais, comerciantes, empregados e operários. De que cogita o projeto na Câmara". *O Brasil*, 25 out. 1923.

2. Lei operária e de acidentes de trabalho

Não temos a pretensão de abordar cada uma das leis ou decretos do período da I República; todavia, merece destaque a tabela abaixo, que indica as leis que tratam sobre a questão social dos trabalhadores. Quem as compilou foi Alfredo João Louzada, no ano de 1933, já sob o governo Vargas. Indicam-se as leis operárias e a de acidentes do trabalho que nos ocuparemos a partir de agora.

Louzada, em uma breve introdução da história da legislação do trabalho, lista e enumera as leis existentes até então que regulamentavam o direito do trabalho. Pode-se reparar que na listagem de Louzada(190) há diversos direitos que não se limitam ao que hoje se costuma entender por direito do trabalho:

Tabela 10 — Legislação referente à questão social.

13 de maio de 1888		Liberdade de Trabalho
31 de maio de 1890	Decreto n. 439	Organização da assistência da infância desvalida na Capital Federal
11 de outubro de 1890	Decreto n. 843	Favores para o banco dos operários auxiliarem na construção de casa para operários e pobres
27 de janeiro de 1891	Decreto n. 1.313	Regulamento do trabalho de menores nas fábricas do Distrito Federal. Lei de aposentadoria e montepio dos funcionários públicos civis e militares
12 de dezembro de 1890	Decreto n. 1.162	Altera a redação dos arts. 205 e 206 do Código Penal — Impõe pena de multa e prisão aos que desviassem operários e trabalhadores dos estabelecimentos em que fossem empregados, sob ameaças e constrangimentos ou manobras fraudulentas causando ou provocando cessação ou suspensão do trabalho por meio de violências, para exigir dos operários e patrões aumentos ou diminuição dos serviços ou salários.
1917	Projeto	Revogação do decreto e dos arts. 205 e 206 do Código Penal

(190) LOUZADA, Alfredo João. *Legislação social-trabalhista:* coletânea de decretos feita por determinação do Ministro do Trabalho, Indústria e Comércio. Rio de Janeiro: Departamento Nacional do Trabalho/ MTIC, 1933; também disponível em SALGADO, Gisele Mascarelli. *O direito operário na Primeira República:* matérias, *status*, competência. Disponível em: <http://www.ambito-juridico.com.br/site/?n_link=revista_artigos_leitura&artigo_id=11465>. Acesso em: 26 maio 2017.

1917	Projetos	Contrato de Trabalho e Conciliação e arbitragem obrigatória
1893	Lei n. 173	Regulava a organização das associações (fins religiosos, morais, científicos, artísticos, políticos ou recreio). Art. 72, §§ 2º e 3º, da Constituição.
	Código Comercial - 1.850	Art. 35 e 81 – Prejudica os trabalhadores do comércio — Princípio de que não se pode constranger alguém a servir
6 de janeiro de 1903	Decreto n. 979	Permite a organização de sindicatos para profissionais da agricultura e indústrias rurais. Regulamentado pelo Decreto n. 6.532, de 20.6/.907.
5 de janeiro de 1907	Decreto n. 1.637	Cria sindicatos profissionais e sociedades cooperativas
2 de junho de 1926	Decreto n. 17.339	Sociedades Cooperativas
16 de julho de 1907	Decreto n. 6.562	Regulamento para inspeção de teatros e outras diversões no Distrito Federal — Duração de trabalho
18 de janeiro de 1911	Decreto n. 2.407	Casa para proletário — Favores às associações que propusessem a construir habitações de operários.
21 de agosto de 1922	Decreto n. 4.561	Construção de prédios para residência de funcionários públicos civis e militares e operários da União — Autorização para contrato em concorrência pública (Decreto n. 15.848 de 14.11.1922).
16 de outubro de 1922	Decreto n. 3.550	Departamento Nacional do Trabalho
Janeiro de 1919	Decreto n. 3.724	Acidentes de Trabalho (regulado pelo Decreto n. 13.498)
28 de fevereiro de 1918	Decreto n. 12.893	Patronatos agrícolas para recolher, educar e ensinar trabalhos do campo a menores abandonados ou delinquentes. (Modificado pelo Decreto n. 13.706 de 25.07.1919)
9 de dezembro de 1920	Decreto n. 13.529	Regulamento da casa de diversões e espetáculos públicos. Proibição da entrada de menores, mas permissão para menores trabalharem (maior de 16 anos). O assunto foi alterado diversas outras vezes por outros decretos
30 de dezembro de 1925/ de 4 de novembro de 1924	Decretos ns. 4.983-A e 17.508	Cria serviços e amplia dispositivo acolhedor de menores entregues à guarda do Estado

12 de outubro de 1927	Decreto n. 17.943-A Regulamento do Departamento Nacional de Saúde Pública	Código de menores (antecessor do Estatuto da Criança e do Adolescente) Proteção da infância proletária, idade para trabalho de menores, criação de creches, higiene e cuidados para gestantes e lactantes.
30 de julho de 1923	Decreto n. 116.107	Regulamento de locação de serviços domésticos no Distrito Federal
1º de maio de 1890/ 3 de novembro de 1911	Decreto n. 368-A, Decreto n. 14.722.	Previdência, assistência e economia dos trabalhadores e pessoas com poucos recursos.
16 de maio de 1921	Decreto n. 14.722	Regulamento dos correios da república, e a caixa de economias postais.
30 de abril de 1923	Decreto n. 16.027	Conselho Nacional do Trabalho — Órgão consultivo para assuntos do trabalho e da previdência social. Criado sem recursos e sem verba própria.
30 de setembro de 1931	Decreto n. 20.886	Departamento Nacional do Trabalho

Conforme consta no projeto 427, de 1927, que modificou a Lei de Acidentes do Trabalho, da Comissão de Legislação Social, foi do Sr. Medeiros e Albuquerque, deputado por Pernambuco, a autoria do primeiro projeto sobre acidentes do trabalho, no ano de 1904; não teve sequer parecer. Em 1908, o Sr. Graccho Cardoso, deputado por Ceará, apresentou na Câmara outro projeto, também assinado pelos Srs. Sá de Freire, Altino Arantes e Simeão Leal; tampouco teve parecer das comissões. No mesmo ano, o mesmo assunto acorreu ao Sr. Wenceslau Escobar, deputado do Rio Grande do Sul, e um idêntico insucesso. Em 1911, a tentativa foi procedida pelo Sr. Nicanor Nascimento, representantes do Distrito Federal, também sem consequência.(191)

Após a iniciativa passar para o Senado Federal, Adolpho Gordo, Senador de São Paulo, apresentou em 1915 um projeto que, ali aprovado, chegou à Câmara, no final da sessão legislativa daquele ano, tendo, não obstante, pronto parecer favorável. Esse quarto projeto de lei sobre acidentes do trabalho, que não consta na lista de Louzada, iria receber atenção dos legisladores da época e passaria por intensos debates, logo na sua primeira fase, em 1915.

O projeto era do governo e de seu partido em São Paulo, que, por esse meio, procuravam contemporizar as recalcitrantes, incisivas e diuturnas reclamações da classe trabalhadora, manifestando-se por meio das greves (como a que vimos no

(191) *Revista do Conselho Nacional do Trabalho*, n. 3, 1928, p. 5.

tópico anterior), mobilizações e paralisações. Essas iam avultando até a grande greve do movimento operário de 1917, quando, de acordo com Lopreato,(192) em julho de 1917,(193) a população de São Paulo presenciou uma experiência inédita: uma greve geral que paralisou por três dias as atividades nas indústrias, nos setores de comércio, serviços e no transporte. Nada funcionou. A "locomotiva" do país parou para dar passagem às manifestações dos trabalhadores em greve. Perplexos, os moradores assistiram ao desenrolar dos acontecimentos e jamais haviam presenciado um movimento de tamanha expressão.(194)

O senador paulista Adolpho Gordo foi o responsável de retocar, como jurista, o anteprojeto organizado tecnicamente pelo Departamento Estadual do Trabalho de São Paulo (DEST)(195) concernente ao trabalho de

---

(192) LOPREATO, Christina da Silva Roquette. *O espirito da revolta:* a greve geral anarquista de 1917. Tese (doutorado), 1996. Disponível em: <http://www.bibliotecadigital.unicamp.br/zeus/auth.php?back=http://www.bibliotecadigital.unicamp.br/document/?code=000110607&go=x&code=x&unit=x>. Acesso em: 18 abr. 2016.

(193) Neste mês de 1917, Maurício de Lacerda expôs diversos Projetos de Lei: – 12.6.1947 – *Projeto 44*: propunha a criação do Departamento Nacional do Trabalho; 11.7.1917 – *Projeto 119*: previa o estabelecimento da jornada de 8 horas de trabalho; 16.7.1917 – *Projeto 125*: previa a regulamentação do trabalho feminino; 24.7.1917 – *Projeto 135*: previa a regulamentação do trabalho de menores; 23.7.1917 – *Projeto 136*: previa a criação de creches em estabelecimentos industriais com mais de 10 operários; 18.7.1917 – *Projeto 137*: previa a criação de um contrato de aprendizagem; 2.7.1917: previa o estabelecimento de Comissões de Conciliação e Conselhos de Arbitragem, com representação de operários e patrões. Ainda nesse momento, Maurício de Lacerda requisitou que o Projeto do Senado de Adolpho Gordo fosse empregado como parte do Projeto de Código de Trabalho do Deputado Maximiano Figueiredo, porém esse Projeto acabou sendo retirado de pauta em agosto de 1917.

(194) Ainda sobre a greve de julho de 1917, Lopreato (1996: 14-15) a cita no poema *"Os Grevistas"*, de Sylvio Figueiredo, que ressaltou a luta operária pelo direito à vida. Em tom ficcional, as manifestações dos trabalhadores em greve ficaram registradas nos romances *A Greve* de Eduardo Maffei e *Sonata da última cidade*, de Renato Modernell. No cinema, a greve geral ganha destaque como o acontecimento marcante da década de 1910 nos documentários *"Modernismo: os Anos 20"*, de Roberto Moreira, e *"Os Libertários"*, de Lauro Escorel. O movimento grevista também foi fonte de inspiração de Eliana Rocha e Jandira Martini, na peça teatral *"Em defesa do companheiro Gigi Damiani"*.

(195) O Departamento Estadual do Trabalho teve forte atuação em São Paulo. Logo no começo da Primeira Guerra Mundial, propôs o enfrentamento ao *nefasto urbanismo* através da concessão de todas as facilidades para os trabalhadores desempregados procurarem emprego no interior. Desurbanizar a capital, conduzir a massa de desempregados para as atividades no campo foi a medida que o órgão responsável pelo mercado de trabalho fez. Assim, era prática da época os cartazes com anúncios de facilidades – com concessões de passagens gratuitas, em muitas ocasiões – espalhadas por diversos pontos de aglomeração de imigrantes e de desempregados: estações, hospedarias, cortiços. O problema dos desempregados não se restringiu apenas aos períodos de dificuldades econômicas. Na primeira metade da década de 1920, apesar do bom desempenho da atividade industrial, cuja produção, inclusive, chegou a superar a atividade agrícola, como no ano de 1923, o problema continuava a ser sentido, com os avisos do DEST publicadas pela imprensa. Ver também: RIBEIRO, Maria Alice Rosa. "O mundo do trabalho: o mercado de trabalho na cidade de São Paulo nos anos vinte". *Revista Interamericana de Bibliografia* / Inter-American Review of Bibliography. Washington, v. 47, n. 1 - 4, p. 83-102, 1997.

menores[196] na indústria do Distrito Federal, remodelando-o e ampliando-o como lei federal, que deveria ser válida para todo o território federal.

Adolpho Gordo já fora o relator geral, no ano de 1913, na Câmara, do projeto do Código Civil, que ali se estava aprovando paralelamente com a mencionada proposição de lei especial sobre acidentes do trabalho, no Senado, no ano de 1915.

Na lei comum ou civil, os acidentes do trabalho eram regulados em termos de responsabilização ou culpa, em vez de embasados do risco profissional, como exigiria a mais elementar justiça social. A subordinação da Legislação Social do Trabalho aos princípios de Direito Civil iria ser, nos debates que se seguiram na Câmara, tema profundamente explorado. Serviria contra a codificação dos temas trabalhistas, embora não obstando uma "consolidação" ou mesmo uma "compilação" das leis trabalhistas.[197] No ano de 1915, após um parecer favorável do deputado Maximiano de Figueiredo (PB), de meados de outubro, o projeto de lei sobre acidentes do trabalho ficaria estacionado. Em 1917, é reiterada uma indicação, também datada originalmente de 1915, para elaboração de um Código do Trabalho. O relator da comissão então houve por bem reunir tal projeto sobre acidente ao acervo dos projetos de leis trabalhistas da Câmara, apresentando um "substitutivo" da comissão. Restava patente o intuito de formular uma "lei orgânica" do trabalho.

Em um primeiro passo, durante o mencionado triênio de 1915 a 1917, o relator da Lei de Acidentes, cuja proposta já tinha sido aprovada pelo Senado — estudada na última quinzena de dezembro de 1915 — restringiu-se a uma exposição sistemática da lei em projeto. E resvala a atenção no trabalhador agrícola, que diz já ter sido "privilegiado nos seus salários" pelas leis de 1904 (158, de 15 de janeiro) e de 1906 (1.607, de 29 de dezembro),[198] mas não figurava na lei de acidentes que vinha para "cercar de garantias o trabalho industrial". Compreendia

(196) O Jornal *A Guerra Social*, RJ, 1911, assim reportava a situação no Rio de Janeiro dos menores em condições similares à escravidão: "(...) a situação aflitiva e angustiosa desses tenros seres nos diferentes ramos da indústria, e especialmente na de tecidos e fiação. Vítimas da má organização social presente, são submetidos a uma contínua e monstruosa tortura, que não teria razão de ser, se os maiores soubessem fazer respeitar os seus direitos. Em muitas fábricas, como em Sapopemba, onde há bem poucos dias protestaram contra tão ignominiosa monstruosidade, declarando-se em greve, trabalham dez e doze horas, com serão às vezes".

(197) LACERDA, Maurício de. *Op. cit.*, 1960, p. 83 e ss.

(198) *Decreto n. 1.607, de 29 de dezembro de 1906.* Disponível em: <http://www2.camara.leg.br/legin/fed/decret/1900-1909/decreto-1607-29-dezembro-1906-775732-publicacaooriginal-139487-pl.html>. Acesso em: 9 mar. 2018.

que a extensão da cobertura ao trabalhador rural seria o percurso natural das leis — nisso misturando temas distintos, quais sejam os salários dos agrícolas, no que recaía na simples conflitualidade distributiva, e a segurança e saúde do trabalhador.

Houve desinteresse pelo projeto assim relatado, que deixou de sofrer movimentações, paralisado por completo no já mencionado espaço de anos, até que voltou à cena, no Congresso, em decorrência das fortes ondas de paralisações, greves e insubordinações do movimento operário — principalmente a greve geral de São Paulo, no ano de 1917.

Edilene Toledo e Luigi Biondi destacam o papel da imprensa durante a greve geral que teve, entre seus destaques, o jornal *Fanfulla*, que se apresentava como porta-voz do toda a comunidade ítalo-paulistana naquele período. Em que pese não ser um jornal operário, o *Fanfulla* foi um ponto de referência de extrema importância para a difusão das atividades de organização e protesto que os trabalhadores iam desenvolvendo, no instante em que a imprensa operária socialista e anarquista era silenciada pela repressão policial. Sua ação foi central, juntamente com o jornal *O Combate*, de Nereu Rangel Pestana.(199)

A esse propósito, assim lembrou o pintor Di Cavalcanti(200) em suas memórias: "Lembro-me de uma passeata operária até o centro da cidade que foi dissolvida a pata de cavalo pela polícia". Jacob Penteado(201) assim guardou a lembrança das cavalarias que "subiam nas calçadas de sabre em punho, e atacavam até mulheres e crianças que estavam nas janelas ou às portas de suas casas". Outra personagem, entrevistada por Ecléa Bosi,(202) Dona Lavínia, que viveu na década de 1910 em São Paulo, afirmou que não era possível esquecer sua emoção "com pena dela (a prima, casada com o delegado), mas torcendo pros operários que estavam na luta". Num choque com a polícia viu "espaldeirarem um desgraçado, com a bainha da espada. Meteram nele o chanfalho. Ficou ensanguentando no chão".

---

(199) BIONDI, Luigi; TOLEDO, Edilene. *Op. cit.*,2018, p. 64. Os autores ainda observam que o jornal *Fanfulla* havia feito a denúncia do alarmante número de mortos resultado da repressão policial. Para o jornal *Fanfulla*, na noite de 15 de julho, tinham sido escavadas 210 valadas na quadra 139, letra AO, do cemitério do Araçá, local que haviam sido sepultados os cadáveres. Um esquadrão de cavalaria protegia as operações, enquanto os carros da polícia faziam o percurso de ida e volta. No dia 19, do mesmo mês, outros seis cadáveres, entre eles, cinco homens e uma mulher, também tinham sido sepultados no local. *"Voci allarmanti sul numero dei morti"*. *Fanfulla*, 22 jul 1917, p. 2. Para mais informações, ver o livro de Toledo e Biondi sobre a greve geral.

(200) DI CAVALCANTI, E. *Viagem da minha vida (Memória)*. vol. I – O Testamento da Alvorada. Rio de Janeiro: Editora Civilização Brasileira, 1955. p. 84.

(201) PENTEADO, Jacob. *Belenzinho, 1910 (Retrato de uma época)*. São Paulo: Livraria Martins Editora, s/d. p. 157.

(202) BOSI, Eclea. *Memória e Sociedade (lembranças de velhos)*. São Paulo: T. A. Queiroz, 1983. p. 228.

Estava claro que o projeto de 1915 não seria suficiente para atender as demandas que desencadeariam os protestos dois anos depois. Nele, a preocupação estava concentrada em excluir da sombra legal de assistência e segurança, estendida por todo o operariado urbano, os trabalhadores agrícolas. Ainda assim, estes seriam favorecidos em circunstâncias mais restritas do que as previstas em projetos precedentes sobre o tema. Assim é que, no texto de 1915, constam, tão somente, os trabalhadores do campo em trabalhando "nos estabelecimentos agrícolas" nos quais se "empreguem motores inanimados". E, estreitando ainda mais o campo de ação, "(...) a lei abrangerá apenas o pessoal exposto aos perigos das máquinas". Na fundamentação da medida legislativa em estudo, foram lembradas as justificações orais dos projetos anteriores, de 1904 e 1908. Os quais, por seu turno, mencionavam projetos que, paralelamente à propositura da lei de acidentes no Senado em 1915, versavam sobre outras questões trabalhistas. À época, os trabalhadores rebelavam-se, reivindicando tais direitos em meio a greves, paralisações, motins, atos que suscitavam férrea repressão por parte do Estado e das classes dirigentes.

A Comissão no Senado, ao relatar o projeto de 1915, não exaltava discussões ou experiências das outras nações que já haviam efetuado concessões aos trabalhadores na área de acidentes do trabalho. Ao contrário, investia a atenção contra as "perniciosíssimas aventuras"(203) de um "absurdo socialismo do Estado", que vinha constituindo uma "fonte de tantos e tão incríveis desatinos", os quais "bem caro temos pago". Não se deve esquecer que essa linguagem — e esse tom — era desferida, àquele momento, contra as agitações dos trabalhadores e operários que lutavam por melhores condições. E também se devem observar os signatários dessas assertivas: o relator Adolpho Gordo e o presidente da Comissão no Senado, Epitácio Pessoa. Ambos viriam a ter um papel, quanto à legislação como à questão social no Brasil, eminentemente conservador e reacionário; colocavam em evidência estado de espírito que mais tarde iria se manifestar a título de violenta e repressora intolerância, nas leis coercitivas e repressivas no Legislativo e no Executivo.(204)

Ainda no âmbito do Senado, em 1915, uma proposta de João Luis Alves — o qual teria papel significativo no Código Civil — excluía trabalhadores dos estados e dos municípios, que "já tinham leis de assistência e previdência e seguranças próprias". A proposição foi aprovada pelos senadores Francisco Sá e Érico Coelho plenamente, e, com algumas restrições, por Leopoldo de Bulhões e Vitorino Monteiro.

---

(203) LACERDA, Maurício de. *Op. cit.*,1960, p. 87.

(204) *Idem.*

Aprovado no Senado, o projeto passou à Câmara ainda no fim de 1915, onde foi justificado na teoria e na letra pelo parecer do deputado Maximiano de Figueiredo e subscrito pelos deputados Cunha Machado, Arnolfo Azevedo e Felisberto Freire. Esses estavam de acordo com os itens e considerações do relator no Senado, Adolpho Gordo, bem como as restrições dos deputados Gumercindo Ribas e Melo Franco.(205) O paulista Adolpho Gordo, em consonância com o Centro Industrial Brasileiro, assertava pelo não "intervencionismo"; Melo Franco, ulterior primeiro delegado do Brasil na 1ª Conferência do Trabalho em Washington, em 1920, manifestava suas reservas sobretudo quanto ao tema do tempo de trabalho dos operários, restringindo assim o alcance de dispositivos constantes do projeto de 1912 – do deputado Figueiredo Rocha.

Entre os anos de 1916 e 1917, Maurício de Lacerda apresentou projeto na Câmara com o fito de reorganizar o Serviço do Povoamento do Ministério da Agricultura, nomeando-o como *Departamento Nacional do Trabalho (DNT)* e aproveitando o pessoal adido dessa repartição e de outros ministérios. O órgão se incumbiria de: "preparar e dar execução regulamentar" às medidas administrativas "referentes ao trabalho em geral"; dirigir e preparar as correntes migratórias que procurassem o Brasil e amparar as que se formassem dentro do país; superintender a colonização estrangeira e nacional, bem assim o serviço de terras devolutas do território do Acre, na conformidade com os regulamentos federais de 1913.(206) O parlamentar logrou êxito parcial, por meio do Decreto n. 3.550, de 16 de outubro de 1918 — mostrar-se-ia problemático concretizar a obrigação, ali imposta ao poder público, de criar o DNT.

(205) Melo Franco, durante a viagem para Washington, conheceu Carlos Sampaio, que foi convidado pelo presidente Epitácio Pessoa, a ser prefeito do DF a partir de julho de 1920, e o chamou para ser seu oficial de gabinete. Exerceu o cargo por alguns meses e nesse período passou a colaborar na imprensa, escrevendo artigos para *O Jornal*. Ainda durante o biênio 1920-21, colaborou na revista *Fon Fon*, com o pseudônimo de Gonçalo Alves. In: ABREU, Alzira Alves de (Org.). *Dicionário Histórico-Biográfico da Primeira República (1889-1930)*. Rio de Janeiro: FGV-CPDOC, 2013. (Verbete)

(206) Embora leve o nome de decreto, o Decreto 3.550 é lei, como hodiernamente a conhecemos, votada no Congresso Nacional e sancionada pelo presidente da República, Wenceslau Braz P. Gomes. Originariamente o projeto, assinado pelo deputado Maurício de Lacerda, contém apenas um artigo, que permaneceu corno artigo primeiro da lei. O projeto começou um substitutivo, mediante parecer da Comissão de Agricultura da Câmara dos Deputados, ficando com um total de 12 artigos. O substitutivo melhora sensivelmente o conteúdo do texto. O projeto começou a tramitar na Câmara dos Deputados em julho de 1917, recebendo o número 44. Foi sancionado em lei a 10 de outubro de 1918. Disponível em: <http://bibliotecadigital.fgv.br/ojs/index.php/rap/article/viewFile/8099/6921>. Acesso em: 18 abr. 2016.

A criação do DNT era inspirada na existência do Departamento Estadual do Trabalho de São Paulo, que com suas análises, estatísticas e pareceres tanto influíra na adoção de um projeto de lei federal de acidentes do trabalho. O objetivo era que o órgão ideado concedesse lugar, futuramente, a um Ministério do Trabalho, conforme debatido em plenário e na imprensa da época. A referência regulamentar a uma legislação do trabalho e ao seu preparo vinha de uma série de projetos que seriam apresentados ao longo do biênio 1916-1917 na Câmara. A série incluía questões como a de direção das correntes migratórias — interna e externa —, de modo que impedisse a formação de núcleos desnacionalizadores pelos imigrantes estrangeiros e o tráfico e exploração dos nordestinos nas terras do sul. Cada item do projeto provinha de campanhas que datavam dos anos de 1912 a 1917.

O DNT também correspondia a um esboço que Maurício de Lacerda fizera, no ano de 1915, para a Diretoria do Serviço do Povoamento, no Ministério da Agricultura; propusera-se a criação de "um instrumento regulador do trabalho em geral", e citava-se o exemplo da França, que em 1906 criara um Ministério do Trabalho para responder às demandas sociais. Nos pareceres aludia-se a algumas das matérias do projeto terem sido objeto de decretações e regulamentações anteriores, datadas de 1911, até então sem execução, nada existindo, portanto, em nossa legislação. O projeto não constituía novidade no contexto internacional ou mesmo no das esferas federativas inferiores. Os Estados Unidos contavam com uma "oficina estatística do trabalho" em Washington desde 1884, convertida em 1913 no Departamento Federal do Trabalho. No Uruguai, já existia desde 1907, assim como no México, Peru, Argentina, Chile e Cuba, em 1911, 1912, 1913 e 1914, respectivamente, e mesmo no Estado de São Paulo, criado mediante decreto local de 1911.(207)

Maurício de Lacerda, requerendo urgência para aprovação, recebeu do deputado César Vergueiro, que presidia a comissão, a resposta que haveria exame da proposta na sessão de 1917, quando da remessa ao Senado. Neste, obteve parecer favorável dos Srs. Bueno de Paiva, Alfredo Elis, João Lira, Alcindo Guanabara, Pedro Celestino e outros, em meados do ano de 1918, citando-se o parecer de Álvaro Botelho e o projeto aprovado na Câmara, declinando-se assim que "ficara patente que a questão social já devia ser objeto de cogitação dos poderes públicos no país".(208)

---

(207) LACERDA, Maurício de. *Op. cit.*,1960, p. 93.

(208) *Ibidem*, p. 95.

Em 1919, haviam sido aprovados o Tratado de Versalhes, em junho, e as Convenções Internacionais do Trabalho, resultantes de conferência reunida em Washington, entre novembro e dezembro. Em julho de 1920, o deputado e professor pernambucano Andrade Bezerra, como relator das convenções na Comissão de Legislação Social, propôs positivar as aludidas convenções no ordenamento interno. Contudo, em vez da criação de setores e departamentos para efetivar os objetivos da recém-concebida OIT, Andrade Bezerra propunha o mero estabelecimento de um boletim e de um Conselho Consultivo, mediante alteração no Decreto n. 3.550 de 1918, pertinente ao Departamento Nacional do Trabalho.(209)

Teve então o Departamento Estadual do Trabalho de São Paulo de reclamar, em 1920, que se executasse o Decreto n. 3.550, e fosse assim criado um departamento nacional de trabalho. Quanto à estrutura que Maurício propusera, seu "mecanismo regulamentar havia sido esboçado" no congênere paulista, "por solicitação do ministro da Agricultura", e servira à antiga Diretoria do Povoamento Federal. O intentado pelo DET era que o DNT, uma vez instalado, fizesse cumprir a lei de acidente no ano anterior aprovada (1919) e colocasse em funcionamento às comissões de salário e as de trabalho, na conformidade da lei de sindicatos (1907) e igualmente por se executar devido àquela falha legal ou de fato.(210)

À época, Maurício de Lacerda remeteu estatísticas e os informes necessários ao relator do título sobre *salário mínimo*, como solicitado na Comissão de Legislação Social, na Câmara Federal. Ao apresentar, como relator, seu parecer, o deputado fez notar a necessidade de haver o Departamento do Trabalho, cujo estabelecimento fora decretado há algum tempo, porém inexistia, em razão da injustificada paralisia dada ao diploma legal que o instituíra. Sem esse órgão, era quase impraticável dispor e regular as normas sobre o trabalho, que permaneceriam sem a fiscalização e as sanções regulamentadoras indispensáveis para o salário mínimo dos trabalhadores. Não haveria, por conseguinte, uma base real e indispensável à fixação em âmbito nacional das normas pertinentes. Disso só poderia resultar arbitrariedade e equívocos na aplicação, em vez de justa compensação ao trabalhador, ou inoperância e ausência de correspondência prática com a realidade social e econômica, no momento em que deveriam ser ditados e colocados em prática preceitos para tutelar a saúde e segurança dos trabalhadores.

---

(209) Pela proposta original, esse órgão se voltaria, especialmente, às atividades econômicas, reunindo o trabalho industrial e agrícola sob uma só rubrica — do trabalho em geral — ocupando-se do trabalho rural, no tocante à colonização e às terras e à imigração, assim regulamentados e controlados. Também disporia sobre a legislação e a estatística, inspeção e regulamentação do trabalho, oferecendo uma biblioteca, a qual deveria ser "franqueada ao público", de obras sobre a legislação do trabalho e sobre a questão social em diversos países. LACERDA, Maurício de. *Op. cit.*,1960, p. 91.

(210) *Ibidem*, p. 96.

Assim, o projeto da Lei de Acidentes do Trabalho foi longamente discutido, sendo aprovado em dois turnos, no ano de 1918, em um substitutivo de Prudente de Moraes, representante de São Paulo. Constituída nesse mesmo ano a Comissão de Legislação Social, seu primeiro ato foi aprovar um projeto sobre acidentes do trabalho, de autoria de Andrade Bezerra, deputado de Pernambuco. O projeto transitou pela Câmara e pelo Senado, sendo, sob o n. 3.742, de 15 de janeiro de 1919, sancionado lei, pelo presidente Delfim Moreira, referendando o decreto os ministros Urbano Santos e Padua Salles. O direito novo levara, de sua primeira ideia à sua legislação, 15 anos para atravessar o Parlamento.

Desde a regulamentação da lei, os problemas na aplicação foram sendo reportados à comissão instituída no Ministério da Agricultura, Indústria e Comércio e na Comissão de Legislação Social da Câmara para apurá-los. Os comentadores da norma não pouparam críticas. Contudo, os serviços prestados à sociedade foram destacados no decurso dos debates e mostraram-se memoráveis. Na mensagem presidencial de 1926 menciona-se que no ano anterior (1925) o total de operários segurados foi de 340.729, registrando-se 41.785 acidentes do trabalho, indenizados por 5.178:818$928 réis.(211)

No Relatório da CLS da Câmara sobre a Lei de Acidentes do Trabalho, merece destaque ainda as seguintes passagens sobre as modificações que estavam em pauta:

a) Acidentes "do" trabalho e não "no" trabalho

Nesse ano de 1927, a Comissão de Legislação Social (CLS), no projeto 427 (1927), fazia a distinção para as hipóteses de acidente "do" trabalho e "no" trabalho. Não se tratava, de acordo com a publicação, de mera questão gramatical ou de forma, e sim de direito ou de substância. Isso porque, na visão do órgão, a reparação do dano causado pelo trabalho, independentemente da noção tradicional de culpa, do direito comum, cristaliza-se no conceito de risco profissional, inerente à natureza mesma do trabalho; é e, portanto, "acidentes do trabalho". Acidente "no" trabalho destruiria essa noção essencial, indispensável ao direito novo, passando a caso fortuito. Naturalmente, aquilo que não se pode prever distingue-se daquilo que é rigorosamente previsível.

---

(211) *Revista do Conselho Nacional do Trabalho*, n. 3 — Outubro de 1928, p. 5. Durante os anos de 1924 a 1931, aparecem novas moedas de 1.000 e 500 réis de bronze-alumínio, com a feição feminina que sinaliza a opulência conduzindo à frente a constelação do Cruzeiro do Sul. Foram realizadas também moedas dessa liga em 1922, nos valores de 1.000 e de 500 réis, comemorativas do primeiro centenário da Independência, em alguns exemplares das quais o nome do país aparece grafado Brasil. Ver mais informações sobre a moeda do período em: <https://goo.gl/QqqQxM>. Acesso em: 7 mar. 2018.

Ademais, prossegue, há acidentes "no" trabalho que não são "do" trabalho: por exemplo, um crime, atentado à saúde e à vida, por ocasião do trabalho, em que se reconheça dolo de alguém, foi ocorrência "no" trabalho e não "do" trabalho. Não dependeu dele ou dos seus meios. A distinção não é sutil; é necessária, porque o acidente "do" trabalho seria passível de legislação especial transacional, enquanto o acidente "no" trabalho entra no direito comum. Há mesmo casos em que tal acidente tem os dois aspectos. Como na hipótese de um operário que comparece ao trabalho e é ferido ou morto; compete ao patrão indenizá-lo ou a seus herdeiros, e é responsável, criminalmente, o ofensor. Assim dispunha a lei naquele momento histórico.

A CLS, com a relatoria de Afrânio Peixoto, ainda destaca que, em países que nos precederam nessa discussão, diz-se "accidents du travail" (Bélgica, França), "accidentes del trabajo" (Argentina, Chile, Espanha, Uruguai), *"infortuni del lavoro"* (Itália).

b) A definição do acidente do trabalho para a CLS

Para a CLS, o fulcral não é a fórmula conferida, mas a extensão, o âmbito da norma. A expressão "acidente do trabalho" veio à consciência jurídica com as máquinas fabris, causadoras de danos mecânicos e agudos — e por isso mais impressionantes que aqueles outros, físicos, biológicos ou crônicos conhecidos como "doenças profissionais". A lei estabelecia em seu artigo inicial: "(...) accidente do trabalho será, pois, a morte, ou doença, ou lesão corporal ou perturbação funcional, produzida pelo exercício do trabalho ou em consequência delle, que determine a extincção, suspensão ou limitação, permanente ou temporária, total ou parcial, da capacidade para o trabalho".(212)

c) Estado anterior ou superveniente

A lei exigia, em seu primeiro artigo, que o acidente de trabalho fosse "a causa única" das consequências a se indenizar. Na Comissão de Legislação Social da Câmara, o Sr. Carlos Pennafiel notou que a fórmula excluía casos em que concorressem com o nexo etiológico fatores extralaborais, preexistentes ou supervenientes à lesão, capazes de produzir ou agravar o resultado.

Ao Sr. Araújo Castro, autor do regulamento, e comentador da legislação de acidente do trabalho, a perícia poderia corrigir a imprecisão do legislador, aferidas as concausas supervenientes como "consequências que resultam necessariamente do

(212) *Ibidem*, p. 7.

accidente". No projeto de 1923, o Sr. Andrade Bezerra comentou, na justificativa: "em todos os casos fica bem claro que as concausas não determinam excepções na applicação da lei"; no substitutivo do Senado, porém, nada se diz a respeito. No projeto de lei de 1927, por fim, optou-se por admitir os efeitos preceituados mesmo na presença de concausa, anterior ou superveniente, desde que não constando dolo.

A propósito da extensão das leis, a CLS destaca que a legislação social dos infortúnios do trabalho, na seara internacional, exibia duas orientações alternativas ao demarcar o campo de ação:

> 1. especificar as indústrias, serviços, trabalhos, a que se propunha socorrer, ficando entendido que a omissão significaria exclusão, como vigorava, àquele momento, em países como Alemanha, Argentina, Bélgica, Chile, Cuba, Espanha, França, Grécia, Hungria, Itália, Japão, Noruega, Suíça, entre outros;
>
> 2. não enumerar emprego ou profissão alguma, excetuando apenas os casos explicitamente declarados, como se fazia em países como África do Sul, Austrália, Bulgária, Dinamarca, Grã-Bretanha, Holanda, Irlanda, Nova Zelândia, Portugal, Suécia.(213)

O Brasil optou pelo primeiro formato (art. 3º da lei e 6º do regulamento), sendo uma opção defeituosa e injusta. Defeituosa, embora a enumeração não fosse "taxativa", no entendimento de Andrade Bezerra; conforme este, o juiz poderia valer-se de interpretação analógica para retificar o legislador nesse aspecto. E injusta, porque excluiu os comerciários da tutela da lei, ainda que abrigados os serviços comerciais de transporte.

Desse modo, o projeto de Lei n. 427, de 1927, com a relatoria de Afrânio Peixoto, de acordo com a CLS, trouxe vantagens em relação à lei que estava em vigor e aos projetos substitutivos da Câmara (1923), do Conselho Nacional do Trabalho (1924), do Senado (1924), consolidando os seguintes pontos:

> **1.** completa assimillação do accidente mecânico com a doença profissional, todos "accidentes do trabalho";
>
> **2.** extensão da lei, das industrias, ao commercio, ás explorações agrícolas e peeuarias, á navegação, á pesca;

---

(213) *Ibidem*, p. 8.

3. extensão dos favores da lei aos aprendizes e operários não remunerados, mas em serviço ;

4. declaração explicita sobre o estado anterior ou superveniente, as concausas;

5. augmento, pelo menos de 50 %, quanto á indemnização masima, e eorrelatamente, ao total das indemnizações;

6. adaptação ao direito novo, de novo processo, summarissimo, poupando, no maior numero dos casos, despezas indevidas de custas, garantindo o cumprimento da lei, quando da omissão de deveres, nos casos de falta, ou de controvertido direito — Afrânio Peixoto, relator.

Contudo, o poder dos Tratados Internacionais e acontecimentos locais como as greves, paralisações, inovações na lei não foram o suficiente para demover os dirigentes da Primeira República. Esses findaram por não desobstruir os projetos de leis sociais soterrados nos arquivos do Congresso, nem dar execução aos que por ventura fossem votados – como o do Departamento Nacional do Trabalho, sancionado em vão. Trata-se de obra que apenas após a Revolução de 1930 seria empreendida.

3. O Código de Menores, a jornada de trabalho, o debate entre Indústria e o Juizado de Menores e a visão dos industriais diante das Leis do Trabalho

O Governo Provisório expediu um decreto, em 23 de janeiro de 1891, regularizando o trabalho de menores, empregados nas fábricas da Capital do país. Essa lei fixava, "a respeito dos operários menores, o mínimo de idade, e se limitavam as horas de trabalho". Rui Barbosa, ocupando-se do tema, anunciava:

> (...) esse ato legislativo não se regulamentou até hoje. Quer dizer que se deixou de todo em todo sem execução, como se nunca houvera existido.
>
> Destarte, pois, durante não menos de trinta anos, um após outro, se continuaram a imolar os milhares de crianças, cujas vidas o grande coração do Marechal Deodoro e o patriotismo do heroico soldado brasileiro queriam salvar. Terrível hecatombe ânua de inocentes, cuja responsabilidade se averba toda ao débito de nossa politicalha, da sua indiferença, da sua gélida insensibilidade.(214)

---

(214) BARBOSA, Rui. *A questão social e política no Brasil.* [*online*]. Rio de Janeiro: Centro Edelstein de Pesquisa Social, 2010. p. 20.

Na década de 1910, os debates em torno de uma proteção ao trabalho dos menores nas fábricas e indústrias ganharia corpo, em que pese Rui Barbosa, nesse pleito de 1910, não ter levado em consideração a questão social. Apenas durante a campanha presidencial de 1919 ele iria considerar que a "liberdade absoluta dos contratos" deveria ser atenuada "para amparar a fraqueza dos necessitados contra a ganância dos opulentos"(215) e o meio para se alcançar esse objetivo seria a instalação da legislação trabalhista.

Araújo Castro, um dos pioneiros do Direito do Trabalho, no ano de 1919, escreveu um artigo no *Jornal do Comércio* destacando a incontrastável opinião de Rui Barbosa, chamando-o de "o maior dos nossos jurisconsultos senão também um dos maiores jurisconsultos do mundo".(216) Rui Barbosa alertava sobre a importância da questão social, quase em tom de desespero, para seus pares:

> (...) Mas, senhores, apelemos, em nome de tudo, para os maiores interessados, para os que têm a superioridade na cultura, no poder e na fortuna: para o Governo, para o capital, para a intelectualidade brasileira. A questão social não é daquelas, com que se brinque impunemente... Não há nenhuma, em que se haja de entrar mais a pleno, com toda a alma, com todo o coração, com toda a lealdade.

Acaba Rui Barbosa por declarar que "tínhamos uma questão operária a que precisávamos resolvê-la".(217) Assim, Rui Barbosa passa a defender a fixação de determinadas regras, quais sejam: a) proteção ao trabalho dos menores, sem especificar qual a idade mínima que deveria ser fixada; b) igualdade de tratamento, observando a questão dos salários, entre ambos os sexos ("a igual trabalho salário igual"); c) limitação da jornada de trabalho diária, com a recomendação para oito; d) regulamentação do trabalho noturno, que deveria ser consentido apenas para os "casos de necessidade inevitável"; e) proibição do trabalho nos domicílios, disposto como um "cárcere silencioso" que isola o operário e lhe impõe uma remuneração miserável; f) proteção das mulheres operárias "no mês antecedente e no mês subsequente ao parto"; g) extinção total dos armazéns de venda aos operários, encarados como "aparelhos de escravização" que subordinam os trabalhadores aos

(215) ARRUDA, Pedro Fassoni. *Op. cit.*, 2012, p. 317 e ss.

(216) FILHO, Evaristo de Moraes. *Op. cit.*,1971, p. 208.

(217) *Idem*. Para a preparação da conferência de Rui Barbosa, Evaristo de Moraes oferece certos elementos em prefácio ao livro de Francesco Frola, *O trabalho e o salário*. Rio de Janeiro, 1937. p. 9-11.

seus patrões; h) melhores condições de habitação para os trabalhadores, que habitavam porões imundos, com ausência de iluminação, mal ventilados e no meio das piores condições de higiene, causando doenças e óbitos; i) regulamentação das leis já existentes sobre acidentes de trabalho, e instituição de um seguro obrigatório, a ser pago pelo empregador, para indenizar as vítimas de acidentes; j) extensão dos benefícios aos trabalhadores da agricultura e da pecuária, que, "perdidos nos recessos desses sertões", se tornam meros "instrumentos servis de um patronato cruel e irresponsável".(218)

A luta em prol da legislação trabalhista seria árdua, tendo resistências de muitos segmentos da sociedade — sobretudo daquela que até pouco tempo usava a chibata nas mãos. Fazer a defesa de uma intervenção estatal nas relações entre capital e trabalho, como almejavam Rui Barbosa, Maurício de Lacerda, entre outros, significava, nesse momento, contrapor-se a preceitos sociais consolidados. Como observa Arruda,(219) era quase consenso entre os políticos da época a posição de que o Estado deveria cuidar e se limitar a dois problemas essenciais: proteger a classe patronal de ações "subversivas" dos trabalhadores organizados; obrigar as partes a cumprirem os contratos que eram "livremente" consignados.

Diversos adversários de Rui Barbosa, receosos de manifestarem-se publicamente contrários à legislação trabalhista, faziam suas considerações sob o tíbio pretexto de ser embalde a criação de leis para os trabalhadores. As condições de vida e de trabalho desses trabalhadores poderiam ser mais bem equacionadas por meio da negociação direta entre patrões e operários (o tal negociado sobre o legislado). Era o que afirmava um representante do Rio Grande do Sul em discussão travada com o próprio Rui Barbosa:

> Os contratos entre patrões e operários, por isso que são instrumentos "bilaterais", não exigem legislação especial para serem cumpridos e muito menos para serem modificados, de acordo com os interesses das duas partes contratantes. (...) O Estado, por suas leis, não poderá intervir nessa questão, senão com a garantia da ordem, entendendo-se para esse efeito o emprego de medidas conciliadoras, que não contrariem o nosso direito constituído.(220)

---

(218) *Idem*. Ver também BARBOSA, Rui. *Campanhas presidenciais*, vol. IV. São Paulo: Livraria Editora Iracema, s/d.

(219) ARRUDA, Pedro Fassoni. *Op. cit.*, 2012, p. 318.

(220) FAORO, Raymundo. *Os donos do poder* — formação do patronato político brasileiro, vol. 2. São Paulo: Globo/Publifolha. Ver também ARRUDA, P.F. *Op. cit.*, p. 319.

Rui Barbosa estava ciente de que não poderia criar leis trabalhistas sem a alteração da Constituição Federal. O Estado não tinha competência — como passaria a ter após 1926 — para legislar matérias de direitos trabalhistas. A introdução, nesse momento, seria inconstitucional, enquanto exarado que o "direito de propriedade mantém-se em toda a sua plenitude, salvo a desapropriação por necessidade ou utilidade pública, mediante indenização prévia".(221) Disso, a impossibilidade de se inserirem os direitos trabalhistas sem que se alterasse, antes, a própria Constituição Federal:

> (...) [diante do argumento da inconstitucionalidade], estou de acordo com a ortodoxia rio-grandense. Não alterada a Constituição, não poderia o Congresso Nacional legislar as mais importantes das medidas sociais, que há pouco discuti. No em que estamos em rixa aberta é em não quererem eles, e advogar eu, a revisão constitucional, para chegarmos a essas medidas. Eles estimam o obstáculo constitucional, para não as dar. Eu, para as dar, pretendo remover o obstáculo constitucional.(222)

Vale observar, todavia, que Rui Barbosa, apesar de favorável à criação de leis trabalhistas, não era favorável à inserção dos trabalhadores nos debates políticos, e nada dizia sobre direito de greve ou liberdade sindical. Na realidade, Rui Barbosa estava condicionado ao seu tempo, em que os órgãos públicos, seja em âmbito federal ou estadual, eram controlados, de maneira incontestável quase, pelas frações burguesas ligadas à atividade de exportação de produtos agrícolas; inserir a discussão sobre a legislação trabalhista era um árduo afazer.

Nos anos de 1918(223) e 1919, a política de criação dos Patronatos Agrícolas tinha como alvo principal as classes pobres menos favorecidas e os que desejassem

(221) BRASIL, *Constituição da República dos Estados Unidos do Brasil de 1891*. Disponível em: <http://www.planalto.gov.br/ccivil_03/constituicao/constituicao91.htm>. Acesso em: 22 jun. 2017.

(222) BARBOSA, Rui. *Op. cit.*, 2010, p. 296.

(223) No ano de 1918, Maurício de Lacerda, pouco antes do projeto que criava o DNT ser aludido em lei, apresentou, em junho, na Câmara, um projeto criando um "Boletim" trimensal no Departamento Nacional do Trabalho, em vista de se ter, no Congresso de Ciências Sociais, realizado em Tucuman, na Argentina, em 1917, aprovado um intercâmbio de informações americanas sobre o evoluir da legislação social no continente — sendo que entre os temas incluía-se o dos patronatos agrícolas. Esse projeto, todavia, nunca teve parecer ou andamento. O projeto tornava obrigatória a publicidade de informações que guardassem relação com a estatística e a legislação operária e de previdência das demais nações americanas, as leis que fossem sendo sancionados, os decretos de sua regulamentação, as decisões arbitrais sobre as questões do trabalho, previsão e assistência social, as memórias, as conferências, as informações e monografias em resumos atinentes ao problema legislativo social e especialmente às convenções e conferências e resoluções de congressos da classe trabalhadora e grupos sindicais dos trabalhadores. LACERDA, Maurício de. *Op. cit.* p. 95.

se vincular ao Ministério da Agricultura – com o intuito de ter acesso à educação rural, cívica e profissional. As primeiras ações políticas, vale ressaltar, eram voltadas à criança e ao adolescente. Tinham o caráter disciplinador, já que as principais ocupações vinculavam-se aos altos índices de criminalidades a eles conferidos. Não obstante, o que podemos perceber é que houve exploração de mão de obra infantil desde o início da República. Em 1911, o deputado Nicanor Nascimento propôs a jornada de oito horas diárias para os menores de 15 anos e, em 1912, de oito horas diárias para os trabalhos no campo.(224)

Em termos de condições de trabalho e salários, os menores de ambos os sexos ganhavam a mesma coisa, ou seja, de 300 a 600 réis por hora, mas essa era uma situação que não se prolongava na carreira, como explica Davis:

> Mesmo considerando a exiguidade do material, parece, no entanto, justificado concluir que as mulheres alcançam seu salário máximo numa idade inferior à dos homens, ou por outras palavras, que os homens continuam a aumentar a sua capacidade de ganhar ainda algum tempo depois que as mulheres atingem o máximo.

A situação das mulheres(225) e dos menores (de ambos os sexos) trabalhadores era claramente pior que a dos operários do sexo masculino, em termos salariais e condições de trabalho (regime de trabalho etc.). Nas famílias operárias durante as décadas de 1910 e 1920, as crianças menores de doze anos, impedidas por lei (Código Sanitário)(226) de praticarem trabalho remunerado em qualquer tipo de

---

(224) OLIVEIRA MORAIS, Fernanda Kallyne Rêgo, FRAGA, Maria de Nazaré de Oliveira. "Estado brasileiro e a questão do trabalho infantil: ensaio sócio histórico". *Northeast Network Nursing Journal* 9.4 (2016).

(225) A mão de obra feminina foi largamente utilizada nas indústrias têxteis durante os primeiros anos da República. De acordo com o censo de 1920, o número de operárias em São Paulo era de aproximadamente 96.000, sendo que cerca de 39.000 trabalhavam nesses ramos da indústria. As mulheres superavam os homens na proporção de 2 para 1. *Recenseamento de 1920*, vol. IV, 59 parte, tomo I. Na década de 1930, inclusive, houve paralisações realizadas pelas mulheres buscando melhores condições de salário, como a paralisação de maio de 1935, em que operárias interromperam as atividades na Fábrica Santo Elias, em São Paulo, contra as péssimas qualidades do fio, fazendo com que o trabalho por tarefa não rendesse. Sobre as condições de trabalho feminino, ver PENA, Maria Valéria. *Mulheres Trabalhadores*: Presença feminina no trabalho fabril. São Paulo: Paz e Terra, 1982, e também o romance *Parque Industrial*, de Pagú, com o nome de Mara Lobo.

(226) *Decreto 2.918, de 9 de abril de 1918*. Art. 210. – Nas fabricas, officinas e quaesquer outros estabelecimentos industriaes, bem como nas construcções, é prohibido o trabalho ás pessoas menores de doze annos. (Art. 91, Lei n. 1.596). Disponível em: <http://www.al.sp.gov.br/repositorio/legislacao/decreto/1918/decreto-2918-09.04.1918.html>. Acesso em: 14 abr. 2016.

estabelecimento, ocupavam-se em geral de biscates, pequenos serviços que integravam os ganhos das famílias.

No decorrer da década de 1920, inúmeros estabelecimentos industriais ludibriavam a legislação; sempre que era possível, mesmo menores de doze anos trabalhavam ininterruptamente.

> **1.** comum nas famílias proletárias o fato de os pais enviarem as crianças para a oficina logo que atingem a idade regulamentar, para, com o auxílio trazido pelos filhos, se tornar menos pesado o custeio da vida doméstica. Nos estabelecimentos industriais onde existe assistência médica organizada, são mesmo diariamente recusadas numerosas crianças, que, com menos de 12 anos, se apresentam para trabalhar. Em geral, pois, no meio operário, só permanecem em casa durante as horas de trabalho ou as crianças que ainda não tenham completado a idade exigida e que não estejam cursando a escola, ou os velhos avós já impossibilitados pela idade de prover ao seu sustento.[(227)]

De todo modo, nas famílias dos trabalhadores nesse período, sempre que possível, meninas[(228)] e meninos, entre treze, catorze anos, começavam a trabalhar fora de sua residência, contribuindo sobremaneira para o orçamento doméstico. De acordo com alguns, mesmo nas "classes médias" o trabalho dos jovens não era possível ser descartado, já que em diversas situações auxiliavam suas mães a pagarem o aluguel da casa.

Com as discussões em curso, o Código de Menores foi criado, em 1921, e sofreu diversas reformulações. No ano de 1921, Epitácio Pessoa estabeleceu que fosse Estruturado o Serviço de Assistência e Proteção à Infância Abandonada e Delinquente. Vale observar que foi durante o governo Epitácio Pessoa que ficou encarregado de reformular o projeto do senador Alcindo Guanabara o advogado e ex-deputado José Cândido Mello Mattos. Por influência dele, o Congresso aprovou uma série de leis relativas à infância, que abriram caminho para a criação do Código de Menores. Na época, a lei ficou conhecida como Código Mello Mattos.[(229)]

---

(227) AMERICANO, Jayme Cardoso. *Da proteção ao lactante em nosso meio operário*. São Paulo: Martini, 1929. p. 13.

(228) Em relação ao operariado feminino e menor é muito difícil estabelecer as médias dos salários mensais.

(229) Crianças iam para a cadeia no Brasil até a década de 1920. Disponível em: <http://www12.senado.leg.br/noticias/materias/2015/07/07/criancas-iam-para-a-cadeia-no-brasil-ate-a-decada-de-1920>. Acesso em: 4 abr. 2017.

No ano de 1923, o decreto 16.273 tratou de reestruturar a Justiça do Distrito Federal, inserindo a figura do juiz de menores. Por seu turno, o Decreto-lei n. 16.300 circunscreveu para seis horas a jornada diária dos menores de 18 anos. Em 1924, a atenção voltou-se à primeira infância, inspeção sanitária escolar e profilaxia de doenças transmissíveis próprias dos primeiros anos de vida. No mesmo ano, foi aprovado o regulamento do Conselho de Assistência e Proteção dos Menores.

Na sessão de 7 de julho de 1925 foi enviado e lido, na Comissão de Constituição e Justiça do Senado, o projeto 12, de 1925, que determinou medidas de assistência aos menores de 18 anos e estabeleceu o Código de Menores. Designou-se que a matéria apenas em sua substância poderia ser dirigida por lei federal, cumprindo aos Estados determinar os regulamentos e leis, modos de administração dos serviços e os funcionários que fossem necessários.(230)

Era expressivo o número de jovens nas fábricas, e destarte premente uma regulamentação. A ampla oferta possibilita aos patrões oferecer remuneração muito inferior à dos adultos. Entre as justificativas da norma, constou(231) que urgia regular o trabalho dos menores de idade no sentido de lhes proibir certas ocupações que os expusessem a perigos, inclusive morais. Era o caso das exercidas: nas ruas, estando o menor longe de seus responsáveis (engraxador, vendedor de jornais, de bilhetes de loterias, doces etc.); nos teatros, cafés-concerto e casas de diversões públicas de todo gênero; de modo que pusessem em risco a vida ou saúde do menor.

O Código de Menores de 1927 manteve, entre outras medidas, a idade mínima de 12 anos para o ingresso no mercado de trabalho, enquanto que o Decreto-lei n. 220.242 de 1932 a elevou para 14 anos.(232)

Horta Lima observa que:

> o nobre e humanitário empenho do legislador brasileiro correspondeu perfeitamente à alta conveniência de se proteger a infância, que até esta data esteve por assim dizer em completo abandono entre nós. Havia e há neste abandono incalculáveis prejuízos para o futuro

(230) *Diário do Congresso Nacional*, 19 set. 1925, p. 3.509. Rio de Janeiro: Imprensa Nacional.

(231) *Diário da Câmara dos Deputados*, de 8 de julho de 1925. p. 1.409-1.415. Rio de Janeiro: Imprensa Nacional. OLIVEIRA, Lucas Goulart. *Op. cit.*, 2015.

(232) OLIVEIRA MORAIS, Fernanda Kallyne Rêgo, FRAGA, Maria de Nazaré de Oliveira. *Op. cit.*, p. 138.

da nacionalidade e nenhum espírito bem formado deixará de louvar aqueles que procuraram a infância que sofre, à míngua de amparo de assistência.(233)

De acordo com o autor, os representantes industriais enxergaram no Código de Menores preparado e aprovado pelo Congresso Nacional mera reprodução de legislações internacionais. Não haveria "aspectos originais ou inovadores dignos de registro"; dificuldades de adaptação às condições fáticas brasileiras ocasionariam "alguns dos mais graves senões do código de menores".(234) Ignorada a realidade socioeconômica, além de prejudicar a indústria brasileira, deterioram-se as condições de vida do próprio menor. Seria um equívoco, de ampla repercussão na produção das indústrias e fábricas, o legislador retirar o menor do trabalho sem que alguma instituição o acolhesse durante o expediente dos pais.(235)

---

(233) Memorial enviado à Câmara dos Deputados pelos Presidentes do Centro dos Industriais de Fiação e Tecelagem de Algodão de São Paulo, do Centro dos Industriais de Papel do Estado de São Paulo, da Associação dos Industriais e Comerciantes Gráficos, Centro do Comércio e Indústria de Madeiras de São Paulo, da Liga dos Industriais e Comerciantes de Couros do Centro dos Industriais de Calçados de São Paulo, da Associação dos Industriais Metalúrgicos. "Diretoria e Conselho Fiscal do Centro Industrial de Fiação e Tecelagem de Algodão, 1927-1928", p. 230, In: HORTA LIMA, Marcos Alberto. *Op. cit.*, 2005.

(234) Memorial apresentado ao Exmo. Sr. Dr. Júlio Prestes de Albuquerque, Presidente do Estado de São Paulo, pelos Presidentes do Centro dos Industriais de Fiação e Tecelagem de São Paulo, do Centro dos Industriais de Papel do Estado de São Paulo, da Associação dos Industriais e Comerciantes Gráficos, Centro do Comércio e Indústria de Madeiras de São Paulo, da Liga dos Industriais e Comerciantes de Couros do Centro dos Industriais de Calçados de São Paulo, da Associação dos Industriais Metalúrgicos. São Paulo, julho de 1927, folha 1. In: HORTA LIMA, Marcos Alberto. *Op. cit.*, 2005, p. 115.

(235) MORAES FILHO, Evaristo de. *Op. cit.*, 1960, p. 377-78. Na visão de Luiz Werneck Vianna a indústria brasileira, ao criticar o código de menores, "retoma a linguagem fordista denunciando a incompetência dos aparatos estatais em educar e socializar a juventude. Proclama orgulhosamente que na fábrica é que se plasmam e formam os valores do progresso e da indústria e sem ela não haveria como fornecer à sociedade um sistema integrativo para as classes subalternas. A escola consiste na fábrica e a lei do menor conduziria a dissolução moral da juventude dessas classes, desqualificando-a para a conversão num exército industrial". Ver VIANNA, Luiz Werneck. *Op. cit.*, p. 83. Para apoiar-se no argumento, Vianna faz uso da seguinte documentação da FIESP: "numa terra onde tudo está por fazer, onde a desorganização, ou a insuficiência de quase todos os serviços públicos é a regra geral, onde nem escolas há em número bastante para desbravar o analfabetismo da população, onde é notável a escassez de institutos profissionais e a penúria de centros populares de recreio... Aplicada (a lei) sem cautela, na expressão de sua letra, fatalmente lançarão ao regaço da sociedade uma nova legião de candidatos à vagabundagem, ao vício e ao delito. O menor dos seus males será a multiplicação de rufiões e meretrizes". Em oposição ao argumento de Vianna, Horta Lima pondera que, ao se analisar a citação documental não é possível constatar denúncia alguma sobre a inaptidão do Estado em capacitar e civilizar os jovens menores de 18 anos. O que há é a crítica direcionada à exiguidade dos serviços públicos oferecidos, sem indagar o princípio de o Estado capacitar e civilizar os menores trabalhadores. Sob outra perspectiva, ainda que da perspectiva histórica seja plausível admitir que,

Não houve, por parte dos parlamentares brasileiros, atenção devida ao contexto da regulamentação do trabalho dos menores na Europa, que era diverso do que se passava na indústria nacional. Aqui havia uma abundante oferta de mão de obra em decorrência das necessidades de trabalho e uma disputa com os adultos por ocupação. Na Europa, a instituição da legislação não esteve vinculada somente ao bem-estar dos mais pobres, mas sim para garantir o nível geral de renda dirimindo o emprego do "braço abundante e barato" dos menores de 18 anos.[(236)]

Em relação à jornada de trabalho, observa Astrojildo Pereira[(237)] que, para a discussão do anteprojeto de regulamentação da lei de jornada de trabalho, sancionada em dezembro de 1925, o Conselho Nacional do Trabalho (que estava vinculado ao Ministério de Agricultura, Indústria e Comércio) convocou uma conferência em comum com os representantes dos "interessados", ou seja, os representantes das associações patronais, de empregados e trabalhadores. Qual era o propósito a que o CNT obedecia colocando em prática esse processo, conforme Astrojildo afirma, "ultrademocrático", em relação à legislação operária? Era evidente que a manobra procurava, em primeiro lugar, transferir ao terreno nacional a prática de caráter "harmonizador" e "colaboracionista" do *Bureau International du Travail* (BIT). Fazia pouco tempo, a tendência havia sido combatida pelos comunistas a propósito da viagem do "delegado operário" brasileiro Carlos Dias para a Conferência de Genebra em junho. Em segundo lugar, buscava engrandecer o governo ante os olhos das massas trabalhadoras, no seio das quais causaram repercussão a campanha contra o renegado Carlos Dias.

---

no decurso da década de 1920, os industriais aclamaram a fábrica como ambiente ideal para civilizar os trabalhadores. Vianna não deveria ancorar-se nesse documento para fundamentar tal afirmação, já que não é este tema destacado. O documento versa uma crítica da indústria brasileira à lei de menores, isto é, que seria equívoco grosseiro ajustar a lei concentrando a presença dos menores de 18 anos juntamente ao processo de produção sem assegurar uma instituição que lhes amparassem ao longo do dia. Sem uma instituição que os acomodassem, a aplicação do código de menores redundaria na dissolução moral dos trabalhadores menores de 18 anos. Finalmente, o documento aborda a crítica ao conteúdo da lei, de como fora arquitetada pelos homnens do Estado (no caso, legisladores), sem indagar a capacidade da instituição do Estado. Procurando demonstrar a correlação de sua tese sobre a defesa dos industriais brasileiros contra o intervencionismo estatal nas relações de trabalho, Vianna exorbita o conteúdo documental, alegando tratar-se de crítica doutrinária (a incapacidade do Estado perante a capacidade fabril em civilizar os jovens), empreendida através da inexistente linguagem fordista. HORTA LIMA, Marcos Alberto. *Op. cit.*, 2005, p. 121.

(236) *Ibidem*, p. 115. Diretoria e Conselho Fiscal do Centro Industrial de Fiação e Tecelagem de Algodão, 1927-1928, p. 232.

(237) PEREIRA, Astrojildo. "El camiño de la unidad sindical en Brasil". *La Correspondencia Sudamericana*, n. 20-21, 15 de março de 1927, p. 29.34. *Apud*. PINHEIRO, Paulo Sergio e HALL, Michael. *A classe operária no Brasil (1889-1930-documentos)*.

Astrojildo indaga se os comunistas deveriam comparecer ou não à conferência. Afirma que a direção do partido, após exame detalhado entre os prós e contras da participação, optou pelo comparecimento. E ali sustiveram a pauta; a reunião teve que ser rapidamente dissolvida ao cabo de duas sessões, pela impossibilidade de conciliar os interesses da classe patronal e da classe operária. O que isso significou naquele momento? Ao tomar a liderança e a direção das delegações operárias, os comunistas puderam demonstrar aos olhos da classe trabalhadora que a colaboração e harmonia entre patrões e operários são impraticáveis.(238)

Em todas as votações, os dois campos optaram pela divisão: patrões de um lado, empregados e operários de outro. As delegações patronais estavam em maior número que as dos trabalhadores, e desse modo os patrões obtinham a maioria nas votações. O importante, observa Astrojildo, é que os campos se dividiam e se combatiam de maneira irreconciliável. Era a luta de classes que se travava como inevitável, demonstrando aos trabalhadores e à classe operária, de modo prático, a importância de organizar suas forças, de concentrar suas organizações para poder fazer frente às vantagens da força patronal.

Daí a necessidade de uma Conferência Geral do Trabalho (CGT), surgida de modo espontâneo no seio das massas. Na sequência, Astrojildo menciona os adversários dos comunistas para criação da unidade sindical, destacando o embate travado com os anarquistas e com os reformistas. Os anarquistas dominavam o setor da construção civil e dos sapateiros, não admitindo sequer a discussão da unidade sindical e do movimento pró-CGT. Os amarelos e reformistas não atacavam de modo direto a ideia da CGT, mas faziam política da duplicidade, apoiando o movimento ao mesmo tempo em que questionavam o seu sucesso; na visão de Astrojildo, não querendo colocar-se contra a corrente, adotavam a tática de resistência passiva.(239)

Na década de 1920, o "sindicalismo amarelo", com forte atuação na capital federal, parecia ser a corrente mais forte, com presença marcante entre trabalhadores do transporte marítimo e terrestre, portuários e parcelas dos têxteis. Os comunistas foram os primeiros a reconhecer a força dos "sindicatos amarelos" que, a despeito do seu caráter mais "conservador" e de eventuais laços com o governo, tinham representatividade entre a classe trabalhadora. Contudo, nem eles escaparam à repressão policial.

---

(238) *Ibidem*, p. 300.

(239) *Ibidem*, p. 302.

Por fim, observa que as perspectivas eram favoráveis ao empreendimento, caso este fosse realizado com energia e habilidade; aferia a importância de uma forte central brasileira no conjunto do movimento operário sul-americano, cujas forças preparavam-se para os grandes combates contra o "imperialismo ianque, em prol da revolução proletária". Assim, constatamos forte pressão dos comunistas, sob liderança de Astrojildo Pereira, perante os órgãos oficiais, como o CNT, na tentativa de estabelecer melhores condições de trabalho — atentos que estavam aos debates que ocorriam na Câmara dos Deputados e às próprias discussões dos movimentos sociais, como o limite da jornada de trabalho.

Capítulo 3

A Atuação do CNT junto ao Movimento Operário

(...) Um prevalecimento tão fácil de interesses privados sobre a justiça é visto, muitas vezes, como um sinal certo da ineficácia da legislação; e a vitória da tendência inutilmente obstruída é citada, subsequentemente, como evidência conclusiva da alegada futilidade de um "intervencionismo reacionário". Todavia, tal opinião parece perder de vista o ponto principal. Por que a vitória final de uma tendência deve ser tomada como prova de ineficácia dos esforços para diminuir o ritmo de seu progresso? E por que o propósito dessas medidas não pode ser visto precisamente naquilo que elas alcançaram i.e., a diminuição do ritmo da mudança? Aquilo que é ineficaz para parar uma linha de desenvolvimento não é, por isto mesmo, totalmente ineficaz. O ritmo da mudança muitas vezes não é menos importante do que a direção da própria mudança; mas enquanto esta última frequentemente não depende da nossa vontade, é justamente o ritmo, no qual permitimos que a mudança ocorra, que pode depender de nós.

POLANYI, Karl. *A grande transformação.* Ed. Elsevier, p. 39.

1. A criação do CNT e as discussões de seu papel

Os trabalhos pioneiros na década de 1980 de Kazumi Munakata(240) e Michel Zaidan Filho(241) oferecem elementos contumazes para que possamos refletir sobre a criação da Justiça do Trabalho no Brasil, bem como as discussões travadas pelas bancadas e setores que refletiam sobre a "questão social" no país. Veremos, com base nesses trabalhos, como ocorreram essas discussões e qual o papel que o Conselho Nacional do Trabalho terá em tais discussões, refletindo sobre sua importância junto ao movimento dos trabalhadores e do patronato, em um primeiro momento tendo um caráter mais consultivo.

(240) MUNAKATA, Kazumi. *Legislação trabalhista no Brasil.* São Paulo: Brasiliense, 1984.

(241) ZAIDAN FILHO, Michel. *Pão e Pau:* Política de governo e sindicalismo reformista no Rio de Janeiro (1923-1926). São Paulo. Dissertação de Mestrado, 1981.

O trabalho de Zaidan Filho merece destaque por ter sido um dos primeiros na historiografia brasileira a falar da conjuntura política do governo de Artur Bernardes (1923-1926), destacando as manifestações dos trabalhadores na política estatal e as relações entre as associações operárias na capital federal, que resultaram na cooptação do movimento sindical, via Conselho Nacional do Trabalho. Já o trabalho de Munakata explica as propostas de ruptura do liberalismo na Primeira República que tinham, entre outras intenções, não apenas a de incentivar a industrialização do país, como também o de neutralizar a expansão do movimento operário, por meio de uma solução institucional da "questão social".

> Assim, analisaremos, neste capítulo, com base em tais estudos, as relações do CNT com o movimento operário, as discussões trazidas por meio das Conferências Internacionais do Trabalho, assim como seus impactos e reflexos na conjuntura nacional, por meio da Comissão de Legislação Social e pelas discussões entre a classe patronal e os trabalhadores.

Havia certo embate entre as classes dirigentes do país a respeito da criação do Conselho Nacional do Trabalho, desde a proposta de Maurício de Lacerda, deputado federal, ainda em meados da década de 1910. A posição dos governos estaduais, majoritariamente, era contrária à criação do órgão. Enquanto isso, a bancada trabalhista da capital federal buscava criar mecanismos mais efetivos de proteção aos trabalhadores, essenciais ao processo produtivo.(242)

A bancada do Rio Grande do Sul era contrária, sobretudo por não serem favoráveis à intervenção estatal nas relações privadas de trabalho. Ao passo que os industriais de São Paulo, contra a tutela dos trabalhadores, proferiram discursos de cunho moralista; os operários, com mais tempo livre ou disponibilidade de recursos, tenderiam aos vícios do alcoolismo e dos jogos de azar.(243)

Diversos setores reformistas do proletariado urbano passam a reclamar do governo a aceitação do substitutivo elaborado por eles em 1921. Diante disso, Bernardes aciona o ministro da Justiça, José Luiz Alves,(244) para que recebesse

---

(242) Ver GOMES, Ângela de Castro. *Op. cit.* Especialmente o capítulo 2: "O debate na Câmara dos Deputados".

(243) FORTES, Alexandre. "Férias pra quê?". *Revista de História*, 2007, p. 1. Disponível em: <http://www.snh2015.anpuh.org/resources/anais/39/1439835083_ARQUIVO_Anpuh2015GMNunes.pdf>. Acesso em: 6 abr. 2017.

(244) "Deputado do Congresso Nacional, por seu Estado natal, em 1903, foi reeleito em 1906. Quando mais em evidência se achava o seu nome no cenário da política nacional, o Estado do Espírito Santo levantou a ideia de fazê-lo Senador, o que foi aceito por todos os partidos, sendo eleito por nove

uma comissão formada por líderes operários interessados na regulamentação do DNT, expondo-lhes os pontos de vista do governo sobre o assunto.(245)

Como demonstra Zaidan Filho, obedecendo a ordens do presidente da República, João Luiz Alves encontrou-se com representantes "operários" e informou-lhes de que tinha o governo "grande interesse em solucionar as questões operárias e, para isso, pediu já o concurso do Dr. Viveiros de Castro, ministro do Supremo Tribunal e do deputado Andrade Bezerra para estudarem o substitutivo apresentado ao governo passado pelas associações operárias, fazendo as alterações que forem convenientes na organização do tribunal arbitral da Lei de Acidentes no Trabalho".(246) Na sequência, convidou o ministro os representantes operários a se manifestarem a respeito.(247)

Tais representantes declararam que "seus pontos de vista eram os mesmos apresentados ao ex-presidente Epitácio Pessoa". Finalizando a audiência, Luiz Alves prometeu aos operários sugerir, no seu próximo despacho com o presidente da República, a inclusão de três "líderes" operários, dentre os presentes, para integrarem a comissão já mencionada. Quanto ao tribunal arbitral, desejava que fosse composto de mais representantes operários e patronais que os citados no substitutivo, achando que todos os Estados deveriam ter tribunais regionais dessa espécie, dirimindo as pendências entre trabalho e capital.(248)

Desse modo, contestando as perspectivas da imprensa e dos trabalhadores, Bernardes determinou a criação do Conselho Nacional do Trabalho, que sinalizava uma intervenção a favor da classe trabalhadora. Porém, com a reação patronal o órgão de regulamentação trabalhista teria desafios pela frente em suas pretensões. O CNT teria as seguintes atribuições: a) Servir de órgão consultivo à Presidência da República; b) Promover estudos e levantamentos sobre a organização do trabalho no Brasil; c) Fiscalizar o cumprimento das leis sociais em vigor; d) Intervir

---

anos. Exerceu o mandato até dezembro de 1918, quando renunciou para aceitar o cargo de Secretário das Finanças do governo do Dr. Artur Bernardes, em Minas Gerais, o qual exerceu de janeiro de 1919 a 7 de setembro de 1922." Disponível em: <http://www.stf.jus.br/portal/ministro/verMinistro.asp?periodo=stf&id=143>. Acesso em: 2 maio 2016.

(245) *O Brasil*. 27 fev. 1923, p.1.

(246) "Para solucionar as questões operárias e também as da crise de habitação e a carestia de gêneros. Pontos de vista do governo expostos aos líderes de várias associações proletárias pelo governo expostos aos líderes de várias associações proletárias pelo Sr. Ministro da Justiça". *O Brasil*. 10 mar. 1923.

(247) ZAIDAN FILHO, Michel. *Op. cit.*, 1981, p. 22.

(248) *Ibidem*, p.1.

nos conflitos entre o capital e o trabalho, mediante o convite de uma das partes e a tácita aceitação de ambas às decisões tomadas ou acordadas pelo CNT.(249)

Na Mensagem ao Congresso Nacional, de 1924,(250) Artur Bernardes reforça a necessidade da reforma da Lei de Acidentes do Trabalho, dando-lhe uma feição mais prática, no que concerne à liquidação das indenizações, ampliando o seu campo de aplicação, no sentido de também serem beneficiados os operários e empregados do comércio e da agricultura. Assim, o projeto que o CNT já vinha adotando poderia ser remetido ao Conselho da Justiça do Senado. Bernardes reforça seu argumento afirmando já existirem dados suficientes para se afirmar que as vantagens da Lei de Acidentes do Trabalho já estavam sendo usufruídas por 50% da parte do operariado contemplado; parte dessa que é computada em mais 800 mil indivíduos, dos quais perto de 120 mil, na indústria têxtil, e perto de 30 mil, na de calçados.(251)

O CNT seria composto por dois representantes da classe operária, dois representantes do patronato, dois funcionários do Ministério da Agricultura, Indústria e Comércio (MAIC) e de mais seis pessoas de reconhecida competência em matéria de legislação social – todos nomeados pelo presidente da República. Embora criado em fins de abril, em 1923, o Conselho Nacional do Trabalho só seria efetivamente incorporado no final de agosto, mesmo assim incompleto.(252)

Em contraste com seus antccessores, Artur Bernardes passou a destinar, em suas "Mensagens Presidenciais", atenção à questão social. Em célebre entrevista ao jornal *Boa Noite*, ainda na época em que era candidato, demorou-se longamente em considerações sobre a legislação social urbana. Na sua primeira "Mensagem"(253) ao Congresso, afirmou:

> A par das medidas de barateamento da vida, outras se impõem para facilitá-la aos trabalhadores em geral. Medidas de legislação social, já aconselhadas pela experiência, podem e devem ser adotadas em benefício dos trabalhadores, com vantagem para os capitais investidos nas indústrias e que merecem todo o amparo dos poderes públicos.

---

(249) *Revista do Conselho Nacional do Trabalho*, ano I, p. 7, jul. 1925, obtida junto ao Arquivo do TST.

(250) Mensagem ao Congresso Nacional Arthur Bernardes – 1924, p. 202 e ss. Disponível em: <http://www.biblioteca.presidencia.gov.br/publicacoes-oficiais/mensagem-ao-congresso-nacional/mensagem-ao-congresso-nacional-arthur-bernardes-1924/view>. Acesso em: 4 abr. 2018.

(251) *Idem.*

(252) *Ibidem*, p. 8.

(253) BERNARDES, Arthur da Silva. Discursos e pronunciamentos políticos. Belo Horizonte: Imprensa Oficial de Minas Gerais, 1977, p. 52. Também disponível em: <http://funag.gov.br/loja/download/736-Discursos_Selecionados_do_Presidente_Artur_Bernardes.pdf>. Acesso em: 15 mar. 2018.

A participação dos operários nos lucros industriais é o que precisa ser examinado pelo Poder Legislativo, como tivemos ocasião de lembrar no programa com que nos apresentamos ao Sufrágio do povo brasileiro.(254)

É de interesse identificar o papel do Legislativo na política social de Bernardes. Sendo a instância governamental de poder de legislar, era por meio do Congresso, e de suas comissões técnicas — como a Comissão de Legislação Social (CLS) – que o governo almejava elaborar uma legislação social, exortando correligionários a exporem projetos de lei que englobasse suas promessas, ou insuflando o ânimo de outros parlamentares a validarem esses projetos. Em maio de 1920, José Lobo, presidente da Comissão de Legislação Social (CSL) da Câmara, recebeu de Andrade Bezerra, deputado federal por Pernambuco, telegrama, em que afirmava que pretendia estar na Câmara, tendo o maior empenho em corresponder aos esforços de dar prosseguimento aos trabalhos na CLS.(255) Em junho do mesmo ano (1920), a CLS reuniu-se na Câmara, com a presença de, entre outros, Carlos Penafiel, Maurício de Lacerda, Augusto de Lima, para discutir questões sobre higiene e segurança do trabalho. O deputado José Lobo, na ocasião, providenciou para que seus colegas relatores das teses sobre seguros operários e sobre trabalhadores agrícolas e empregados no comércio, apresentassem seus anteprojetos, com o intuito de que fossem estudados e votados.(256)

Reconhecendo as recomendações sobre a questão social que vinham da Conferência Internacional do Trabalho, realizada em Washington, Artur Bernardes afirmava o seguinte:(257)

> Sem dúvidas que grande parte do esforço para a solução do problema operário está nas mãos do Legislativo. Não tem sido este indiferente à sorte do operariado, e muito é de se esperar da sua súbita e esclarecida iniciativa. Desde que, porém, eu possa influir com o meu conselho junto aos meus amigos no Congresso, teria imenso prazer em sancionar uma lei que instituísse.

Havia preocupação por parte do governo, igualmente, em implantar as "tentativas de domesticação" dos operários, como as comemorações cívico-recreativas

---

(254) "Mensagem Presidencial". *O Paiz*. 4 maio 1923. Ver também ZAIDAN FILHO, Michel. *Op. cit.*, 1981, p. 25.

(255) "Legislação Social". *O Paiz*, 12 maio 1920.

(256) "Legislação Social", *O Paiz*, 3 jun. 1920.

(257) BERNARDES, Arthur da Silva. *Discursos e pronunciamentos políticos*. Belo Horizonte: Imprensa Oficial. 1977. p. 52 e 55.

do dia 1º de Maio. Desse modo, enquanto os comunistas se agrupavam na Praça Mauá para demonstrarem o seu protesto contra a exploração brutal do capitalismo e os anarquistas faziam a sua manifestação na Praça Onze de Julho, relembrando o sacrifício das "vítimas de Chicago", Bernardes aliciava o operariado com os festejos da Exposição dos pavilhões construídos para a comemoração do Centenário da Independência. Celebrando o "dia do trabalho", o ministro Luís Alves concedia aos operários o recinto da Exposição e o Parque de diversões a ela anexa, proporcionando-lhes uma programação com retretas, concertos, variedades e diversos filmes.(258)

O jornal *O Paiz*, no dia seguinte ao primeiro de maio, estampava a seguinte manchete: "A Exposição venceu a Praça Mauá", afirmando que, em face da carestia da vida, do alto custo das habitações, da natural curiosidade das crianças e... do convite feito pelo ministro da justiça,

> (...) os pais operários, amantíssimos dos seus filhos, aproveitaram o gesto magnânimo do Sr. Ministro da justiça e.... fizeram o que lhes cumpria fazer: divertiram esposas e filhos, enquanto mais utilitariamente, percorreram os pavilhões a admirar os frutos dos seus ingentes e afanosos esforços que ali estão, para orgulho de todos os brasileiros, simbolizando a capacidade profissional e a riqueza nacional, comparáveis, sem desdouro para nós às mais apuradas produções estrangeiras. Assim, famílias de 10 e mais pessoas, que de todo deixaram de ver a Exposição devido à impossibilidade em que se encontravam de despender, entre passagens, entradas e divertimentos, trinta ou mais mil réis, encontraram a feliz oportunidade para a realização de um bom sonho.(259)

A reunião dos operários foi, em princípio, estruturada por conhecidos líderes "trabalhistas" — patronais e governistas — tais como Libânio da Rocha Vaz,(260) Carlos Gomes de Almeida(261) e Custódio Alfredo Sarandy Raposo,(262) que, por

(258) "A Exposição aberta ao operariado". *O Paiz*, 2 maio 1923.

(259) "A Exposição e a Praça Mauá". *O Paiz*, 2 maio 1923. Ver também ZAIDAN FILHO, Michel. *Op. cit.*, 1981, p. 26.

(260) Ex-presidente da Associação Beneficente dos Operários da América Fabril e ex-diretor da mesma empresa.

(261) Presidente da Associação Profissional Têxtil.

(262) Presidente da Confederação Sindicalista Cooperativista Brasileira.

não concordarem entre si a respeito dos critérios de participação das associações sindicais no embate,(263) solicitaram o adiamento do Congresso e uma alteração na própria comissão organizadora. Com a saída de Sarandy Raposo, partidário da restrição à participação no encontro de sindicatos operários anarcossindicalistas e comunistas, a Comissão Organizadora ficou nas mãos de Libânio da Rocha Vaz, cognominado de "líder trabalhista do governo" — e de Carlos Gomes de Almeida.(264)

A propósito, quando questionado sobre o encontro, disse Bernardes que via "com muita simpatia o congresso dos tecelões, cujos objetivos muito se aproximavam dos de sua plataforma e da sua mensagem ao Congresso Nacional".(265) O regulamento interno da reunião foi bem explícito naquilo que esperava obter do governo:(266)

> O 1º Congresso Nacional de Operários em Fábricas de Tecidos reúne-se na cidade do Rio de Janeiro, para, pelo nome, discussão e estudo de teses apropriadas, entre profissionais e trabalhadores da indústria têxtil, estabelecer princípios e doutrinas, apontar falhas e contradições da atual arbitrária organização industrial, sob o ponto de vista dos direitos e deveres dos patrões e operários, firmando conclusões práticas que auxiliem e instruam os altos poderes da República, para a confecção de leis trabalhistas, garantidoras da harmonia entre o trabalho, o capital e o Estado, reguladoras de sua mútua e perfeita colaboração, indispensável à pujança e o progresso da indústria têxtil, ou melhor, à grandeza e a independência econômica do Brasil.

O 1º Congresso Nacional de Operários em Fábrica de Tecidos (C.N.O. F.T.) instalou-se no dia 15 de julho de 1923 no Palácio Monroe e contou, na sua abertura, com o representante do ministro da agricultura.

Edgar Carone(267) descreve um trecho sobre das deliberações desse congresso nacional, as quais foram publicadas no jornal *O Brasil.*

---

(263) "O Congresso dos Tecelões". *O Brasil*, edição 252, 6 maio 1923.

(264) ZAIDAN FILHO, Michel. *Op. cit.*, 1981, p. 27.

(265) "Bases do primeiro congresso nacional de operários em fábricas de tecidos". *O Paiz*, 20 fev. 1923 e BERNARDES, Arthur da Silva. "Discursos...", p. 76 e ss.

(266) "Primeiro congresso nacional de operários em fábrica de tecidos. Regulamento interno". *O Brasil*, edição 412, 26 jun. 1923.

(267) CARONE, Edgar. *O movimento operário no Brasil (1877-1944)*. São Paulo: Difel, 1979. p. 266.

> 4º – comissão formada pelos srs.: Antonio Dias da Costa, José Martins Neves, Carlos G. de Almeida e Abel Penteado ofereceu parecer sobre o assunto, opinando que as associações de classe, estabelecida a participação de lucros com uma parte deste e uma quota de sócios mantenham o ensino técnico e profissional.
>
> A 5ª comissão pelos membros: Antonio Alves de Souza, Oscar Pimentel, Deoclécio Tubbs e Eduardo Reis Junior, resolveu que as empresas com operários em número maior do que 500 deverão manter escolas diurnas e noturnas, sob a fiscalização oficial.

O emissário do ministro, depois de ter disponibilizado a palavra a diversos congressistas, cumprimentou os operários têxteis, desejando-lhes felicidades e boa sorte nos seus "justos empreendimentos e humanas aspirações".[(268)] Ao que responderam os congressistas que apelavam ao representante governista no sentido de conseguir que o presidente da República olhasse atentamente para a situação "angustiosa" dos trabalhadores.[(269)]

Libânio da Rocha Vaz e Carlos Gomes de Almeida, no decorrer do congresso, são surpreendidos com a sua nomeação pelo presidente para o recém-criado Conselho Nacional do Trabalho. O primeiro, como especialista em legislação trabalhista, e o segundo, como representante dos operários têxteis.[(270)] A nomeação foi fruto de indicação pelo plenário, sendo manifestado ao presidente da República e ao ministro da Agricultura "o nosso profundo agradecimento e felicitações pela acertada escolha do Sr. Libânio da Rocha Vaz e Carlos Gomes de Almeida, Presidente e Vice-Presidente do 1º Congresso Nacional de Operários em fábricas de Tecidos para fazerem parte do Conselho Nacional do Trabalho", opção que foi, de maneira unânime, aprovada.[(271)] O encerramento teve a participação de João Luiz Alves, ministro da Justiça, a quem coube proferir as palavras finais.

Com o término dos trabalhos do 1° C.N.O.F.T., o governo brasileiro, finalizando as comemorações do Centenário da Independência, resolveu patrocinar a realização do 2º Congresso Internacional de Mutualidade e Presidência Social. Isso a fim de estudar, juntamente com outros países sul-americanos, especialmente

(268) "Primeiro congresso nacional de operários em fábrica de tecidos: sessão de abertura". *O Brasil*, edição 430, 7 jul. 1923.

(269) ZAIDAN FILHO, Michel. *Op. cit.*, 1981, p.190.

(270) "Encerrou-se o congresso dos operários em fábrica de tecidos". *O Brasil*, edição 438, 15 jul 1923.

(271) *Idem.*

convidados, as medidas de previdência social e cooperação "fraternal" dos povos pan-americanos, para "levantar o nível social das classes trabalhadoras de maneira que melhorem efetivamente as suas condições morais e econômicas".[272]

O temário desse congresso era o seguinte: Mutualidade, Cooperação, Seguros, Previdência Social e Higiene Social.[273] Com início em 16 de julho, o 2º Congresso Internacional de Mutualidade e Previdência Social (C.I.M.P.S.) reuniu o que havia de melhor do reformismo social da Primeira República: o deputado social-católico Antônio Vicente de Andrade Bezerra, presidente do Congresso, o deputado paulista José Lobo, presidente da Comissão de Legislação Social da Câmara, o deputado baiano Afrânio Peixoto, especialista em higiene social, Afonso Bandeira de Mello, funcionário governamental para assuntos trabalhistas, e mais Agripino Nazareth e Libânio da Rocha Vaz (secretário do congresso). Figuraram ali Maurício de Lacerda, Evaristo de Moraes e vários dirigentes sindicais "amarelos" — entre os quais, Antônio Cassuz, que representou o operariado brasileiro na mesa que dirigiu os trabalhos da primeira sessão do congresso.[274]

A reunião foi aberta pelo ministro da Agricultura que, ladeado por embaixadores e diplomatas de vários países latino-americanos, proferiu um longo discurso, analisando a legislação social brasileira então existente e traçando em linhas gerais o quadro das associações profissionais brasileiras. No mesmo discurso, Calmon negava existir o conflito de classes. Reconhecia, ao final, o caráter benéfico resultante das conferências produzidas pelo Birô Internacional do Trabalho, a despeito das dificuldades em se conciliar os interesses entre nações tão díspares como as do Ocidente e as do Oriente.[275] Diversas comissões de trabalho, ao término do Congresso, foram formadas para estudar e discutir as teses apresentadas.

> Em que pese o entusiasmo ali provocado, a tese do seguro desemprego — assim como diversas outras legislações em prol do direito dos trabalhadores, por sinal — só seria transformada, efetivamente, em marco legal (em decreto-lei, especificamente) por meio do Decreto 2.284, de 10/3/1986, portanto mais de sessenta anos depois, com a supressão, não por coincidência, do instituto da estabilidade.

---

(272) "Congresso de Mutualidade e Previdência Social. Discurso do Sr. Dr. Miguel Calmon". *Revista do Conselho Nacional do Trabalho*. I (1): 12, jul. 1925.

(273) "O segundo congresso nacional de Mutualidade e Previdência Social". *A Pátria*, 24 fev. 1923.

(274) ZAIDAN FILHO, Michel. *Op. cit.*, 1981, p.29.

(275) "Congresso de Mutualidade e Previdência Social. Discurso do Sr. Dr. Miguel Calmon", p. 14.

Prosseguindo com as determinações restauradoras, Artur Bernardes, após ter criado uma versão mais contida do Departamento Nacional do Trabalho (DNT), estabeleceu, por fim, passar à sua instalação em caráter definitivo em fins de agosto de 1923. Tal conduta explica-se pelos compromissos externos ora assumidos, como o "Tratado de Versalhes" que o país foi signatário, como igualmente pela necessidade de, a partir desse instante, enfrentar a "questão social", esquivando-se, desse modo, que tivessem repercussões os embates entre capital e trabalho, "sempre danosas a ambas às partes (referindo-se à questão internacional) e à nação (reportando-se aos aspectos internos)".[(276)] Dizia-se, ademais, que a inexistência no Brasil de um órgão que tivesse a incumbência de regular o assunto levava países a questionarem a proteção dispensada pelo governo brasileiro aos seus emigrantes.[(277)]

Na ocasião da instalação, em 23 de julho de 1923, o Conselho Nacional do Trabalho foi composto por: Jayme Viveiros de Castro, ministro do Supremo Tribunal Federal e autor de diversos estudos sobre o trabalho operário; deputados Afrânio de Mello Franco, embaixador do Brasil na Liga das Nações, Carlos de Campos, parlamentar de São Paulo e futuro presidente desse Estado, e Antônio Vicente Andrade Bezerra, relator da Comissão de Legislação Social da Câmara e autor da lei de acidentes no Trabalho; Afrânio Peixoto e Osório de Almeida, o primeiro como autoridade em matéria de higiene social e o segundo como representante do Centro Industrial do Brasil; dois representantes do Ministério da Agricultura, Araújo de Castro e Dulphe Pinheiro Machado; e os senhores Libânio da Rocha Vaz, especialista no assunto, representante patronal e redator do anteprojeto da Lei de Férias, Carlos Gomes de Almeida, representante do operariado têxtil e Gustavo Francisco Leite, delegado dos operários estatais.[(278)]

No dia da instalação do CNT, o jornal *O Brasil* expressou que

> o aparelho que se inicia nesta data não terá como muito parece mera função burocrática; sua ação será assaz importante, pelo menos nos primeiros meses. Além de reclamações sobre as diversas instituições por ele fiscalizadas, o Conselho terá de organizar vários regulamentos, sendo mesmo o verdadeiro eixo de problemas que ao corrente

(276) "Conselho Nacional do Trabalho. Instalação solene". *O Paiz*, edição 14.187, 24 ago. 1923.

(277) *Idem.*

(278) ZAIDAN FILHO, Michel. *Op. cit.*, 1981, p. 32.

ano serão resolvidos pela Comissão de Legislação Social na Câmara dos Deputados".[(279)]

O ato foi presidido pelo ministro da Agricultura, o qual, em seu discurso, pretendeu evidenciar o notório reconhecimento pelo governo brasileiro da existência da "questão social" no país:[(280)]

> Que era dos seus dias mais felizes esse em que podia instalar o CNT. Se bem que no Brasil a chamada "questão social" não tenha o aspecto sombrio que apresenta em muitos países estrangeiros, *é bem verdade que já não temos o direito de considerá-la inexistente.* Antes é nosso dever encará-la de frente, imprimindo-lhe, igualmente, a feição brasileira, isto é, enquadrando-a em nosso ambiente. (g.n.)

Inobstante as declarações oficiais, aguardava-se embate fático entre capital e trabalho para que se pudesse ter uma noção mais evidente da disposição governamental, por meio de sua agência especializada, diante da "questão social". A condição seria logo criada pela greve dos operários têxteis do Rio de Janeiro, em meados de agosto de 1923. Foram colocados em xeque, desse modo, os institutos de teor reformador de Bernardes mais cedo do que este aguardava.

O jornal *O Brasil*, em setembro de 1923, especulava que as esperanças em prol de melhores condições de vida aos trabalhadores centravam-se no órgão. Este, logo após o ato de instalação, assumiu partido a favor da eleição de dois ferroviários para participar da gestão da Caixa de Aposentadoria e Pensões (CAPs) da Leopoldina Railway, a qual vinha dando motivos a queixas por parte dos trabalhadores da empresa. Entretanto, ainda no ano de 1923, a questão do conflito entre operários e industriais em fábrica de tecidos demonstrava que a ação do CNT parecia refletir no temor do órgão em adotar uma resolução ampla, supondo-se, talvez, que suas ações pudessem afetar os poderes naturais da classe patronal.

Como afirma o jornal *O Brasil*:[(281)]

> Ora, quer parecer-nos que o Conselho [Nacional do Trabalho] deve pairar acima dos interesses desta ou daquella classe, norteando-se tão

(279) "O Conselho Nacional do Trabalho finalmente será instalado hoje". *O Brasil*, edição 0476 23 ago. 1923 e 24 ago. 1923, edição 0477.

(280) "Conselho Nacional do Trabalho. Instalação solene". *O Paiz*, edição 14.187, 24 ago. 1923.

(281) "O papel do Conselho do Trabalho". *O Brasil*, edição 505, 20 set. 1923.

> sómente pelas necessidades impessoaes da ordem, e a sua missão não é classista ou individualista, mas absolutamente colectivista, isto é, social. Afinal de contas, os trabalhadores, no caso de vingar a doutrina de que o Conselho não deve, nem tem competencia para intervir nos conflictos industriaes, ficarão sem saber para quem appellar fundamentando os seus pedidos de augmento de salarios, — o que os collocaria em situação absurda deante do funccionalismo publico federal e municipal, que com inteira justiça, pleiteou e conseguiu junto aos poderes competentes a majoração dos seus ordenados.

E encerrava a edição de 20 de setembro de 1923 indagando por que não ser o CNT a alçada onde os trabalhadores, apresentando suas justas reivindicações, pleiteassem condições melhores, tão legítimas quanto às dos funcionários públicos. Não faria sentido restringir o papel do CNT ao de mediador ou conciliador, quando poderia atuar como parte litigante. Questionava-se acerca da tutela dos operários, diante dessa situação.(282) O CNT termina, portanto, o ano de 1923, perante parte da imprensa, gerando dúvidas sobre a sua atuação, se seria um organismo capaz de zelar pelos interesses sociais prejudicados nos conflitos entre trabalhadores e patrões.

A perspectiva de alterar a identificação da classe operária em lei foi engavetada pelo Departamento Nacional do Trabalho, pois o encaminhamento da questão não teve efeitos práticos para os industriais. As organizações patronais ligadas às indústrias passaram a fazer trocas de informações sobre trabalhadores considerados indesejáveis pelas indústrias dos dois estados. Todavia, a ação dos industriais contra os trabalhadores continuou a ser ampliada. No ano de 1924, o controle sobre os trabalhadores não estava restrito mais a São Paulo ou ao Rio de Janeiro.

No decorrer do ano de 1924, viria despencar consideravelmente o interesse parlamentar em torno da questão social. Contudo, ainda na "Mensagem Presidencial"(283) enviada ao Congresso, em meados de maio, com que se instauraram os trabalhos legislativos desse ano, o espaço dedicado por Bernardes à legislação social foi notável. Bernardes mencionava o CNT, respectivas atribuições e estudos

(282) *Idem.*

(283) Mensagem ao Congresso Nacional Arthur Bernardes – 1924. Disponível em: <http://www.biblioteca.presidencia.gov.br/publicacoes-oficiais/mensagem-ao-congresso-nacional/mensagem-ao-congresso-nacional-arthur-bernardes-1924/view: Acesso em: 26 mar. 2018.

que, naquele instante, estavam em curso, tal como a regulamentação da lei de aposentadoria e pensões.(284)

O presidente da República, além de especificar inúmeras estatísticas concernentes a acidentes do trabalho, aferiu haver grandes dificuldades ao empregado no curso dos processos judiciais indenizatórios pertinentes;(285) o quadro ensejava modificações legais. Para o governo, a aprovação da lei de Aposentadorias e Pensões e a criação do CNT, no decurso do ano anterior, implicaram medidas positivas por parte do poder público que atestaram a respeitabilidade dos propósitos de reforma social do regime, em contraponto à precariedade que envolveu os primeiros passos da aplicação de tais legislações.(286)

Apresentado na "Mensagem Presidencial" como a instância privilegiada do aparelhamento de Estado incumbida de estudar e regulamentar as principais leis sociais, o CNT concentrou ainda uma série de outros encargos. Na ausência, por exemplo, da regulamentação da lei de aposentadorias, a Secretaria-geral do Conselho logo se encontraria sobrecarregada com um expressivo número de consultas sobre a efetivação da lei. Isso compeliu o CNT a delimitar definitivamente o seu atendimento público. Por seu turno, a lei de acidentes, maculada de defeitos legislativos, fomentou, desde o início da criação do conselho, uma notável quantidade de recursos contra as decisões adotadas em relação aos operários. A função fiscalizadora do CNT ante as sete companhias de seguros instaladas e seus 261.975 operários segurados ainda era incipiente – "ainda não pôde ser exercida, pela absoluta ausência de recursos materiais".(287)

Ficou a cargo do CNT zelar pela eficácia da legislação social já existente, e preparar informes que conduzissem a ação do delegado brasileiro no Congresso Internacional de Economia Social, realizado em Buenos Aires. Sob a responsabilidade do CNT foram, além do mais, oferecidas propostas de remodelação da lei de acidentes do trabalho, remetidas ao Congresso — que não começou a votá-las até o término da legislatura de 1923. Como demonstra Zaidan Filho,(288) em relação à lei das CAPS, o Conselho foi encarregado de regulamentá-la, por intermédio de seu vice-presidente, tendo sido constituída com esse propósito

(284) ZAIDAN FILHO, Michel. *Op. cit.*, 1981, p.42.

(285) "Palavras da mensagem presidencial — Conselho Nacional do Trabalho". *O Paiz*, 6 maio 1924, edição 14.443, p. 9.

(286) *Idem*.

(287) "Conselho Nacional do Trabalho. Relatório do Secretário Geral, interino, referente ao ano de 1924". *Revista do Conselho Nacional do Trabalho*, ano I (1); 65 ,I jul. 1925.

(288) ZAIDAN FILHO, Michel. *Op. cit.*, 1981, p.43

comissão integrada por Ataulpho Paiva,[289] Afrânio Peixoto, Araújo Castro Lima e Mário Pope Ortiz. O trabalho da comissão foi exposto ao deputado Sampaio Correa, relator de um projeto de reforma de lei no Senado Federal, que consentiu com as recomendações ali entregues, comprometendo-se a integrá-las em sua propositura.[290]

É válido destacar a deliberação de Bernardes em encaminhar, para estudos no Conselho Nacional do Trabalho, o projeto de regulamentação da lei de auxílio às cooperativas de consumo, produzido pela Superintendência do Abastecimento. Dessa forma, pretendia o governo pactuar o apoio político da Confederação Sindicalista Brasileira à sua gestão, já que a Confederação inclinava-se, há muito tempo, pela regulamentação dessa lei, aguardando obter uma parcela significativa dos recursos prometidos ao cooperativismo. A decisão de Bernardes, no começo do ano de 1924, acenava com a possibilidade de se efetivar a promessa do governo e reforçava a disposição da Confederação Sindicalista Cooperativista do Brasil (CSCB) em auxiliar o regime. O presidente da CSCB telegrafou, logo que tomou conhecimento da medida, agradecendo ao chefe da nação e garantindo total apoio.[291] O CNT resolveu, respeitando a solicitação do governo, apresentar o texto do projeto, compartilhando-o entre os membros e coordenando uma comissão, constituída de Ataulpho Paiva, Libânio da Rocha Vaz e Afrânio Peixoto, para pesquisar e deliberar a respeito.[292] Passadas tais deliberações, não se teve nenhuma notícia a mais sobre o tema em comento.

Uma coalizão respeitável em matéria de legislação social se instaurou no governo brasileiro com o fito de estimular o cumprimento de acordos internacionais contraídos pelo país, como as Conferências Internacionais do Trabalho do mês de maio de 1924. Começaram primeiramente na Itália os trabalhos da Conferência de Emigração e Imigração; a representação do Brasil foi atribuída ao

(289) Ataulpho Nápoles de Paiva exerceu a presidência do Conselho Nacional do Trabalho; foi membro da Academia Brasileira de Letras; em decreto de 5 de março de 1934, foi nomeado Ministro do Supremo Tribunal Federal na vaga decorrente da aposentadoria do Ministro Firmino Antônio da Silva Whitaker Filho; tomou posse no dia 20 do mesmo mês, e foi aposentado em decreto de 16 de dezembro de 1937. Disponível em: <http://www.stf.jus.br/portal/ministro/verMinistro.asp?periodo=stf&id=212>. Acesso em: 6 abr. 2017.

(290) *Idem.*

(291) "No Meio Operário: Recebemos seguinte notícia oficial – O Governo acaba de determinar que seja regulamentada a lei que autoriza auxílios às cooperativas de consumo, para dar-lhe imediata execução". *O Paiz*, edição 14.361, 14 fev. 1924, p. 7 e BRANDÃO, Octávio. *Combates e Batalhas*. São Paulo: Alfa Omega, 1978. p. 253 e ss.

(292) ZAIDAN FILHO, Michel. *Op. cit.*, 1981, p. 43.

CNT, que designou o seu secretário-geral para atuação diplomática do Brasil em reuniões internacionais desse gênero. A principal assembleia internacional sobre a legislação social-trabalhista era, seguramente, a Conferência Internacional do Trabalho, proposta anualmente pelo Birô Internacional do Trabalho.[293] Como o Brasil tinha sido signatário do Tratado de Versalhes, estava condicionado, por esse motivo, a se apresentar em cada uma das conferências anuais. Independentemente dessa situação, só progressivamente o governo brasileiro encaminhou "delegações completas" às conferências.

Até 1923, comparecia somente o delegado governamental do Brasil à conferência. Conforme destaca Zaidan Filho, em 1924, foi possível mandar, em companhia com o representante oficial, um delegado patronal, J.M. Costa Pinto, secretário do Centro Industrial do Brasil.[294] A pauta da VI Conferência Internacional do Trabalho era o seguinte:

> I. Utilização dos lazeres operários;
>
> II. Igualdade de tratamento dos trabalhadores estrangeiros e nacionais;
>
> III. Repouso hebdomadário de 24 horas na vidraria a tanque
>
> IV. Trabalho nas padarias;
>
> V. Dia de oito horas de trabalho;
>
> VI. Luta contra a falta de trabalho; VII. Luta contra o carbúnculo.

Com base nas recomendações do Tratado de Versalhes, a comissão de cada país-membro teria que ser composta por 4 delegados: 2 representantes do governo,

---

(293) De acordo com o relatório sobre a origem da OIT: "Durante a Primeira Guerra Mundial, os sindicatos organizaram várias reuniões internacionais destinadas a apoiar a iniciativa lançada por notáveis líderes de sindicatos e dos trabalhadores com o objetivo de incluir no futuro tratado de paz um capítulo social que estabelecesse normas mínimas de trabalho a nível internacional e a criação de um Bureau Internacional do Trabalho. Estes líderes consideravam ainda que os trabalhadores deveriam ser recompensados pelos sacrifícios suportados durante a guerra. A Constituição da OIT foi redigida entre Janeiro e Abril de 1919 pela Comissão da Legislação Internacional do Trabalho, constituída pelo Tratado de Versalhes. Esta Comissão era composta por representantes de nove países (Bélgica, Cuba, Checoslováquia, Estados Unidos, França, Itália, Japão, Polónia e Reino Unido), sendo presidida por Samuel Gompers, presidente da Federação Americana do Trabalho (*American Federation of Labour*, AFL). Esta Comissão deu origem a uma organização tripartida, a única do género, cujos órgãos executivos são compostos por representantes de governos, empregadores e trabalhadores. A Constituição da OIT foi integrada no Tratado de Versalhes, correspondendo à Parte XIII". Disponível em: <www.ilo.org/public/portugue/region/eurpro/lisbon/pdf/o_que_oit.pdf>. Acesso em: 29 jan. 2017.

(294) ZAIDAN FILHO, Michel. *Op. cit.*, 1981, p. 44.

um do patronato e outro dos trabalhadores. Os classistas eram nomeados por indicação das respectivas associações mais expressivas. Uma vez que o programa da VI Conferência se relacionava diretamente com os assuntos tratados pelo Conselho Nacional do Trabalho, o governo brasileiro decidiu eleger o secretário-geral do conselho como um de seus delegados. O outro foi o diplomata J.A. Barbosa Carneiro, incumbido de equivalentes tarefas em anos anteriores, tendo, desse modo, algum conhecimento do conteúdo que estava em discussão.

Na qualidade de delegado patronal, foi designado o ativo secretário do Centro Industrial do Brasil, J.M. Costa Pinto, cuja investida pouco antes contra o projeto 265 o qualificava para defesa dos interesses patronais. Não foi nomeado o representante dos trabalhadores; esse lapso, em conjunto com o procedimento da delegação brasileira em Genebra relativamente aos temas apresentados, fomentou diversas indagações sobre o projeto progressista do governo.[(295)]

Para Carvalho Neto, em parecer sobre o projeto 265 de 1923, tendo como parâmetro para a legislação brasileira estatutos legais de outros países, a impressão era de que o Brasil distanciava-se, no ano de 1925, de outros países que avançavam na questão social. Não se lograra positivar algumas das mais imprescindíveis e indispensáveis aspirações humanas, que outras nações já haviam firmado no corpo de sua legislação.[(296)] O autor indaga: havia questão social no Brasil? Certamente, afirmava, pois "a questão social no Brasil crescia, agravando-se, tanto mais quanto se emperram em lhes não dar tento os responsáveis pelo governo, os poderes a quem incumbe velar de mais perto pelas classes trabalhadoras do país". E mais adiante destacava que, caso não houvesse a pronta regulamentação, ficaria difícil afastar as imprevistas situações de conflito decorrentes da situação de abandono a que estava submetido o trabalhador nacional. Cita a obra de Alfredo Niceforo e Julio Guedes[(297)] a propósito da questão social:

> A questão social existe e acentua-se de dia para dia, à medida que a classe dominante, a burguesia, fortalece a sua dominação e que o proletariado sente mais profundamente os efeitos da dominação

(295) *Idem.*

(296) Até aquele momento o que o Brasil poderia apresentar para outras nações era a lei de acidentes do trabalho, a de caixas de pensões e aposentadorias dos ferroviários (sendo o CNT cumprindo papel importante), e a de férias dos empregados do comércio. Outras disposições, como a dos menores operários, as condições de higiene e habitações, estavam em regulamentos esparsos sem, todavia, real cumprimento.

(297) NICEFORO, Alfredo; GUEDES, Julio. *As classes pobres* — Ensaio de catecismo socialista. Prefácio do trad. Lisboa: Ed. Biblioteca Educação Nacional, 1912. p. 5.

burguesa e adquire consciência do seu papel na sociedade. Não é negando ou dissimulando as dificuldades d'um problema que ele se resolve, e muito menos negando o próprio problema.

Destarte vejamos como se comportou a delegação brasileira na VI Conferência Internacional do Trabalho, em relação a algumas das pautas que foram tratadas:

II – Igualdade de tratamento dos trabalhadores estrangeiros e nacionais

Sobre o tema, como demonstra Zaidan Filho,[298] a delegação argentina contestava disposição do Tratado de Versalhes que condicionava o signatário a adaptar suas leis sociais às disposições da convenção. Argumentavam os argentinos que o seu país não renunciaria à própria legislação social nos aspectos em que ela fosse mais desenvolvida que o texto aprovado. A respeito, frise-se que preceitua o art. 19, item 8, da Constituição da OIT:

> Em caso algum, a adoção, pela Conferência, de uma convenção ou recomendação, ou a ratificação, por um Estado-Membro, de uma convenção, deverão ser consideradas como afetando qualquer lei, sentença, costumes ou acordos que assegurem aos trabalhadores interessados condições mais favoráveis que as previstas pela convenção ou recomendação.

Quanto aos brasileiros, pensavam que, em havendo um contexto social e jurídico de cunho liberalista, competia ao país admitir mesmo a convenção a título de princípio, em vez de regra. Mesmo porquanto disponha o item 5º da norma em comento que:

> quando a autoridade competente não der seu assentimento a uma convenção, nenhuma obrigação terá o Estado-Membro a não ser a de informar o Diretor-Geral da Repartição Internacional do Trabalho — nas épocas que o Conselho de Administração julgar convenientes — sobre a sua legislação e prática observada relativamente ao assunto de que trata a convenção. Deverá, também, precisar nestas informações até que ponto aplicou, ou pretende aplicar, dispositivos da convenção, por intermédio de leis, por meios administrativos, por força de contratos coletivos, ou, ainda, por qualquer outro processo, expondo, outrossim, as dificuldades que impedem ou retardam a ratificação da convenção.

O delegado brasileiro invocou o relator para que registrasse seu contraponto ao pensamento da comissão argentina, com o propósito de que se eliminassem as imprecisões suscitadas.

---

(298) ZAIDAN FILHO, Michel. *Op. cit.*, 1981, p. 45.

V – Dia de 8 horas de trabalho

Zaidan Filho destaca que sobre a jornada de 8 horas de trabalho, a delegação brasileira, formada, vale recordar, de representantes do governo e da classe patronal, notabilizou-se em deformar o que estava se processando, de fato, no Brasil. Debatendo o tema, em plena Conferência Internacional do Trabalho, o delegado patronal declarou que em seu país não se trabalhava mais que oito horas por dia; que o trabalho de 8 horas havia sido determinado por intermédio tácito entre operários e patrões; que o exagero dessa situação haveria sido amigavelmente acertado entre uns e outros, trabalhando, desse modo, operários brasileiros e estrangeiros mais de 8 horas por dia de maneira espontânea, embolsando por isso um acréscimo salarial de 50 a 100%.[(299)]

Teria o patronato brasileiro enviado ao congresso uma representação requerendo que os operários do sexo masculino tivessem condições de trabalhar mais de 8 horas. O propósito não seria ampliar a jornada de trabalho; supostamente, o que se desejava era proteger o interesse daqueles que desejassem trabalhar um pouco mais e receber por isso compensações razoáveis. Os abusos, tanto da parte dos patrões como dos próprios operários, seriam dirimidos por meio da fiscalização por parte de órgãos oficiais responsáveis por supervisionar a organização do trabalho industrial e da Previdência Social.

VI – Luta contra a falta de trabalho

No que diz respeito à carência de empregos, a delegação brasileira aferiu que, em contraste com o Velho Mundo, carecia o país de mão de obra, e não de empregos; perdiam-se colheitas por falta de braços. Convém mencionar um artigo publicado em meados de 1924, na imprensa carioca, sobre o problema dos "sem-trabalho", especificando estatísticas acerca de pessoas à procura de ocupação, nos mais diversos setores da economia urbana do Rio de Janeiro.[(300)] A indústria têxtil brasileira vivenciava aquele momento severa crise ocasionada pelo recrudescimento da importação de tecidos estrangeiros, ocasionando redução forçada da jornada de trabalho nas fábricas de tecidos e o desemprego em massa de operários tecelões.

No cenário nacional, surgiria, ainda no ano de 1924, um projeto de lei que, nos anos seguintes, tumultuaria a relação entre governo, parlamentares, classe patronal

---

(299) ZAIDAN FILHO, Michel. *Op. cit.*, 1981, p. 47.

(300) "Apoio dos operários aos empregados no comércio. Um telegrama de protesto contra um ato da associação dos empregados no comércio". *O Brasil*, edição 585, 11 dez. 1923, p. 2.

e trabalhadores: o projeto de lei de férias, que fora apresentado no Congresso Nacional.(301)

A história do projeto provém de uma campanha proposta pela Associação dos Empregados no Comércio do Rio de Janeiro, junto ao comércio carioca, no sentido de serem concedidos 15 dias de férias anuais aos empregados no comércio.

Os debates sobre a regulamentação da lei de férias estavam presentes em outros estados da federação, como em Santa Catarina. O jornal *O Estado*, da capital daquele estado, de 18 de junho de 1926, noticiava que a Associação Comercial de Florianópolis havia recebido telegrama do presidente do Conselho Nacional do Trabalho, Ataulpho Nápoles de Paiva, para discussão sobre a regulamentação da lei de férias. O intuito era que se realizasse, no dia 30 do mesmo mês, uma assembleia para os interessados tomarem conhecimento e deliberarem definitivamente sobre as disposições do aludido projeto de regulamento. O telegrama assim abordava a questão, conforme noticia o jornal:

> (...) Nesta conformidade, venho rogar a valiosa adhesão e o comparecimento desse Instituto que poderá também fazer-se representar por intermedio de um procurador regularmente constituído, devendo, neste caso, recair a escolha exclusivamente, em associações congeneres ou pessoas que façam parte do quadro das Associações de Classe. Aguardando, com possível brevidade, a agradável resposta, tenho a honra de antecipar as expressões de meu sincero reconhecimento e apresento à V. Ex. Cords. Sds. Ataulpho Nápoles de Paiva, Presidente do Conselho Nacional do Trabalho.(302)

Outro periódico, *A Rua*, DF (RJ), de 8 de outubro de 1926, afirmava que a Diretoria da União dos Empregados do Comércio (UEC) havia enviado um ofício ao ministro da Agricultura, solicitando que fosse assinada, até o dia 30 de

(301) De acordo com Lima, "Em meados da década de 1920, tramitou no Congresso Nacional o projeto de lei do Deputado Henrique Dodsworth estabelecendo quinze dias de férias anuais remuneradas aos trabalhadores empregados no comércio. Nos momentos finais dos trâmites necessários para ser transformado em lei, a classe operária foi incluída entre os trabalhadores beneficiados. De modo que, em 24 de dezembro de 1925, o decreto N. 4.982 foi sancionado pelo Presidente da República garantindo aos empregados e operários de estabelecimentos comerciais, industriais e bancários, no Distrito Federal e nos Estados, 15 dias de férias anuais, sem prejuízo de ordenados, diárias, vencimentos e gratificações". *Op. cit.*, p. 97.

(302) "As férias dos empregados no comércio". *O Estado*, SC, edição 3.611, 18 jun. 1926.

outubro daquele ano, a regulamentação da Lei de Férias. Esta havia sido recentemente sancionada pelo Conselho Nacional do Trabalho, estando em conformidade com as sugestões aprovadas nas reuniões de que tomaram parte as associações comerciais, de auxiliares do comércio e operários. Em resposta ao ofício, o ministro da Agricultura ratificou a sua anuência ao apelo da UEC, afirmando-lhes, no ofício dirigido à diretoria, que a solicitação se concretizaria mediante decreto, com a maior solenidade possível, no dia 30 de outubro daquele ano, em comemoração ao "Dia do Empregado do Comércio".(303)

Como consequência dessa campanha, inúmeras declarações favoráveis à concessão das férias, enviadas por grandes firmas comerciais do Rio de Janeiro foram parar na sede da associação, em meados do ano de 1924. De seu lado, a diretoria da Associação Comercial, de posse da vasta documentação, apresentou-a ao deputado carioca Henrique Dodsworth. Ele já tinha estabelecido relações eleitoreiras com os meios comerciários, solicitando que apresentassem um projeto de lei, baseado na documentação, propiciando 15 dias de férias anuais a todos os comerciários. Desse modo, respondendo às aspirações de um de seus maiores redutos eleitorais do Distrito Federal, Dodsworth,(304) a 15 de outubro de 1924, apresentou o seguinte projeto ao Congresso:(305)

> O Congresso Nacional decreta:
>
> Art.1 – A empregados e operários de estabelecimentos comerciais, industriais e bancários, no Distrito Federal e nos Estados, serão anualmente concedidos 15 dias de férias, sem prejuízo de respectivos ordenados, diárias, vencimentos e gratificações.
>
> § 2º A concessão poderá ser feita de uma só vez, pelo prazo acima fixado, ou parceladamente até que se complete o tempo de férias indicado nesta lei. Art.2 – Fica o poder executivo autorizado a regulamentar a presente lei, estabelecendo multa aos infratores até a importância de 2:000$000.
>
> Art. 3 – Revogam-se as disposições em contrário.

O texto do projeto Dodsworth, assim como o seu trajeto na Câmara dos Deputados, não provocaria maiores recusas, dentro ou fora do parlamento, se não estivessem abrangidas as organizações "industriais". Tendo como início as pretensões dos comerciários e o entusiasmo de grandes empresas em ratificar essas

---

(303) "O Sancionamento da Regulamentação da Lei de Férias". *A Rua*, DF (RJ), 8 out. 1926.

(304) "Os empregados no comércio vão ter férias: (foi julgado objeto de deliberação um projeto apresentado à Câmara nesse sentido)". *O Brasil*, edição 892, 15 out. 1924, p. 2.

(305) Disponível em: <http://www.senado.leg.br/publicacoes/anais/pdf/Anais_Republica/1934/1934%20Livro%207.pdf>. Acesso em: 3 nov. 2016.

aspirações, não se justificava, desse modo, a extensão, no projeto das férias, aos operários das indústrias — os motivos dessa prolongação são tão problemáticos como, pelo menos, o destino que o projeto teria no parlamento.

Como destaca Guilherme Nunes Machado, quando a lei foi proposta, se não era feita a defesa sistemática e nem era alvo das pautas operárias, aparecia como um meio de regulamentar e de legitimar o descanso daquela classe.[306] De modo que, à exceção do próprio Dodsworth, ninguém manifestou interesse em solicitar a paternidade da inclusão desse trecho. Nem ao menos os operários, que nunca consideraram pleitear tal direito e que se revelaram, no espaço de toda a campanha da lei de férias, desinteressados em relação a essa situação. E muito menos a classe patronal, que havia se empenhado há pouco tempo contrários ao Código de Trabalho e não imaginava nesse instante ver a confirmação de parte dele. Sequer os anarquistas, sempre indiferentes a qualquer embate pela via parlamentar. Por fim, muito menos os comunistas, que previram nesse assunto, até mesmo, uma simples artimanha de caráter eleitoreira determinada a apanhar votos de operários.[307]

Em 1925, o governo republicano publicou o Decreto 4.982, de 24 de dezembro, que concedeu o direito de férias aos empregados e operários. Essa determinação foi, efetivamente, um marco da mudança da postura do Estado diante da questão trabalhista, que teria ocorrido, desse modo, antes do governo Vargas. A lei de férias, em verdade, o Decreto 4.982, de 24 de dezembro de 1925, estabelecia que:

> Art. 1º A empregados e operarios de estabelecimentos commerciaes, industriaes e bancários e de instituições de caridade e beneficencia no Distrito Federal e nos Estados, serão annualmente concedidos 15 dias de férias, sem prejuízo dos respectivos ordenados, diárias, vencimentos e gratificações.
>
> § 1º A concessão poderá ser feita de uma só vez, pelo prazo acima fixado, ou parcelladamente, até que se complete o tempo das férias indicado nesta lei.
>
> § 2º Comprehendem-se nas disposições da presente lei os empregados de todas as secções das empresas jornalísticas. Art. 2º Fica o Poder Executivo autorizado a regulamentar a presente lei, estabelecendo multa aos infractores até à importância de 2:000$000.[308]

---

(306) NUNES, Guilherme Machado. *Op. cit.*, 2016, p. 38.

(307) PAULINO. "A fantástica lei dos empregados no comércio". *A Voz Cosmopolita*, 22 fev. 1926, p. 1 e "A Cisão do Partido Comunista do Brasil". Carta de Joaquim Barbosa à comissão central executiva do Partido, seguida dos comentários de José Oiticica. Rio, S.E, 1928; p. 7. Ver também ZAIDAN FILHO, Michel. *Op. cit.*, 1981, p.53.

(308) SOUTO MAIOR, Jorge Luiz. *Op. cit.*, 2017, p. 162.

Importante observar ainda que os operários eram, por seu turno, alvo de propostas emitidas pelos inimigos de Bernardes, e que se encontram excessivamente insatisfeitos com o alto custo de vida e as péssimas condições de trabalho. A propósito da especificidade eleitoreira da proposta, pode-se alegar, por exemplo, o depoimento do próprio autor da regulamentação da lei, Libânio da Rocha Vaz, que em momentos posteriores conceituaria a proposta, como "um manejo da politicagem do Distrito Federal na sua faina de caçar votos".[309] A Lei n. 4.982, de 24/12/1925, facultava a diversas classes (empregados e operários de estabelecimentos comerciais, industriais, bancários e empresas jornalísticas), anualmente, 15 dias de férias, sem prejuízos de ordenado, vencimentos ou diárias percebidas. No dia 30 de outubro de 1926, foi a lei regulamentada pelo Decreto 17.946.

Posição similar expôs também outro contemporâneo do projeto, Cesário Monteiro Lins, ao afirmar, reportando-se à lei de férias: esta primeira lei foi, como é conhecido, resultado de uma manobra política para a conquista do eleitorado do Distrito Federal, já que o operariado dela nunca cogitou nem a havia incluído entre suas reivindicações, por julgar, como é óbvio, outras pretensões de caráter mais imediato.[310]

O jornal *A Rua* (RJ) alertava que a inobservância do cumprimento da Lei de Férias era algo que abrangia as leis de proteção do trabalho, sobretudo para levar aos trabalhadores urbanos, os gráficos, como o periódico reporta, a mensagem da ineficácia das leis sociais e trabalhistas. No tocante aos gráficos, havia a convicção de que as disposições contidas na Lei de Férias se tornassem efetivas, esclarecendo aos trabalhadores e aos associados, os direitos a esse respeito, através da vigilância de sua execução. Conforme relata o jornal *A Rua* (RJ):

> Desde os primordios desta momentosa questão [referindo-se à Lei de Férias] temos vindo demonstrando o nosso interesse na effectivação dessa importante conquista do proletariado. Attendendo a um appello do Conselho Nacional do Trabalho apresentamos em

(309) Relatório apresentado ao Conselho Nacional do Trabalho por Libânio da Rocha Vaz sobre a organização de empresas. Rio, datilografado 1930.

(310) LINS, José Cesário Monteiro. *Tese sobre leis sociais*. Rio de Janeiro: Tipografia do Jornal do Commércio, 1935. p. 45. "Convém lembrar ainda que a esses obreiros (os gráficos) não foram jamais concedidas as férias de que trata a lei arranjada pelo sr. Henrique Dodsworth de acordo com o sr. Bernardes, para acalmar, para tapear a classe trabalhadora, durante a revolta de São Paulo, em julho de 1924".

> fevereiro deste mesmo anno, algumas suggestões para a elaboração do seu regulamento. Mais tarde, comparecemos ás sessões do mesmo Conselho, quando representantes operários e patronaes discutiram a mesma regulamentação, e ali pugnamos pela adopção de nossos pontos de vistas. Agora que a lei vae finalmente entrar na phase de execução, os graphicos bater-se-ão, coherentemente, pelo seu cumprimento. A União dos Trabalhadores Graphicos, dentro de seu programma, apresenta-se neste momento para pugnar pelos direitos que a Lei de Férias assegura nos graphicos em geral, tanto aos de empresas jornalisticas como nos de casas de obras.[311]

Encerra questionando se da parte dos industriais das gráficas, seja das empresas jornalísticas, seja das casas de obras, há a mesma boa vontade e espírito de conformidade com o cumprimento da lei.

Com esses poucos testemunhos, podemos problematizar a extensão da lei de férias aos trabalhadores industriais, no projeto Dodsworth. Todavia, esse projeto não transcorreu sem passar por alterações no Congresso e estava fadado a se confrontar com sérias limitações nas variadas comissões técnicas pelas quais percorreu. Conduzido à Comissão de Legislação Social para ser considerado, o projeto Dodsworth obteve logo um relevante substitutivo, da autoria de Agamenon Magalhães, que concebeu uma contestação incompleta do Código de Trabalho, sintetizando discriminatoriamente as consequências de seu propósito.[312]

> No final da década de 1920 os sindicatos controlados pelos comunistas, que defendem a lei de férias, já que não chegaram a propor nenhuma lei social, tendo posições apenas sobre um ponto ou outro, e de forma bem ambígua, sendo uma atuação mais como tática (para mostrar os limites do regime) com vistas à revolução, não tendo luta para a efetivação da aplicação do código de menores, estão atentos às manobras da burguesia, e no ano de 1929, entram em confronto, através dos gráficos paulistas organizados na União dos Trabalhadores Gráficos (UTG) que, em prolongada greve, exigem que as leis

(311) "A Lei de Férias e os Graphicos". Jornal *A Rua*, 30 out. 1926.

(312) "Legislação Social: férias e outras medidas benéficas em prol dos empregados na associação dos empregados do comércio. Campanhas d'O Brasil que se vão tornando vitoriosas". *O Brasil*, edição 941, 3 dez. 1924.

aprovadas sejam cumpridas. Conforme observa Munakata,[313] para a burguesia, essa greve simboliza "uma pressão que ela não estava disposta a enfrentar" e, por isso, o Centro dos Industriais de Fiação e Tecelagem luta junto aos industriais do ramo gráfico no sentido de impedir que as pautas dos grevistas fossem atendidas. Justifica que essas leis, caso fossem aplicadas ao setor gráfico, iriam generalizar-se para os demais, sendo que isso não poderia ocorrer, já que não concordavam com esses textos legais que iam contra seus interesses.

Os gráficos, por sinal, acusavam o governo de ser conivente com a burguesia e favoráveis com a situação de exploração e desamparo em que estavam os trabalhadores, exigindo que o Estado cumprisse as leis aprovadas nos anos de 1925 a 1927, no mesmo instante que denunciam "o compromisso de classe do Estado com os fazendeiros do café". Assim reporta a situação o *Trabalhador Gráfico*, periódico do sindicato da categoria:

> (...) Lutamos pela lei de férias, pela proteção efetiva às mulheres operárias, pela real aplicação das leis de menores, porque usamos de um direito facultado aos trabalhadores de quase todo o mundo pela própria burguesia, indo até a paralisação do trabalho como meio eficiente de conquistar aquilo a que temos direito, mas que nos é negado pelo capitalismo todo-poderoso.[314]

A agitação em torno da questão da lei de férias cresce exponencialmente nesse período, sobretudo quando se aproxima o prazo que o CNT havia concedido para o cumprimento da lei (no início de 1928). A ameaça de paralisações é insinuada, porém, antes, todos os meios legais são acionados: a União dos Trabalhadores Gráficos de São Paulo decide depositar na Associação Comercial de São Paulo, de modo equívoco tida como representante do CNT, as cadernetas de férias que haviam sido recusadas pelos patrões com o propósito de denunciá-los. Vários sindicatos, ademais, do estado de São Paulo, organizam comitês favoráveis à Lei de Férias, que começa a enviar documentos de protestos às autoridades, incluindo o presidente da República.[315]

---

(313) MUNAKATA, Kazumi. *Legislação Trabalhista no Brasil.* São Paulo: Brasiliense, 1984. p. 56.

(314) "Boletim de Greve". *O Trabalhador Gráfico*, 20 abr. 1929, p. 2 *apud* SILVA, Zélia Lopes da. *Op. cit.*, 1991, p. 48.

(315) MUNAKATA, Kazumi. *Op. cit.*, 1984, p. 57.

Contudo, se os industriais esforçaram-se para trabalhar no sentido de impossibilitar a legitimação do projeto Dodsworth, não menos empreenderam os comerciantes do Rio de Janeiro em relação ao novo "Código de Trabalho dos Comerciários", de autoria de Magalhães. Uma vez aprovado como projeto da Comissão de Legislação Social, o substitutivo 183-A converteu-se em objetivo de diversas reuniões mistas, na sede da União dos Empregados no Comércio do Rio de Janeiro, o Centro Industrial do Brasil (CIB), a União dos Empregados no Comércio em outras entidades de classe, dirigida pelo diretor da Associação Comercial do Rio de Janeiro, Araújo Franco, no qual se travou uma grande discussão sobre o julgamento de se telegrafar ou não à Câmara dos Deputados, solicitando a prorrogação da votação do projeto. Costa Pinto, delegado patronal do Centro Industrial do Brasil, como de costume, era um dos influentes defensores dessa posição. Por fim, depois de muitas controvérsias, foi adotada a seguinte medida:[(316)]

> O envio de um telegrama dando conta da reunião entre patrões e operários e solicitando que a Câmara acate as decisões da reunião.

Ainda durante o ano de 1924, realizou-se outra reunião mista entre patrões e trabalhadores, tendo-se aprovado um regulamento interno para as próximas reuniões. Depois disso, patrões e empregados só voltariam a se reunir nos primeiros dias de 1925. Conforme visto anteriormente, a Comissão de Legislação Social acolhia o substitutivo de Agamenon Magalhães, depois de constantes reuniões na qual se comunicou e se emendou todo o texto do projeto. Na Comissão, somente um voto dissonante ocorreu, o do deputado Bento de Mendonça, que requisitou para formalizar uma declaração de voto. Em uma argumentação à parte, Mendonça declarou que tinha restrições que foram apresentadas, tanto de ordem prática, já que concebia como inconstitucional o projeto, como teórica ou de ordem doutrinária, porque ele atenta contra o direito de propriedade e a liberdade de profissão.[(317)]

Em contrapartida, considerava infactível a necessidade da participação dos trabalhadores nos lucros comerciais, uma vez que não havia meios legais que prejudicassem o patrão de extraviar essa participação por meio da redução do salário fixo.[(318)] Em que pese ter sido aprovado pela comissão, o projeto foi remetido à

---

(316) "A legislação social em foco. O que foi a grande reunião de patrões e empregados na associação dos empregados do comércio". Jornal *O Brasil*, edição 0953, 16 dez. 1924, p. 1.

(317) ZAIDAN FILHO, Michel. *Op. cit.*, 1981, p. 57

(318) *Diário do Congresso Nacional*, 7 dez. 1924, p. 4.722.

Comissão de Constituição e Justiça, a requerimento do deputado Fábio Barreto, para se examinar da sua constitucionalidade ou não.[(319)] Continuava, desse modo, transferida para 1925, a votação do projeto da lei das férias, nesse momento, aos empregados no comércio.

Vale destacar as seguintes observações: voltando a se reunir, no começo de 1925, as entidades patronais e operárias, comerciais e industriais decidiram debater entre si a fim de postularem alterações ao substitutivo Agamenon Magalhães. Esteve encarregada de oferecer parecer sobre o substitutivo, uma comissão composta por Manoel Loth Carneiro, pela União dos Empregados no Comércio, Capítulo dos Santos Junior, pela Associação dos Empregados no Comércio e Indústria de Niterói, Raul Vilar, pela Associação Comercial do Rio de Janeiro, Samuel de Oliveira, pela Associação Rio-Grandense de Empregados no Comércio, Oscar de Carvalho, pela Liga do Comércio, Costa Pinto, pelo Centro Industrial do Brasil, e Heitor Beltrão, pela Associação Comercial de Pernambuco.[(320)]

Os anarquistas, como demonstra Munakata,[(321)] decidem ignorar as leis trabalhistas, particularmente a lei de férias, denunciando-a como uma ilusão da burguesia e do Estado com o claro propósito de desmobilizar os trabalhadores. Não reivindicaram e nem queriam as férias. E, com essa postura, obviamente começam a perder terreno para outras organizações, como para os comunistas. Por volta de 1925 o PCB consegue ter razoável influência nos sindicatos cariocas e em diversos núcleos que haviam sido estabelecidos com esse propósito. Em 1927, o PCB se lança na tentativa de dar uma nova estrutura ao movimento sindical.

De fato, como demonstra João Tristan Vargas,[(322)] essa "lei" inaugurou nos empresários um temor de que a aquela lei pudesse ser efetivamente aplicada. Observa Souto Maior que, identificando nela uma mudança na postura do poder público relativamente ao trabalho, pois, como demonstrado, o Brasil fora signatário do Tratado de Versalhes, já se encontrava em funcionamento, na Câmara dos Deputados, uma Comissão de Legislação Social, e já haviam sido editadas a lei de acidentes do trabalho, de 1919, e a lei Eloy Chaves,[(323)] de 1923, essa lei de férias,

---

(319) *Anais da Câmara dos Deputados*, 15 dez. 1924, p. 454-456. Ver também ZAIDAN FILHO, Michel. *Op. cit.*, 1981, p. 57.

(320) "Férias no Comércio – Outras prerrogativas dos empregados no comércio". *Relatório da Associação Comercial do Rio de Janeiro*, 1924, p. 279 e ss. Ver também ZAIDAN FILHO, Michel. *Op. cit.*, 1981, p. 59.

(321) MUNAKATA, Kazumi. *Op. cit.*, 1984, p. 41-42.

(322) VARGAS, João Tristan. *Op. cit.*, 2004, p. 282.

(323) Interessante observar que a iniciativa do Legislativo, expressa num primeiro momento nas leis de Acidentes do Trabalho e Eloy Chaves, visava apenas "assistir" o trabalhador inativo, propiciando ao

de 1925, era a primeira lei que confirmava um direito concreto aos trabalhadores de modo geral, operários e empregados, extensíveis a todo o território nacional. Um indício da alteração na postura do Estado, ainda liberal, perante a questão do trabalho, estava mesmo se desenvolvendo, e foi a participação de representantes dos trabalhadores, ao lado de representantes dos empregadores, nas reuniões que se realizaram no Conselho Nacional do Trabalho, órgão responsável pela elaboração da regulamentação da lei,(324) que fez com que os trabalhos prosseguissem.

Nas grandes e pequenas fábricas, de acordo com a visão de empresários do setor, as férias implicariam o fechamento anual e temporário das indústrias, acarretando a interrupção da produção, "*ipso facto* dos lucros", ritmo de trabalho quebrado e perda da destreza da mão de obra, pois conforme Otávio Pupo Nogueira:(325)

> A mão de obra proletaria attinge o maximo da sua efficiencia no meio da semana o minimo nas segundas-feiras ou dias posteriores aos dias de "chômage". Um unico dia em que o operario quebrou o rithmo quasi mechanico da sua vida bastou para affectar a sua efficiencia. E que dizer de 15 longos dias de lazer? Si as grandes industrias fecharem por 15 dias annuaes arcarão com grandes prejuízos, mas não se arruinarão para sempre. mas as industrias medias e as industrias pequenas fallirão, fallirão fatalmente não com 15 dias mas sim com apenas 8 dias de fechamento. Fallirão, porque vivem como a cigarra da fabula e não têm reservas para os maus dias.

Como observa Tristan Vargas,(326) Otávio Pupo Nogueira seria ainda autor de um memorial contra a lei de férias, subscrito por certas entidades patronais, encabeçadas pelo Centro dos Industriais de Fiação e Tecelagem de São Paulo. No documento, datado de 22.6.1927, dirigido ao CNT, ele faz duras críticas ao legislador por não ter diferenciado o "simples operário" e o "empregado de escritório", incluindo, ao contrário, "as duas entidades num todo único". No mesmo momento em que este último "um simples intelectual que trabalha com o cérebro", o outro é "um trabalhador braçal, cujo cérebro não despende energias":

---

acidentado o apoio à velhice, sendo propostas que tiveram simpatias por parte do empresariado, que em vários momentos, sugeriram a sua regulamentação.

(324) SOUTO MAIOR, Jorge Luiz. *Op. cit.*, 2017, p. 162.

(325) Octávio Pupo Nogueira foi gerente, depois secretário-geral do Centro dos Industriais de Fiação e Tecelagem, e também do Centro das Indústrias do Estado de São Paulo — depois FIESP. Ver mais informações em NOGUEIRA, Octavio Pupo. *Op. cit.*, 1926, p. 80.

(326) VARGAS, João Tristan. *Op. cit.*, 2001, p. 10.

> (...) as pessoas submetidas a esforço cerebral esgotam-se dentro de curto prazo, ao passo que pessoas, submetidas a trabalho manual intensíssimo, mas cujo cérebro está habitualmente em repouso, conhecem o esgotamento só ao cabo de excessos, que a máquina humana não pode suportar, porque ela é frágil e não pode ir além de um máximo de rendimento.(327)

A contradição "explica-se":

> *É que a energia muscular vem do cérebro e, íntegro este, isto é, não esgotado das suas energias, não esgotarão os membros, que ele aciona à distância.* (Grifos nossos)(328)

Nada mais razoável, nesse sentido, portanto, que ao empregado sejam proporcionados as férias e que, ao operário, sejam impedidas:

> Assim, pois, é lógico, é natural, e é até imprescindível que o empregado de escritório — o cerebral — tenha um período anual de descanso, para que revigore o órgão que mais trabalha no seu organismo, e que é precisamente o mais susceptível de se esgotar. "Mas é ilógico que o cerebral seja equiparado, na lei, ao não cerebral — àquele que nada ou quase nada pede ao cérebro, a não serem os atos habituais e puramente animais da vida vegetativa.(329)

Otávio Pupo Nogueira, autor dessas palavras, escreveu seu texto no ano de 1927, mas quando publicou no ano de 1935, disse que "meus argumentos continuam de pé oito anos depois". E o que ocorreu durante esse período de tempo? Ao menos 15 greves e paradas, no país, em que se constata explicitamente a reivindicação pelo cumprimento da lei de férias. Não por acaso, no final da década de 1920, o movimento operário organizado estabeleceu como pauta o controle operário no cumprimento da lei, reivindicando sua fiscalização — luta que se estende por toda a década de 1930 em diante.

Tristan Vargas concebeu certas reflexões em relação à divergência entre paternalismo e lei de férias. Na visão do autor, os industriais forjavam uma distinção

---

(327) *Idem.*

(328) *Idem.*

(329) *Idem.*

entre trabalhadores e empregados: enquanto os primeiros estariam cobertos por direitos, aqueles seriam vistos como meros "locadores de serviço". A lei de férias, ao ser esperada para as duas classes, concerniu essas categorias – senão no imaginário dos patrões, no aspecto legal das relações de trabalho. Ainda de acordo com o autor, a própria concepção de trabalho se modifica a partir desse momento: "O trabalho deixa de ser considerado apenas como obrigação imposta pelas autoridades para não se ser privado da liberdade — por 'vadiagem' — e passa a ser precariamente um fundamento de cidadania, uma base para se adquirir direitos".[330]

O ano de 1925 seria para o Brasil um período de muitas incursões reformistas: na administração federal, no Congresso, em congressos internacionais de trabalho ou em simples apoio a candidatos representantes dos trabalhadores, a ação sedutora do governo foi mais forte do que em outros anos. A "Mensagem" com que Bernardes instituiu os trabalhos legislativos desse ano destinou à questão social um espaço sem precedentes, subdividindo-se, desse modo, em diversos pontos:

> 1. COMEMORAÇÕES – Em virtude do decreto legislativo n.. 4.859, de 26 de setembro de 1924, foi incluído, entre os feriados nacionais, o dia 1º de maio. A significação que esta data passou a ter, nestes últimos tempos, consagrando-se não mais a protestos subversivos, mas à glorificação do trabalho ordeiro e útil, justifica plenamente o vosso voto;
>
> 2. NATURALIZAÇÕES – Julgamos oportuno solicitar vossa atenção para o regime atual das naturalizações. As leis vigentes, que regulam a matéria, são, não há de negar, de uma liberdade excessiva. À sombra desse regime tolerante, inúmeros elementos nocivos à ordem e aos bons costumes se vão cautelosamente insinuando, dada a extrema facilidade com que se habilitam para a conquista da cidadania no Brasil;
>
> 3. 6ª Conferência Internacional do Trabalho — Reuniu-se, em Genebra de 1º de junho a 5 de julho do ano passado, a 6ª Conferência Internacional do Trabalho, na qual participou o Brasil tomando os nossos representantes parte ativa nos debates. As periódicas reuniões dessa conferência, estabelecida pelo art. 400, parte XIII do Tratado de Versalhes, têm despertado crescente interesse. Parte da matéria estudada não teve interesse para a delegação do Brasil, por se referir à adoção de leis e regulamentos já incorporados à legislação nacional, como sejam a igualdade de tratamento a trabalhadores nacionais e estrangeiros e o regime de 8 horas. O grave problema da luta

(330) VARGAS, João Tristan. *Op. cit.*, 2004, p. 242.

contra a falta de trabalho, que se observa em alguns países industriais da Europa, cujos desocupados já se avaliam em 13 milhões, tem interessado muito à OIT, da Liga das Nações, que procura dar-lhe soluções definitivas, tendo, para isso, a colaboração da Organização Econômico e Financeira, da mesma Liga. Infelizmente, o assunto foi muito debatido na Conferência, mas não se alcançou solução. Parece que a solução natural seria encaminhar para os países migratórios e de salários remuneradores, como o Brasil, esses operários sem trabalho contanto que eles viessem sem outro compromisso oficial de nossa parte além da garantia e da proteção muito liberalmente assegurada pelas leis do país.

4. CONSELHO NACIONAL DO TRABALHO — O CNT criado pelo Decreto n. 16027, de 30/4/1923 tem realizado diversos estudos sobre importantes assuntos de sua competência. Iniciou inquéritos sobre a vida do operário nas fábricas e outros estabelecimentos, os quais concorreram, bastante, para esclarecer a situação do trabalho em nosso país. Resolveu grande número de consultas, avultando as que se referem à execução da lei das caixas de aposentadorias e pensões dos ferroviários. Colaborou com as delegações brasileiras, na Conferência Internacional de Imigração e Emigração, de Roma, realizada em maio, na 6ª Conferência Internacional do Trabalho, efetuada em junho, em Genebra, e no Congresso Internacional de Economia Social, de Buenos Aires, ocorrido em setembro, fornecendo-lhes grande cópia de dados e informações para elaboração dos trabalhos nele apresentados. Manteve relações com instituições que, em diversos países da Europa e América, têm a seu cargo o estudo 132 das questões sociais, notadamente o BIT, em Genebra e os Departamentos do Trabalho, dos países americanos. O conselho empenha-se em estudar a questão das Caixas ferroviárias, de modo a ficar o governo habilitado a oferecer ao Congresso Nacional um trabalho que possa servir de subsídio para a elaboração de lei de reforma das mesmas. O Conselho superintende o serviço de fiscalização das companhias de seguro que operam acidentes do Trabalho, tendo com sua ação, procurado garantir as reparações devidas às vítimas.[331]

De fato, Bernardes passou a tratar da questão social em muitas frentes ao longo do ano de 1925. Para tanto, a colaboração do Conselho Nacional do Trabalho

(331) "Mensagem apresentada ao Congresso Nacional pelo Presidente da República Dr. Arthur da Silva Bernardes". Jornal *O Paiz*, edição 14.807, 5 maio1925, p. 7. Também disponível em: <https://goo.gl/8ZaqqZ>. Acesso em: 15 mar. 2018.

lhe foi preciosa. Observa-se, por exemplo, o projeto de reforma da lei de aposentadoria dos ferroviários:[332] alicerçado num projeto de reforma da lei, produzido por uma comissão do CNT em companhia de representantes das caixas mais importantes do país, e por determinação de Bernardes, na condição de presidente da República, estabelece o conselho realizar uma conferência de delegados de todas as caixas e administração das estradas de ferro, para sistematizar um projeto de reforma, tendo como base o trabalho discutido anteriormente:[333]

> Achando-se o Conselho Nacional do Trabalho muito empenhado, de acordo com o pensamento do governo da União, em apresentar, sem demora, ao Congresso Nacional um substitutivo ao projeto de reforma que está sendo discutido no Senado sobre a lei de aposentadorias e pensões dos ferroviários e desejando ouvir todas as autoridades e a opinião dos verdadeiros interessados, nomeou uma comissão especial composta de quatro membros, conjuntamente com os legítimos e ilustres representantes das Caixas das Companhias Railway, que acaba, após longos e contínuos trabalhos, de elaborar um projeto uniforme que foi aprovado unanimemente em sessão conjunta pelo mesmo CNT. Muito desejoso de continuar a ouvir as correntes diretamente interessadas no momentoso problema, sob proposta minha, foi convocada uma reunião geral de todas as caixas e diretorias das companhias ferroviárias para o dia 25 de maio, nesta capital, a fim de tomar conhecimento do aludido projeto, deliberando, sobretudo como for conveniente. Rogo a valiosa adesão e comparecimento de V. Ex., devendo em breve tempo seguir registrada cópia do projeto para exame prévio. Ataulpho Paiva, Presidente do CNT.

Desse modo, no dia 25 de maio de 1925, realizou-se o chamado "Congresso dos Ferroviários",[334] tendo-se reunido os representantes de todas as caixas e estradas de ferro convidadas. O ato de abertura do encontro foi conduzido pelo diretor do CNT e teve a presença de um representante do ministro de Viação e Obras Públicas, além do ministro da Agricultura.[335] Os trabalhos dessa reunião

(332) "Relatório apresentado ao Exmo. sr. Desembargador Ataulpho Nápoles de Paiva. M.D. Presidente do Conselho Nacional do Trabalho, pelo Sr. Dr. Mario Ortiz Pope, Secretário Geral interino". *Revista do Conselho Nacional do Trabalho*. Ano II, n. 2, out. 1927, p. 92.

(333) ZAIDAN FILHO, Michel. *Op. cit.*, 1981, p. 62.

(334) *Idem.*

(335) *Idem.*

estenderam-se por quinze dias, tendo os delegados conferencistas combinado em deliberar e determinar um substitutivo ao projeto de reforma do Senado, que obteve de toda a imprensa diversos elogios. O referido substitutivo foi enviado ao Congresso em seguida, no qual foi recepcionado pela Câmara dos Deputados. Ainda assim, a urgência de tempo para se deliberarem outras matérias não possibilitaria a aprovação do projeto ainda na legislatura daquele ano.

Interessante observar que por meio de tais reuniões mistas entre patrões e trabalhadores para cuidar de assunto de interesse mútuo, o Conselho estabelecia uma prática política de "conciliação de classes", aberta com a sua interposição na greve dos padeiros, em 1923, no Rio Grande do Sul, e que se acentuaria ainda mais no fim da década. Desse modo, o Conselho lutava para se recuperar da sua insistente omissão na greve dos operários têxteis, em 1923, nos primeiros dias da sua criação, propiciando outros encontros mistos e regulamentando a legislação social.(336)

Na realidade, o Conselho Nacional do Trabalho foi se constituindo ao longo da década de 1920, na dialética de suas conquistas e derrotas. O Regulamento Interno de 1928 demonstra bem a dinâmica dessas alterações, ocasionadas de uma prática de conciliação entre as classes sociais.(337)

> O Brasil fora um dos países-membros da OIT. Agora, na 7ª Conferência, a delegação brasileira permanecia incompleta a despeito da participação do delegado operário, tendo como pano de fundo um estado de exceção internamente.(338)

Não obstante, como observa Zaidan Filho, o governo brasileiro enviou a seguinte delegação para Genebra: ministro Frederico Clark Castelo Branco e o capitão Fonseca de Montarroyos, como delegados oficiais, e Eduardo de Nioac,

(336) Conselho Nacional do Trabalho voltaria a promover reuniões mistas entre patrões e operários para regulamentar a lei de férias aos empregados no comércio e operários industriais e para a escolha do representante operário na Conferência Internacional do Trabalho, embora tenha voltado a se omitir na greve dos operários têxteis do Rio de Janeiro, em princípios de 1925

(337) ZAIDAN FILHO, Michel. *Op. cit.*, 1981, p. 63.

(338) Além de encaminhar uma delegação incompleta para a sétima conferência internacional do trabalho, o governo brasileiro reprimia violentamente as organizações e atividades do proletariado urbano. Ver mais informações em: <http://www.oitbrasil.org.br/node/446>. Acesso em: 20 set. 2016.

como representante patronal.[339] A programação da 7ª Conferência era a seguinte:[340]

1. Projeto de convenção sobre indenizações por enfermidades profissionais;

2. Projeto de convenção sobre indenizações por acidentes de trabalho;

3. Projeto de convenção sobre a igualdade de tratamento entre operários estrangeiros e nacionais em matéria de indenizações por acidentes de trabalho;

4. Projeto de convenção sobre o trabalho noturno nas padarias.[341]

Em Genebra, questionado pela Comissão de Verificação de Poderes a respeito da delegação brasileira, Frederico C. Castelo Branco buscou perdoar o Brasil, reconhecendo que o governo brasileiro, por meio do CNT, requisitaria que as associações patronais e operárias designassem os seus representantes, para que, já no próximo ano, estivesse constituída em sua plenitude a delegação brasileira.[342]

O Brasil, conforme destacado anteriormente, por ser membro e signatário do tratado, compromete-se automaticamente. Daí o discurso mais incisivo do Sr. Mertens, ao constatar o contrário. Mesmo porque, as delegações seriam compostas conforme o previsto no art. 389 da Parte XIII do Tratado de Versalhes, que contemplaria os representantes do governo, organizações sindicais e patronais, como mencionado anteriormente.[343]

As denúncias do delegado belga eram legítimas, a ponto de serem transmitidas na Europa por opositores políticos de Bernardes, embora Castelo Branco tenha rebatido de maneira enérgica as afirmações do Sr. Mertens, destacando-lhe o argumento que o governo brasileiro jamais desrespeitou o direito de associação,

(339) A segunda insurreição tenentista em São Paulo foi justamente o sinal para uma violenta ofensiva governamental sobre os operários. Ver mais informações em: <http://cpdoc.fgv.br/sites/default/files/verbetes/primeira-republica/TENENTISMO.pdf>. Acesso em: 20 set. 2016.

(340) ZAIDAN FILHO, Michel. *Op. cit.*, 1981, p. 63. "Relatório apresentado ao Exmo. sr. Desembargador Ataulpho Nápoles de Paiva..." p. 93 e 94 e ALEXANDRE, Francisco. *Estudos de legislação social*. Rio de Janeiro, S.E. 1930. p. 99.

(341) ZAIDAN FILHO, Michel. *Op. cit.*, 1981, p. 63.

(342) "Conferência Internacional do Trabalho. O representante do Brasil faz importantes declarações". Jornal *O Imparcial*: 31 maio 1925, p. 7.

(343) GHIZINI, Vinicius. *Proletários na Paz:* A parte XIII do Tratado de Versalhes e as leis do trabalho no Brasil (1919-1926). Dissertação de Mestrado em História Social – Unicamp, 2015. p. 77.

garantido expressamente pela Constituição Federal de seu país. Para que se possa ter uma noção das limitações à liberdade de associação e de imprensa, durante esse período, basta constatar o caso da União dos Operários Metalúrgicos do Brasil, que a despeito de assumir uma orientação reformista, foi indiscriminadamente interditada.(344) Os grandes periódicos da época tiveram, do mesmo modo, suas colunas operárias censuradas e os seus redatores presos.(345)

É preciso lembrar, todavia, que todas essas situações ocorreram em um contexto mais amplo de franca repressão às liberdades civis, onde até mesmo o "Diário do Congresso" foi proibido de apresentar os discursos de certos deputados oposicionistas.(346)

2. O CNT e a repercussão na OIT

Os incidentes da 6ª Conferência Internacional do Trabalho não ficaram limitados a essa situação: ocasionaram uma variedade de consequências, tanto em curto como em médio prazo, nas relações entre a Organização Internacional do Trabalho e o Brasil. A partir desse momento, tornou-se inconcebível, inteiramente, ao governo brasileiro, não conduzir uma delegação completa às Conferências Internacionais do Trabalho. Essa condição era tão substancial que, sem ela, afirmava Frederico Castelo Branco em carta a Mello Franco, seria melhor o governo brasileiro não se fazer representar em Genebra, no próximo ano. Não obstante, a condição de como seria eleito o delegado operário à próxima Conferência do Trabalho é que se torna sugestiva da dúbia política social de Bernardes. A propósito, acompanhemos a carta que Castelo Branco enviou a Mello Franco, depois da 7ª Conferência:(347)

> Permita-me, porém, V. Exa. Que insista no pedido que com o Montarroyos, lhe faço no relatório oficial — o de mandar para o ano uma delegação completa, pois de ano a ano, a situação se torna mais difícil

(344) "Vida Proletária: até que enfim!". Jornal *O Brasil*, edição 678, 10 jan. 1925.

(345) Foram censuradas, em consequência da repressão desencadeada contra a insurreição tenentista em 24, as colunas operárias de *O Paiz*, *A Pátria*, *Vanguarda*, *O Brasil* e *Correio da Manhã*. Os responsáveis por essas colunas ou foram presos ou aconselhados a não publicarem as notas enviadas por militantes anarquistas e comunistas.

(346) Especialmente os discursos de Azevedo Lima e Irineu Machado foram impedidos de ser transcritos nas colunas do *Diário do Congresso*. Ver também. "Os trabalhadores de São Paulo dirigem-se aos seus camaradas de todo o mundo, denunciando as atrocidades que lhe são infligidas pelo Governo do seu país". Jornal *A Batalha*, 8 out. 1925.

(347) ZAIDAN FILHO, Michel. *Op. cit.*, 1981, p. 67.

> para os delegados governamentais. É a questão que mais preocupa os organizadores da Conferência e, sobretudo, o grupo operário, (que é chefiado pelo Sr. Mertens) que é o mais ativo no seio da mesma. Este ano, sobre 42 Estados representados, 10 apenas não mandaram delegações completas e entre eles, em primeiro lugar, o Brasil. Em que companhia ficamos?
>
> Na China, Colômbia, Haiti, Honduras, Nicarágua, Paraguai, Peru, Sião e Uruguai. De fato, dentre esses países, apenas os dois primeiros estiveram presentes. Os outros não compareceram às sessões. *Fácil seria ao governo escolher um operário cuidadosamente selecionado para vir à conferência do trabalho, mas ainda assim, seria preciso que ele fosse nomeado por uma verdadeira organização operária*, um centro operário qualquer, pois de outra maneira ele se arriscaria não ser reconhecido pelo grupo operário, como acontece todos os anos com o operário italiano que é fascista. (g.n.)
>
> Chego mesmo a pensar que se o governo não conseguir para o ano mandar uma delegação completa, o melhor será não se fazer representar, de modo algum, pois seremos mal vistos por todos e alvos de novas críticas e ataques injustificados, que nos deixarão em má postura.
>
> Também este ano lutamos com grandes dificuldades, pois, no arquivo da Delegação, não existe um só papel, um só documento relativo às questões de trabalho, à legislação social brasileira e às questões de trabalho, à legislação social brasileira e às questões da ordem do dia da Conferência. Tivemos que improvisar tudo, pedir documentação a amigos particulares e servir-nos da louça da casa. Urge que o Bandeira de Mello organize um pequeno arquivo sobre questões do trabalho, legislação brasileira, etc. para ficar à disposição da Delegação.[348]

A carta de Castelo Branco permite distinguir claramente alguns pontos, entre os quais: 1º) a repercussão dos episódios provocados com as confissões de Mertens; 2º) a ambígua política social estatal da década de 1920, variando incessantemente entre a repressão pura e simples e a cooptação; 3º) as provações

---

(348) CASTELO BRANCO, Clark Frederico. "Carta ao Ministro Felix Pacheco". Genebra, datilografada, 14.6.1925. Arquivo de Arthur da Silva Bernardes. Disponível em: <http://www.siaapm.cultura.mg.gov.br>. Acesso em: 12 mar. 2018. Ver também ZAIDAN FILHO, Michel. *Op. cit.*, 1981, p.67.

que assinalaram os primeiros instantes de existência dessa política social. Como veremos mais adiante, Bernardes efetuara devotamente essas recomendações de Castelo Branco, com relação ao Birô Internacional do Trabalho.

Apesar disso, para o Brasil, as obrigações do Birô Internacional do Trabalho não se contiveram, em 1925, com a 7ª Conferência e os seus desenvolvimentos posteriores. Logo depois, o governo brasileiro organizou-se para recepcionar ninguém menos que o próprio diretor do Birô Internacional do Trabalho, Sr. Albert Thomas.(349) Tal como a 7ª Conferência, a visita de Thomas ao Brasil trouxe consigo uma série de implicações para a política interna e externa do país.(350) Convém explorar as razões da visita do diretor do BIT ao Brasil, antes de referir-se a essas implicações.

> Tendo recebido há algum tempo, e de modo prolongado, convite de diversos representantes da América Latina na Conferência Internacional do Trabalho para inteirar-se da situação de seus países, Albert

---

(349) Conforme noticia o jornal *O Correio Paulistano* de 21 jul. 1925, o Sr. Albert Thomas nasceu em Champigny-sur-Marne, em 16 de julho de 1878, sendo a sua família originária de Poitou. Seu avô, padeiro em Poitiers, veio estabelecer-se, primeiro em Paris, no correr de 1862, depois em Champigny, onde seu filho (pai de Albert Thomas) lhe sucedeu na mesma profissão. A ideia fica do pai era que o filho iniciasse estudos superiores. Não tendo conseguido obter ele uma bolsa de estudos, não poupou sacrifícios para a instrução de seu filho. O Sr. Albert Thomas fez seus estudos secundários no Lyceu Michelet de 1885 a 1893. Esses estudos foram brilhantes tendo recebido várias vezes o prêmio do concurso geral de história. Preparando-se para entrar na Escola Normal, obteve um prêmio de história e outro de filosofia no concurso geral, sendo admitido nesse mesmo ano, em 8º lugar, no concurso da Escola Normal, seção literária. Em 1901, o Sr. Albert Thomas tendo em vista o diploma de estudos superiores de História, preparou um trabalho sobre "Les idées populaires de réforme sociale" que surgiram entre 1832 e 1884 (época do processo de abril). Em 1902, obteve o primeiro lugar para professor adjunto de história e partiu, como beneficiário de um prêmio do Estado francês, para a Universidade de Berlim, estudando, então, especialmente o movimento sindical alemão. Nesse instituto, Albert Thomas percorreu a Alemanha. De volta, publicou um pequeno volume sobre "Le Syndicalisme Allemand". Esse volume faz parte da coleção da "Bibliothéque Socialiste". Em fins de 1903, voltou da Alemanha e beneficiou-se do prêmio de viagem estabelecida pela "Reveu Générale des Scienes", para o primeiro adjunto de história, visitando Creta, Constantinopla e Monte Athos. Em 1904, Albert Thomas tomou parte no Congresso de Bourges e colocou-se ao lado dos sindicalistas reformistas com os quais fundou a Revue Syndicaliste, que se transformou mais tarde, na "Reveu Syndicalliste et Co-opérative", que durou até 1910. Em abril de 1917 foi enviado para a Rússia para tentar manter a paz na aliança. Ainda neste ano, recusou entrar para o gabinete de Painlevé. Voltando à oposição, no tempo do gabinete Clemenceau, esforçou-se, ainda assim, na comissão dos negócios estrangeiros, para colaborar na defesa nacional. Em 1919 foi eleito deputado, dispondo-se a fundar o jornal "Le Travail", para sustentar sua visão política, quando foi nomeado diretor da Repartição Internacional do Trabalho na Liga das Nações. Em outubro de 1921 renunciou a sua cadeira de deputado, para dedicar-se exclusivamente ao cumprimentos de seus deveres de diretor da Repartição Internacional do Trabalho.

(350) ZAIDAN FILHO, Michel. *Op. cit.*, 1981, p. 68.

Thomas decidiu finalmente conhecer a Argentina, Brasil, Chile e o Uruguai, planejando preencher uma dupla curiosidade: 1º) instruir--se *in loco* dos fenômenos sociais que interessavam particularmente aos países novos, tais como: o estabelecimento de estrangeiros, as questões de imigração, a igualdade de tratamento entre trabalhadores e trabalhadoras etc., e 2º) averiguar como esses países percorriam as fases do desenvolvimento industrial e social do velho continente.[(351)]

Para o governo brasileiro, a Organização Internacional do Trabalho era uma questão tão somente de política externa, proporcionando-lhe pouco interesse por si própria: estar em consonância com as políticas do BIT era estabelecer espaços para a conquista de uma colocação perdurável no Conselho de Administração da Liga das Nações.[(352)] Mais uma vez ficava patente a fragilidade dos intuitos de caráter reformista do governo brasileiro e a hesitação do seu modo de enfrentar a questão social.

Antes de embarcar para a América do Sul, o Sr. Albert Thomas concedeu, em Paris, uma entrevista a um redator de *La Nación*, na qual manifestou seu programa, dizendo, em síntese:

> Parto para a América com um sentimento de profunda confiança e alegria. Nossas organizações de trabalho são novas, e, portanto, discutidas. Os calorosos convites que me dirigiram os representantes dos governos na Conferência Internacional do Trabalho, os testemunhos de simpatia que se me anteciparam, e, sobretudo, a participação ativa que tiveram já na Oficina Internacional do Trabalho e na Liga das Nações, os governos do Brasil, do Chile, do Uruguai e da Argentina, mantêm-me as esperanças. Estou certo de que, no curso da minha rápida viagem, poderemos realmente consolidar as relações de toda espécie, que devem unir os Estados membros da Conferência. Penso que seja pela ratificação das convenções internacionais, pelo desdobramento da legislação operária ou pela reciprocidade informativa, nossos amigos da América farão fecunda esta viagem.[(353)]

---

(351) "As democracias americanas e a organização internacional do trabalho. Sr. Albert Thomas expõe os fins de sua viagem à América do Sul". Jornal *O Paiz*, edição 14.851, 18 jun. 1925.

(352) ZAIDAN FILHO, Michel. *Op. cit.*, 1981, p. 75.

(353) "Albert Thomas fala a um jornalista sul-americano". Jornal *Correio Paulistano*, edição 22.265, jul. 1925.

Estando no Brasil, em começos de julho, para uma visita de quatro dias, Albert Thomas apresentou já no hotel onde se hospedara uma entrevista muito transparente, da sua viagem à América Latina, ao jornal *O Paiz*. Como não podia deixar de ser, questionou, na primeira oportunidade, aos seus entrevistadores por que o Brasil não enviara uma delegação completa a Genebra:

> Referiu-se então à presença do Brasil na última reunião (Conferência) que, a seu juízo, deveria ser acrescida em seus membros de um legítimo representante operário. Interrompemo-lo com ligeira observação sobre o congraçamento operário que, dissemos, não era tão perfeito entre nós, que permitisse dele retirar-se um representante que encarnasse as ideias de todos. "Perfeito?" o Sr. diz "Perfeito"? Mas onde é que existem organizações operárias perfeitas?
>
> Esclarecendo melhor o que pensávamos lembrando as grandes federações francesas, italianas e inglesas, influindo decisivamente nas conquistas proletárias e que por suas organizações podem fazer-se representar com melhor propriedade e mais facilmente do que em países, como o nosso, em que tudo é recente, sendo embrionárias essas formações proletárias.
>
> O Sr. Albert Thomas, depois de explicar como se fizeram representar na referida reunião várias nações, citou-nos o exemplo do Japão, bastante homogêneo em seus delegados. Estes foram o produto de uma eleição entre os operários aos quais se deu, previamente, uma lista de todos que poderiam com melhores razões receber sufrágios. Por que não fizeram assim? ... Lembrou-nos ainda o nosso ilustre hóspede que, segundo o que sabia e que aqui mesmo já ouvira, temos organizações, como a dos ferroviários, que, não sendo perfeitas, como, repetiu, no mundo "não há perfeitas", poderiam ter dado delegado ao governo que o incluiriam na representação enviada.(354)

O jornal *A Noite*, de 15 de julho de 1925, destaca em suas páginas a presença do Sr. Albert Thomas, em missão da repartição que dirige para estudar a situação do proletariado nesta parte do mundo. Na entrevista que concedeu deu rápidas informações sobre os motivos de sua visita. Disse ele:

---

(354) "Um homem que não se pertence. Albert Thomas, líder do trabalhismo internacional. Reflexões oportunas no discurso de rápida palestra". *O Paiz*, edição 14.879, 16 jul. 1925.

> Venho à América do Sul, para conhecer a situação dos países que formam o futuro do mundo. Precisamos mostrar aos "*leaders*" de todos os continentes, que a Repartição Internacional do Trabalho não é uma simples mentira dos nossos trabalhadores europeus.
>
> A delicada responsabilidade que temos juntado às comunidades civilizadas dos que trabalham, obrigou-me a fazer uma inspeção à América. Vejo que os seus delegados são as personificações da verdade, quando debatem e ventilam os assuntos. "Percorrerei outros países que reunidos ao Brasil, formam a maior potência mental do Novo Mundo, a fim de conhecer o trabalho em suas comunidades.[355]

Foi preparado para a permanência de Albert Thomas no Rio de Janeiro, um vasto programa de banquetes, palestras, passeios e visitas. Desde a recepção que lhe foi oferecida pelo Conselho Nacional do Trabalho, passando pelos almoços oferecidos no Jockey Club, no Hotel Glória, na Ilha do Vianna, as visitas à Câmara dos Deputados, novamente ao Conselho Nacional do Trabalho, à Vila Operária Pereira Carneiro e à União dos Operários Estivadores; é possível presenciar ao longo desse diversificado percurso a hesitação característica do regime republicano ante a questão social.[356] Veja-se, por exemplo, o discurso de saudação ao "ilustre" hóspede feito pelo presidente da Comissão de Legislação Social, da Câmara dos Deputados, no banquete que lhe foi oferecido no Jockey Club:

> Mas o que, sobretudo, acreditamos, será grato ao vosso espírito generoso e humanitário observar é que no Brasil, independentemente de compromissos e programas, a união entre o capital e o trabalho se vai operando, graças a fatores econômicos, que são comuns a quase todas as jovens nações da América, onde sobre a riqueza natural à espera de braço.
>
> Vereis também dos nossos documentos parlamentares que muito antes que as conferências internacionais houvessem posto em equação o problema dos operários, já alguns espíritos filantrópicos ensaiavam projetos de proteção e assistência aos trabalhadores.

---

(355) "Albert Thomas está no Rio: o director da Repartição Internacional do Trabalho". *A Noite*, edição 4.901, 15 jul. 1925.

(356) ZAIDAN FILHO, Michel. *Op. cit.*, 1981, p. 69.

> Mas o que muito importa, além do mais, é que independentemente de textos legais, os costumes, por si só, vão introduzindo práticas salutares quanto à duração do trabalho, a limitação da idade ao sexo feminino, à reparação por acidentes, à higiene e a previdência econômica.
>
> Enquanto o poder legislativo examina as sugestões da Organização Internacional do Trabalho — comparativamente com as condições do nosso meio físico, social e econômico, o Estado — pelo seu órgão — o Conselho Nacional do Trabalho, em contato direto com as entidades do patronato e do operariado, desempenha a sua grande função reguladora, e o ministério público, por sua vez, em juízo ou fora dele, intervém principalmente na defesa do operariado.(357)

Complementando a sua enunciação, Augusto de Lima conferia a demora do governo em adotar as leis do trabalho tanto à heterogeneidade e dimensão do meio geográfico, climático e social brasileiro — obstando a aprovação de uma só regra uniforme para o trabalho em todo o país — como ao jurídico-liberalismo de nossa Constituição, que cobria de mil e uma garantias a propriedade privada e a liberdade do contrato de trabalho.(358) Apesar disso, assegurava que na urgente reforma da Constituição que estava por vir, lutaria para se inserir uma emenda restritiva desse liberalismo, de modo que se pudesse legislar sobre as relações de trabalho.(359)

De sua parte, Albert Thomas, redarguindo ao discurso enunciado em sua homenagem pelo ministro da Agricultura, no banquete do Hotel Glória, declarou:

> Referiste-nos à obra do Bureau Internacional do Trabalho. Ser-me-á permitido, por minha vez, celebrar a sua parte de justiça social. Oh! Conheço todas as suas dificuldades. Sei que as convenções do trabalho são de uma aplicação delicada e, às vezes, difícil, em um país imenso como o vosso, em um país em que se misturam tantas populações diversas, vindas de todos os cantos do mundo. Tendes de criar simplesmente o reflexo artificial das legislações europeias, tendes de engendrar o sentido da justiça e a consciência da vida social, nas

(357) "Albert Thomas. Homenagem prestada ao líder do trabalhismo mundial. O almoço de ontem no Jockey Club – Os discursos – Outras Notas", edição 14.880, 17 jul. 1925.

(358) ZAIDAN FILHO, Michel. *Op. cit.*, 1981, p. 70.

(359) *Idem.*

> diversas classes da população, mas por isso mesmo, eu tanto mais sei agradecer-vos a criação, em tais condições, da vossa legislação nacional do trabalho, o estabelecimento da lei de acidentes no trabalho, a elaboração do vosso código do trabalho e o início da proteção à criança, não somente nas fábricas, mas na vida. Sinto-me feliz em constatar que o Brasil, retomando a democracia política, no sentido da democracia social. E eu saúdo com alegria o esforço que haveis realizado.(360)

Em visita à União dos Estivadores, na presença do deputado Nicanor do Nascimento, Albert Thomas, manifestando-se em francês, assim examinou o movimento sindical brasileiro:(361)

> Não existe ainda mesmo na Europa a completa organização do operariado, mas, há pouco tempo, já vi que o Brasil não é dos mais atrasados neste assunto, pois já tive a ocasião de notar que diversas associações possuem prédios próprios e são muito poderosas. (Faz, em seguida, diversas referências às classes proletárias estrangeiras e incita o operariado brasileiro a unir-se para que, em fortes organizações, como se faz em todo mundo, possa desfrutar os direitos que lhe são devidos.

E conclui:

> Na visita que faço ao Brasil, o meu propósito é ver os seus trabalhadores, contemplá-los, analisá-los, dizendo de suas obras, e quero declarar que os trabalhadores do Brasil estão organizados.(362)

Nessa sessão, fizeram-se representar inúmeras associações operárias reformistas, tais como: Aliança dos Oficiais de Barbeiros, União Geral dos Metalúrgicos, União dos Operários em Fábricas de Tecidos, Centro Beneficente dos Carregadores

---

(360) *Idem.*

(361) ZAIDAN FILHO, Michel. *Op. cit.*, 1981, p. 71.

(362) "A Conferência de Albert Thomas na União dos Operários estivadores". Jornal *O Brasil*, edição 1.165, 15 jun. 1925.

da União, União dos Operários Municipais, Centro Político dos Chauffers, Associação de Resistência dos Cocheiros, Carroceiros e Classes Anexas, Círculo Beneficente da Construção Civil etc.[363]

Todo esse panorama a propósito da legislação social brasileira e a organização dos trabalhadores no Brasil seria duramente contestado na visita de Albert Thomas a São Paulo, conforme observa Zaidan Filho.[364] Nessa ocasião, num instante de distração dos guias oficiais do ilustre visitante, um grupo de operários conseguiu colocar no bolso de Thomas uma contundente acusação das arbitrariedades do regime e das péssimas condições em que viviam os trabalhadores brasileiros:

> Aqui, senhor, não existe o direito de associação. Criaram-se "leis de exceção" onde o estrangeiro que pleiteia seus interesses com as armas da greve pacífica, é incontinenti deportado; e às associações de classe a polícia tem a faculdade de fechá-las quando assim entender, sem que ao menos haja motivos plausíveis.
>
> Ai daqueles que pretendam defender seus interesses através do apoio do sindicato de resistência! Serão presos, metidos nas mais humildes enxovias policiais, deportados para os sertões bravios do nordeste brasileiro, espancados, humilhados...
>
> Os sindicatos são terminantemente proibidos pela polícia de realizarem as suas reuniões corporativas e assembleias. As tipografias que por acaso se aventuram a imprimir, para tais associações, simples convites de festas recreativas operárias, são interditadas pela polícia e suas portas serão fechadas. Chegam ao ponto de as organizações operárias fazerem seus comunicados a cada um de seus associados em cópias datilografadas, porque os jornais estão proibidos de agasalhar a tudo quanto se refira ao operariado.
>
> A imprensa proletária, máxime, a de tendência libertária, é apreendida no correio, não se lhe permitindo circular livremente.
>
> (...)
>
> Os sindicatos ora existentes, em número, aliás, insignificantes, são, assim mesmo, impedidos de defenderem a situação deprimente de

(363) *Idem.*

(364) ZAIDAN FILHO, Michel. *Op. cit.*, 1981, p.72.

> seus filiados, porque a greve neste país tornou-se um crime, pois a lei castiga quem se envolve nelas. (...)
>
> A exploração dos braços infantis e femininos sistematizou-se entre nós duma forma desumana. Não se respeitam idades nem condições físicas aptas ou não para o trabalho cotidiano. Crianças, com menos de 12 anos são torpemente aproveitadas nos misteres mais rudes e ingratos, como, por exemplo, na fabricação de vidros, etc. O trabalho noturno é imposto de uma forma obrigatória.
>
> (...)
>
> As mulheres então são torpemente exploradas, dolorosamente exploradas, nem sequer se lhes respeitando os últimos meses de gravidez. Houve já uma fábrica aqui em São Paulo, onde uma pobre operária deu a vida a um ser em pleno trabalho...[365]

Perante o exposto, desse modo, através de informações tão incompatíveis, as conclusões de Albert Thomas, diante das conveniências diplomáticas da Liga das Nações, foram também muito incertas. Questionado sobre o que vira no Brasil, ele explicou que estava muito satisfeito com o país, pelo que tinha visto e ouvido. Tinha descoberto um país poderoso e cheio de recursos, e tinha se comunicado com homens de energia e vontade, animados de espírito organizador.[366]

E, a propósito, declarou que o governo brasileiro teria garantido que preparava ativamente a solução do problema da representação operária do Brasil na Conferência Internacional do Trabalho. Finalizando, dizia Thomas que, tendo examinado com o ministro da Agricultura, Indústria e Comércio os projetos de convenção do BIT, confiava estarem eles, em breve, reconhecidos pelo governo brasileiro.[367]

Apesar de tais impressões, e de ter preparado após a sua visita um relatório muito favorável ao governo brasileiro sobre a sua recente viagem à América Latina, conferindo a desorganização dos operários ora à sua ignorância total, ora ao

---

(365) "Uma exposição comovedora da repressão contra o operariado de São Paulo, apresentada ao Sr. Albert Thomas para que não alegue ignorância". Jornal *A Batalha*, Edição n. 4, 10 out. 1925.

(366) ZAIDAN FILHO, Michel. *Op. cit.*, 1981, p. 73.

(367) "O que o Sr. Albert Thomas viu no Brasil". Jornal *O Paiz*, edição 14.886, 23 jul. 1925.

espírito de individualismo "próprio" dos imigrantes,(368) Thomas apresentou, ainda assim, uma importante entrevista a uma revista italiana:

> Em termos tão pouco lisonjeiros para o Brasil, que a nossa Embaixada em Roma logo deu aviso dessa publicação e o sr. Mello Franco, em Genebra, iniciou ativa correspondência com o chefe da Repartição do Trabalho, que negou a veracidade das afirmações atribuídas a ele e declarou que escreveria a esta revista, restabelecendo a verdade. O sr. Albert Thomas fez o que prometeu, mas em termos tão sibilosos, em certas passagens de sua carta à revista italiana, que mais parece ter pretendido, assim, mascarar duras verdades por complacência ou grande interesse".(369)

No final das contas, como observa Zaidan Filho,(370) o saldo facultado por essa visita foi mais negativo que positivo para o governo e para os trabalhadores brasileiros, como as primeiras impressões pediam a fazer acreditar. A viagem de Albert Thomas prejudicou, mais ainda, o Brasil no envio de um delegado operário brasileiro à próxima Conferência Internacional do Trabalho; determinou a volta ao Congresso, em tempo meteórico, do antigo projeto do Código do Trabalho, fez a polícia impedir a publicação e circulação do periódico comunista *A Classe Operária*, e por fim, deve ter favorecido para a derrota das aspirações do Brasil a uma vaga de membro permanente no Conselho de Administração da Liga das Nações.

---

(368) MELO FRANCO, Afrânio. "Comentários ao relatório do Sr. Albert Thomas sobre a sua viagem à América do Sul". Genebra, datilografado, 15.10.1925. Arquivo de Arthur da Silva Bernardes. Disponível em: <http://www.siaapm.cultura.mg.gov.br>. Acesso em: 12 mar. 2018.

(369) BERNARDES, Arthur da Silva. "O quadriênio presidencial 1922-26". Rio de Janeiro: Tip. Jornal Do Commércio, 1926. p. 120-121. "Um colloquio com Albert Thomas, reduce dall'América del Sud. Le condizioni del lavoro e degli emigranti italiani nei vari Stati". *Rivista d'Itália e d'América III*, 11 set. 1925, p. 20-21, onde, inquirido sobre o que conseguira no Brasil ou vira nas fazendas de café de São Paulo, respondeu: "O Brasil estava distraído com preocupações de ordem interna. O seu parlamento estava tomado por uma política 'brulante' e não podia prestar a atenção que eu desejava aos meus objetivos que coincidem com o interesse superior dos trabalhadores e da sociedade humana. Mas até agora só tive promessas. Espero com fé e esperança". "Para dizer a verdade não conheci as reais condições dos emigrantes europeus nas fazendas brasileiras. Infelizmente a nossa missão tinha pouco tempo disponível – as recepções oficiais, os discursos, banquetes, passeios tiraram de nós uma grande quantidade de tempo que poderíamos ter dedicado ao estudo da situação. Na minha próxima viagem, pedirei ao mundo oficial que não se ocupe de mim e me deixe visitar informalmente os locais de trabalho. O senhor me pergunta sobre "fazendas". Eu vi uma! Muito pouco, como vê, para expressar um Juízo. Além disso, devo supor que se trata de uma fazenda-modelo, porque quando alguém que se interessa por estes problemas vai ao Rio de Janeiro, sempre lhe mostram essa fazenda".

(370) ZAIDAN FILHO, Michel. *Op. cit.*, 1981, p. 74.

Como Thomas parece ter se decepcionado com o que verificou no Brasil a respeito das péssimas condições de trabalho dos operários e as inúmeras restrições às suas liberdades civis, deve ter motivado certamente a decisão da Liga das Nações em não acatar as pretensões políticas do governo brasileiro. Como a escolha do delegado operário, no ano seguinte, não trouxe nenhuma vantagem para a organização autônoma da classe operária, e a discussão do Código do Trabalho, ainda em 1925, não se consubstanciou em sua aprovação, conclui-se que se a vinda de Albert Thomas ao Brasil não trouxe prejuízos para os operários brasileiros, vantagens também ela não produziu.[(371)]

No Congresso Nacional, em seu âmbito, a polêmica em torno da questão social centrou-se em dois projetos de lei, nesse ano de 1925: o antigo projeto do Código do Trabalho, de 1923, e o projeto da lei de férias, de 1924. O modo como se resolveu a sorte desses dois projetos revela muito da natureza real da política social do governo Bernardes.[(372)]

Paralisado na Comissão de Legislação Social da Câmara dos Deputados, desde o final do ano de 1923, por obra dos manejos do CIB junto ao presidente da República, seus ministros, a deputados e senadores, o Código do Trabalho, com o parecer assinado de seu relator sobre as emendas que recebeu em 3ª discussão, é conduzido à mesa da Presidência da Câmara para ser discutido em plenário, talvez motivado pela visita de Albert Thomas. Não possuindo um só conjunto de leis que salvaguardasse os trabalhadores, o Parlamento brasileiro só conseguia transmitir ao diretor do BIT uma legislação social planejada, a despeito de ser desenvolvida.[(373)]

Desse modo, mesmo sem a menor intenção de aprová-la em pouco tempo, foi esclarecido que a Comissão de Legislação Social da Câmara enviasse o projeto do Código de Trabalho, emendado em 3ª discussão e com o parecer subscrito do seu relator, ao plenário da Câmara dos Deputados, de modo a que o presidente da Comissão de Legislação Social conseguisse, em seu pronunciamento de saudação a Albert Thomas, externar que o Brasil tencionava fazer em matéria de legislação social.

Em 27 de agosto, o projeto foi aprovado em 1ª discussão na Câmara dos Deputados[(374)] e o seu autor solicita de imediato que ele vá a regime de urgência para 2ª discussão. Em 12 de novembro, o projeto foi aprovado em 3ª discussão.[(375)]

---

(371) ZAIDAN FILHO, Michel. *Op. cit.*, 1981, p. 75.

(372) *Idem*

(373) *Idem.*

(374) "Congresso Nacional: na Câmara — a ordem do dia" Jornal *O Brasil*, edição 27 ago. 1925.

(375) "O regime das férias no comércio e na indústria". Jornal *O Brasil*, edição 1.285, 15 nov. 1925.

Apesar do "acidente" da aprovação da lei de férias, o Congresso brasileiro, nesse lapso temporal, ficou mais a dever ao proletariado que a fazer jus ao seu reconhecimento. Em seu meio esbarraram, com muitas restrições, os projetos de remodelação da lei de acidentes e da lei dos ferroviários. Foi aprovado na Câmara dos Deputados o Código do Trabalho que estava se arrastando desde 1923, na condição de que fosse enviado ao Senado e lá, reformado pelos senadores, desde que estando já em 3ª discussão, não seria mais possível impugnar emendas, mas somente aprovar ou rejeitar *in limine* o projeto. Algo que os deputados não fariam por causa da visita de Albert Thomas ao Brasil. De acordo com Afrânio Peixoto, partidário do envio do projeto ao Senado, o Código do Trabalho teve essa tramitação, mas não chegou a ser aprovado por aquela Casa, pelo menos até o final do ano de 1925.(376)

> Carvalho Neto, em discurso pronunciado na sessão de 29 de dezembro de 1925, destaca que o legislador pátrio, legislando sobre o Código do Trabalho, não lhe era permitido esquecer-se das zonas geográficas em que divide o Brasil, fato que era de conhecimento de todos os membros do Congresso Nacional na ocasião. Na afirmação do autor, "(...) a essas *zonas geográficas* correspondem *zonas sociais*, cuja principal característica é precisamente o trabalho".(377) Mais adiante, Carvalho Neto destaca que a previsão com que o Código do Trabalho, em uma fórmula ampla, geral, abarcando todo o território nacional, poderia deixar ao Poder Executivo, na aplicação da lei, a faculdade de em decretos especiais, e de acordo com os informes do Conselho Nacional do Trabalho, regular a questão trabalhista, afeiçoando-a para todas as regiões do país.(378)

Em outubro do mesmo ano (1925) o mesmo autor afirmava pairarem dúvidas doutrinárias e judiciais sobre a competência do Congresso Nacional para legislar sobre questões do trabalho e não somente sobre a possibilidade de os estados simultaneamente legislarem, já que ou desses seria a competência exclusiva,

---

(376) PEIXOTO, Afrânio Júlio. *Marta e Maria.* Documentos de ação pública. Rio de Janeiro: Gráfica Editorial, 1930. p. 387 e ss. Ver também ZAIDAN FILHO, Michel. *Op. cit.*, 1981, p.78.

(377) CARVALHO NETO, Antonio Manoel de. *Legislação do Trabalho* — Polêmica e Doutrina. Rio de Janeiro: Tip. do Anuário do Brasil, 1926. p. 182 e ss. A obra é uma representação da compilação de seus debates e discursos diante da Comissão de Legislação Social (CLS). Ver também OLIVEIRA VIANA: "Em suma, não há tipos sociais fixos, e sim, ambientes sociais fixos". In: OLIVEIRA VIANA. *Populações Meridionais do Brasil.* 6. ed. São Paulo: Paz e Terra, 1973. vol. I, p. 195-210.

(378) *Ibidem*, p. 183.

na medida em que típicas do "poder de polícia", ou, antes, de nenhum, já que tal campo normativo seria tradicionalmente contratual-liberal, afeito unicamente entre patrão e empregado.[379]

O jornal *Correio da Manhã*[380] destacava, no ano seguinte à publicação da Lei de Férias (1926), que todos os empregados ou operários a que se refere o art. 1º da referida lei, adquiriram, nessa ocasião, o direito pleno de, durante o ano de 1926, gozar de 15 dias de férias. Os novos empregados ou operários admitidos ao serviço de um estabelecimento, em data posterior à da publicação do regulamento, iria adquirir o direito de gozar as férias, uma vez decorrido um ano após sua admissão.

E mais, o período de duração das férias, não deveria começar em domingo ou feriado por lei federal, estadual ou municipal, nem nele deveriam ser computados tais domingos e dias de feriados, de modo que o dito período de duração deveria abranger integralmente os 15 dias úteis. Em relação à continuidade das férias, as parcelas mínimas de cinco dias, quando determinado pelo patrão o parcelamento, deveria ser, facultativamente, concedido ao empregado o direito de justificar faltas, que não fosse por moléstias, pedindo para serem essas faltas descontadas do período das férias.

No caso de interesse particular do empregado, este poderia propor ao patrão o parcelamento, como melhor lhe conviesse.

Por fim, sobre a época das férias, cada estabelecimento deveria organizar uma tabela anual, na qual, de comum acordo, fossem distribuídos pelo ano os períodos de férias que coubessem a cada empregado. Todo estabelecimento era obrigado a remeter, em janeiro de cada ano, e, nesse ano, dentro de 30 dias da publicação do regulamento, ao Conselho Nacional do Trabalho o mapa organizado para concessão das férias durante o ano a que se refere, assinado pelo patrão e pelos empregados, sob pena de multa. Nos estados, esses mapas deveriam ser dirigidos à repartição a que fosse dirigido o serviço.

3. O papel do operariado e os sindicatos

Os trabalhadores dos grandes centros industriais brasileiros experimentaram a exploração e identificaram pontos de interesse comuns entre si, enquanto antagônicos a outros homens. A partir daí, passam a lutar por essas questões. A experiência sindical brasileira é um resultado de experiências comuns dos operários,

(379) CARVALHO NETO, Antônio Manoel de. *Op. cit.*, 1926, p. 289-289.

(380) "Os ferroviários oficiais e as pensões". Jornal *O Correio da Manhã*, edição 9.554, 18 mar. 1926.

herdadas ou compartilhadas, e reflete muito a historicidade do conceito de classe, que se forma como articulação de interesses semelhantes feita na experiência.[381]

Importa sublinhar que a partir da obra clássica de Werneck Vianna, *Liberalismo e sindicalismo no Brasil,* foi elaborado o que consideramos adequado para entender a atuação política na indústria no processo de elaboração e regulamentação do trabalho preconizado pelo Estado ao longo da década de 1920 e que guarda relações com o papel desempenhado pelo CNT.

Como observa Horta Lima, Vianna, "ao demonstrar que as críticas da indústria às leis do trabalho trouxeram consigo a visão de mundo daqueles homens de negócios, e que estavam relacionadas ao âmbito da unidade de produção, tornou possível enxergarmos que a posição política daqueles industriais diante das leis do trabalho estava inter-relacionada com a organização do trabalho, precisamente com aquela que caracterizou as relações de trabalho na grande indústria do período".[382]

O constante aumento das injustiças praticadas e a exploração salarial foram os fatores que conduziram para o agrupamento e união dos trabalhadores. As reivindicações tiveram início com a tomada de consciência da classe operária, que se via fator de progresso social. Essa atitude foi considerada audaciosa pela oligarquia da época. Estava acostumada a ser tratada com extrema humildade pelos trabalhadores, visto que se via prestando um grande favor dando emprego aos inferiores famintos.[383]

Para Mauricio de Lacerda,[384] o sindicalismo era um movimento natural. Os operários o faziam para resistir ou agredir, conforme fosse a exploração ou a necessidade de tirar proveito de uma situação específica. Ele aborda as dificuldades que a Câmara teve quanto à comunicação com os agentes dos embates sociais da época, principalmente quanto à intransigência dos operários em formar diálogos com o Legislativo ou o Judiciário:

> A Câmara recorreu em 1919 a pedidos de informações. Quer patrões quer operários atenderam muito pouco a eles. A par do descaso governamental, veio a desconfiança dos operários para com o trabalho

(381) CAMPOS, Cristina Hebling. *O sonhar libertário:* movimento operário nos anos de 1917 a 1921. Campinas: Unicamp, 1988. p. 13.

(382) HORTA LIMA, Marcos Alberto. *Op. cit.*, 2005, p.158.

(383) DIAS, Everardo. *Op. cit.*, 1962, pp.46.

(384) *Documentos Parlamentares*, 1922, p. 220.

> realizado pela Comissão. Os patrões nos encaravam como quase revolucionários do direito proprietário e os operários como aliados dos primeiros como conta gotas do legislativo, a dificultar senão a completa emancipação de sua classe, o advento de uma era integralmente nova em assunto econômico ou social. (*Documentos Parlamentares*, 1922, p. 270)

Os trabalhadores demonstravam conhecer as intenções governamentais na pressa em elaborar normas trabalhistas. No entender deles, esperançosos; e dos empresários e dos governantes, amedrontados; essas prescrições seriam alternativas para conter uma revolução iminente na visão das lideranças revolucionárias. Astrojildo Pereira,[(385)] em artigo do jornal *A Plebe*, afirmou ser absurdo e até ridículo apelar para a decretação de leis sociais no Congresso:

> (...) Leis? Decretos? Códigos? Mas o proletariado não quer, nem precisa de leis, decretos ou códigos. O que o proletariado quer e o que vai em breve realizar, é a expropriação coletiva das riquezas sociais, transformando, consequentemente, pelas bases, o atual regime econômico e político (...).

O operariado constituía suas organizações desde os tempos do Império. Havia sociedades de beneficência e mútuo socorro para várias vicissitudes que pudessem, e costumavam sobrevir aos trabalhadores. Também do Império datam as primeiras paralisações com caráter reivindicatório. É na República, entretanto, que as organizações e movimentos de reivindicação dos trabalhadores se afirmaram definitivamente como agente político.[(386)]

O fato anterior, das organizações e movimentos de reivindicação dos trabalhadores, encontra provável ligação com a decepção dos operários quanto ao advento da República não ter lhes proporcionado os direitos sociais e políticos almejados, como uma contraposição do novo regime ao Império. Os primeiros anos do século XX, destarte, viram surgir as sociedades de resistência como organização predominante, criadas para exercer funções sindicais, no tocante à luta por resolução de questões que tornariam as condições de trabalho mais dignas. Algumas velhas

---

(385) VARGAS, João Tristan. *Op. cit.*, 2004, p. 252.

(386) OLIVEIRA, Tiago Bernardon de. *Anarquismo, sindicatos e revolução no Brasil (1906-1936)*. Tese (Doutorado em História) – Universidade Federal Fluminense, Niterói, 2009. p. 43.

sociedades, cujas funções eram de assistência, acabaram assumindo caráter de resistência.[387]

A formação sindical foi constante e não burocratizada. Passou a ser a principal forma organizativa do movimento operário, visando à melhora das condições presentes e à emancipação integral do trabalhador.[388] Esse movimento pretendia conquistar esses melhoramentos por meio da ação coletiva dos operários, sem intermediários da política dominante. Aqueles que almejavam uma transformação radical da sociedade também tinham as convicções alimentadas.[389]

O Brasil do começo do século XX viveu lutas que ganharam força por três motivos principais. O primeiro foi a situação da classe trabalhadora, não conformada, durante o surto industrial no país. O segundo, a conjuntura internacional que foi marcada pela radicalização do movimento operário. A partir do século XIX, é possível mencionar a Revolução Russa de 1917 e as tentativas de Revolução Socialista na Alemanha, Hungria, Itália etc. Essa influência da Revolução Russa é reiterada em outras análises. Boris Koval (1982, p.138) relaciona a ela o aumento de participação popular a partir de 1917. Uma terceira influência foram as ideias libertárias trazidas pelos imigrantes.[390]

Os militantes usavam com inteligência e tato as ocasiões em que os trabalhadores manifestavam descontentamento. Imprimiam boletins e os distribuíam, convidando os mais receptivos para reuniões em suas casas.[391]

O discurso militante se implantava sobre três aspectos: protesto contra a condição de vida dos trabalhadores, detrimento do patronato e exaltação da luta operária em suas diversas formas. Para boa parte do movimento operário, a ação de um partido político não fazia sentido. Mesmo o estabelecimento de uma legislação social e trabalhista não era apoiado, pois com essa medida o Estado e os patrões teriam a finalidade de ludibriar os operários, já que jamais aplicariam os regulamentos legais. Eles não passariam de um pedaço de papel sem nenhum valor.[392]

---

(387) BATALHA, Claudio. *Op. cit.*, 2010, p. 46.

(388) VIANNA, Luiz Werneck. *Op. cit.*, 1976, p.34.

(389) OLIVEIRA, Tiago Bernardon de. *Op. cit.*, 2009, p.45.

(390) VIANNA, Luiz Werneck. *Op. cit.*, 1976, p.32.

(391) DIAS, Everardo. *Op. cit.*, 1962, p. 48.

(392) MAGNANI, Sílvia Ingrid Lang. *O movimento anarquista em São Paulo (1906-1917)*. São Paulo: Brasiliense, 1982. p. 100.

A ação direta passou a ser, a partir de 1906 até depois da Primeira Guerra Mundial, a principal forma de luta dos trabalhadores.[393] Assumia vários contornos e diferia conforme as circunstâncias: greve parcial ou geral, boicotagem, manifestação pública etc. O boicote, por exemplo, ocorria quando os operários se recusavam a comprar produtos de determinada fábrica ou quando eles deixavam o maquinário sem condições de funcionamento. Em casos de mão de obra especializada e escassa, poderia se manifestar quando os operários se recusavam a trabalhar para determinadas companhias.[394] Segue um boicote anunciado no periódico operário *A Plebe*[395] contra a fábrica Antarctica:

> Boicotemos tudo quanto seja produzido pela Comp. Antarctica, inimiga declarada dos trabalhadores e aliada dedicada da polícia violenta e opressora! Ninguém compre em negócios que vendam produtos da Antarctica! Ninguém forneça produtos da Antarctica! Ninguém consuma produtos da Antarctica! Que se formem comissões para ativar a boicotagem em todas as associações e grupos! Que em cada bairro os trabalhadores formem comitês para fazer propaganda contra os produtos da odiosa Cia. e das casas que com ela alimentarem relações! Guerra sem tréguas à grande inimiga dos operários!

Entre todas as estratégias da ação direta, a greve é considerada a mais rica em ensinamentos porque explicita os interesses contraditórios entre o patrão e o empregado, rompe a harmonia entre eles e faz aparecer a luta de classes. Para fazer greve, o trabalhador tem de vencer a si mesmo, sobrepondo-se à alienação e ao seu costume de submissão e passividade diante do patrão que se considera inatingível. Como ação coletiva, desenvolve o sentimento de apoio mútuo, estreita os laços de solidariedade e ensina aos trabalhadores que para melhorar sua sorte e transformar a sociedade é preciso a união dos esforços de todos.[396]

Logo, o movimento operário se inflamou rapidamente. No entender das autoridades policiais, organizações que visavam reformas trabalhistas teriam o objetivo de subverter a ordem estabelecida. A imprensa era subornada para que divulgasse apenas notícias favoráveis ao poder constituído. Os funcionários rebeldes

---

(393) DIAS, Everardo. *Op. cit.*, 1962, p. 51.

(394) MAGNANI, Sílvia Ingrid Lang, *Op. cit.*, 1982, p. 106.

(395) "Operários! Homens de consciência livre". Jornal *A Plebe*, edição n. 11, 26 jul. 1919.

(396) LOPREATO, Christina da Silva Roquette. *Op. cit.*, 1996, p. 8.

— aqueles que insistiam em associar-se aos movimentos dissidentes — eram demitidos.(397)

Para evitar generalizações, houve momentos raros na Primeira República em que a própria polícia, governadores ou prefeitos manifestaram-se a favor ou pelo menos se negaram a intervir de modo violento contra os grevistas, ao considerar as reivindicações pleiteadas justas. Talvez eles fossem movidos mais por interesses políticos contextuais que por sinceridade governamental, mas existiram. De qualquer forma, isso demonstra que a ação direta, mesmo ilegítima, era vista como instrumento político.(398)

Na ação direta também podiam ser encontrados interesses diferenciados. Ela em si não chegava a oferecer perigo à ordem social instituída, mas havia os que projetavam nela o desenvolvimento de práticas que eclodiriam em uma revolução social.(399) Nesse aspecto se pode entender a diferença entre greve e greve geral. A primeira se trata de manifestar descontentamento. Os operários se recusam a trabalhar, paralisam suas tarefas. Se esses trabalhadores têm consciência revolucionária, o episódio de greve ultrapassa o motivo econômico e passa a ser um episódio de mudanças profundas na sociedade.(400)

A ação direta era enxergada por alguns grupos mais revolucionários como recusa em aceitar qualquer recurso dos poderes públicos ou de submissão a um estado ao qual não se conformavam. Os elementos mais despossuídos da sociedade eram convocados a provocar confrontos mais violentos para criar incidentes. Esses incidentes seriam um espetáculo favorável à propaganda e à afirmação de maior solidariedade. Acima de tudo, estava a característica antipatronal. Os patrões eram o inimigo, e a consciência operária era alimentada pelo ódio à classe oposta.(401)

Ao analisar as greves nas sociedades europeias do início do século XIX e da primeira metade do século XX, Michelle Perrot(402) articula uma interpretação interessante para os movimentos ocorridos à mesma época em território nacional.

(397) DIAS, Everardo. *Op. cit.*, 1962, p. 49.

(398) OLIVEIRA, Tiago Bernardon de. *Op. cit.*, 2009, p. 47.

(399) OLIVEIRA, Tiago Bernardon de. *Op. cit.*, 2009, p. 48.

(400) DECCA, Maria Auxiliadora Guzzo de. *Op. cit.*, 1987, p.137.

(401) PERROT, Michelle. *Os excluídos da história:* operários, mulheres e prisioneiros. São Paulo: Paz e Terra, 1988. p. 156.

(402) PERROT, Michelle. *Op. cit.*, 1996, p. 195.

A autora afirma que a greve era simultaneamente um meio de pressão para defesa ou obtenção de algo e um modo de expressão. Para além do que se defendia ou reivindicava, ela era uma forma de expressão de um grupo mais ou menos comunitário. O fenômeno mais relevante era, pela greve, esse grupo se tornar ainda mais comunitário.

Com a experiência adquirida através da ação direta, os operários brasileiros se tornaram mais e mais seguros da justiça de suas reivindicações. Fortalecidos como classe, a veemência de suas manifestações passou a preocupar os poderes políticos e econômicos constituídos.

A partir de 1917, uma greve geral seguida de outras tantas demonstraria a capacidade dos movimentos sociais como agente transformador. Já nos anos 1930, os dois primeiros anos do Governo Constitucional serão marcados pelo maior número de movimentos grevistas, retomando o período de luta das décadas anteriores. Foram registradas 27 greves em 1934 e nove em 1935, no Rio de Janeiro; e seis greves em 1934 contra três em 1935, em Minas Gerais.

Em São Paulo, ocorreram 26 greves em 1934 e vinte em 1935, contra 42 ocorridas nos quatro anos anteriores.(403) Esses dados evidenciam como os trabalhadores se mobilizaram, essencialmente, por aumentos salariais – na tentativa de recuperação das perdas sofridas nos anos de depressão e ainda não totalmente repostas – e pelo cumprimento efetivo das leis sociais, notadamente da jornada de oito horas, da Lei de Férias e pela criação das Caixas de Aposentadorias e Pensões. Contudo, em 1935 ocorreram paralisações em diversas categorias por motivos estritamente políticos: protesto contra a Lei de Segurança Nacional e contra o fechamento da Aliança Nacional Libertadora (ANL). Em síntese, o traço marcante do período grevista de 1934/35 foi o fato de que, na maior parte desses movimentos, a direção ficou a cargo dos sindicatos oficiais que lutaram na prática, pela conquista do direito de greve e cujo grande trunfo foi a inoperância do Ministério do Trabalho em assegurar o cumprimento das leis sociais.(404)

---

(403) Sobre os movimentos grevistas desse período, no Rio de Janeiro, Minas Gerais e São Paulo, ver, respectivamente, LOBO, Eulália Maria Lahmeyer (Coord.). *Rio de Janeiro operário.* Natureza do estado, conjuntura econômica, condições de vida e consciência de classe. Rio de Janeiro: Access, 1992. ANASTASIA, Carla Maria Junho. *Corporativismo e cálculo político:* o processo de sindicalização oficial dos trabalhadores em Minas Gerais (1932-1937). Rio de Janeiro: IUPERJ, 1990. Tese de doutorado. *Apud*, ARAUJO, Ângela. *Op cit.*, 2002.

(404) ARAUJO, Ângela. *Op. cit.*, 2002, p. 56.

4. A questão operária no Brasil através dos debates da Comissão de Legislação Social

No ano de 1919 a questão operária era debatida na Comissão de Legislação Social ganhando destaque a voz de membros da sociedade, como do industrial Jorge Street,[(405)] que teve destaque na publicação dos Anais da Câmara naquele ano. No entendimento de Street, a classe patronal deveria ter a preocupação de "colaborar e facilitar o seu progresso" para a elaboração de uma legislação trabalhista. Na sua visão, a própria legislação deveria intervir para regular os direitos e deveres das associações, assim como os dos industriais, instituindo os necessários "tribunais de arbitragem" que, se fossem bem organizados, facilitariam a solução das questões que não pudessem ser solucionadas via conciliação direta.

Street estava ciente dos problemas que vinham ocorrendo nos países europeus, ao comentar que o "velho mundo" já tinha passado por fases de resistências sobre as mudanças da legislação, e teve que ceder. No seu entender, os empresários brasileiros deveriam lidar com o inevitável e pular etapas que outros países tiveram que passar, para se chegar a uma boa política para a sociedade, ou seja, junto com ele, havia um número expressivo de industriais que enxergavam que as associações dos operários deveriam ser reconhecidas, como a "União dos Operários de Tecidos", por representar um grande número de operários de sua classe.

Conforme relata Boris Fausto,[(406)] as lutas dos trabalhadores no biênio 1918/19, envolviam uma série de reivindicações sobre salários, condições de trabalho, readmissão de operários demitidos em decorrência das greves de 1918, porém tinha como eixo central a organização sindical por parte dos empresários. Dividiam-se em dois grupos: o Centro Industrial do Brasil (CIB), sob a presidência de Jorge Street — cuja representação era minoritária e confinada, em larga escala, à indústria de lã — dispunha-se a conceder, chegando-se mesmo a um acordo; em lado oposto, estava o Centro Industrial de Fiação e Tecelagem de Algodão (CIFTA), constituído fazia pouco tempo, mas que reunia as maiores empresas. As suas concessões limitavam-se ao oferecimento de um pequeno aumento salarial que seria anulado pela fixação da jornada de 8 horas, enquanto a recusa ao reconhecimento do sindicato era frontal.

Por se tratar de uma disputa de correlação de forças, a burguesia industrial perde o controle do processo, resultando em uma intervenção do Estado no mercado

---

(405) Documentos Parlamentares, Comissão de Legislação Social, *Op. cit.*, p. 876.

(406) FAUSTO, Boris. *Trabalho urbano e conflito social (1890-1920)*, 3. ed. São Paulo: Difel, 1977.

de trabalho, com abrangência maior do que era esperado, regulamentando a jornada de trabalho do menor e da mulher e a lei de férias no comércio e indústria, medidas essas totalmente opostas aos seus interesses. É desse modo que as leis se tornam letra morta, conforme atesta a burguesia organizada no CIFTA, a partir de 1930, por se "achar alheia à realidade brasileira".(407)

No jornal *O Paiz* de 12 de junho de 1919, Jorge Street escrevia:

> (...) O velho mundo já passou pelas fases de resistência e teve de ceder. Nós devemos nos conformar com o inevitável e queimar as etapas que os outros já venceram. Isto me parece de boa e sã política para nós.
>
> Eis porque entendo, e comigo um bom número de industriais brasileiros que as associações de classe dos nossos operários, quando legalmente constituídas e quando representam realmente um grande número de operários de sua classe, como o caso da *União dos Operários em Tecidos* — devem ser realmente reconhecidas por nós, que com elas devemos tratar e procurar resolver as questões do trabalho que nos interessam.
>
> Penso assim porque estou convencido de que hoje, no estado de alma mundial do operariado, consciente da sua força e dos seus direitos, as associações de classe, nas condições a que nos referimos, longe de continuarem a ser fatores de perturbação de ordem, virão, pelo contrário, com o tempo, constituir elementos de ordem e grandes fatores de apaziguamento, que facilitarão a solução de problemas graves, oriundos da inevitável evolução econômico-social que se desenvolve por todo o mundo.(408)

No ano de 1920, importante manifestação dos trabalhadores de tecidos também ocorria em São Paulo, com fábricas que estavam funcionando com número reduzido de funcionários. O jornal *O Combate*(409) assim relatou o acontecimento:

> Em uma grande reunião da União dos Sapateiros, hontem realisada (18.4.1920), á qual compareceram muitos tecelões, depois de demoradamente estudada a situação dos operários em greve, de commum

(407) SILVA, Zélia Lopes da. *Op. cit.*, 1991, p. 41.

(408) MORAES FILHO, Evaristo de. *Op. cit.*, 1960, p. 207.

(409) "Movimento Operário". Jornal *O Combate*, edição n. 2, 17 fev. 1921.

> accôrdo foi deliberado que todos os operários que actualmente trabalham, concorressem com um dia de seu salário em favor dos operários que estão lutando pela vitória de sua causa. Deprehende-se dahi que o operariado paulistano continua a prestar a sua solidariedade moral e material á causa dos tecelões, os quaes por sua vez preferem toda a sorte de privações, a ceder á vontade ferrea do Centro Industrial de Fiação e Tecelagem (CIFT).

Ainda no ano anterior, a Companhia Nacional de Tecidos de Juta, de propriedade de Jorge Street, havia retornado da greve ao trabalho no dia 15 de maio de 1919, com o estabelecimento da jornada de oito horas e aumento sobre os salários. O periódico *A Plebe*(410) testemunhou que os industriais acreditavam que os aumentos concedidos eram generosos, com o argumento que tinham somado aos 20% acrescentados, supostamente, no ano de 1917. Todavia, fazia a seguinte indagação: *"Que importam os 20% do passado se a soma do que se obtém nas oito horas é inferior à que se recebia antes da greve atual?"*.

Jorge Street, conforme artigo escrito no jornal *O Paiz*, dava mostras de compreender as então modernas formas de organização do trabalho e também agia com bom senso. Não adiantava querer mais ignorar as alterações que o mundo do trabalho trazia para a sociedade. O único meio de seguir era enfrentá-lo, procurando ajustá-lo às condições contemporâneas da vida social.

Atento às mudanças econômicas e sociais pelas quais o país passava, Street temia que o acirramento das pautas trabalhistas pudesse ocasionar rupturas revolucionárias, como ocorrera há pouco tempo na Rússia. Para tanto, as associações de classes, conscientes de sua força e de seus direitos, longe de serem fatores de "perturbação da ordem", nas suas palavras, deveriam firmar o compromisso para o apaziguamento social.

Ao referir-se aos perigos inerentes ao modo de proceder das associações operárias e do próprio movimento, observa que muitas estavam em formação, exigindo e exercendo uma pressão violenta de outros agrupamentos. Diz ele: "a pratica tem demonstrado, no entanto a mim e a muitos dos meus companheiros, que semelhante violência é, na maior parte das vezes, oriunda da convicção, em que os operários estão, de que os seus desejos serão mal recebidos e pouco ouvidos, e por isso elles gritam alto e gesticulam de accôrdo".(411) Porém, quando os operários são

(410) Jornal *A Plebe*, edição n. 15, 24 maio 1919.

(411) *Idem*.

bem recebidos e ouvidos de boa vontade, os ânimos se arrefecem, e eles falam em termos perfeitamente aceitáveis e, quase sempre, levam conclusões satisfatórias e conciliadoras, no entender de Street.

Reconhece, todavia, que sua visão não é similar à dos outros grandes industriais, que divergem dele, julgando que não se deve tratar as pautas com a "União", ou seja, com o poder público. O embate, nesse caso, deveria ser diretamente solucionado entre a empresa e o movimento contestador. Cita a força do Centro Algodoeiro de São Paulo, como um instrumento forte e poderoso de pressão, que clamava por melhores condições para seus trabalhadores. Para Street, os industriais iriam, com o passar dos anos, abandonar o intento de recusa em não ouvir as demandas dos trabalhadores e "em breve, tratar com a 'União', o que, aliás, parece já estarem fazendo particularmente muitos que, quando reunidos, declaram solenemente ser um sacrilégio fazê-lo".[(412)] Por fim, no seu entendimento, o tempo iria mostrar qual lado que estava com razão.

O exemplo que Jorge Street deixou foi um grande passo em favor do reconhecimento das associações de classe dos trabalhadores operários pelo patronato nacional, embora, certamente, a posição de Street tenha um caráter de exceção em relação ao restante dos industriais.

---

(412) *Idem.*

Capítulo 4

A Reforma da Lei das Caixas Ferroviárias no CNT

O que mata a Estrada de Ferro Central,[(413)] *Rio de Janeiro, é a vaidade de seus engenheiros. Eles todos têm uma grande ânsia de imortalidade. É um sentimento motor nos homens e que, para o progresso de nossa triste humanidade, é preciso que não morra nos nossos corações.*

BARRETO, Lima. *O mal da 'Central'*.
Publicado em *Careta*, n. 671, 20 abr. 1921.

1. Os antecedentes históricos da previdência social no Brasil

No Brasil, tal como em outros países,[(414)] pode-se afirmar que tradicionalmente as funções da previdência e caridade social estavam organizadas em núcleos como a de famílias, associações de auxílio mútuo e organizações como a Igreja, especialmente a católica. Não obstante, devido às alterações trazidas pela industrialização e urbanização, essas entidades tornaram-se obsoletas e criaram, para a sociedade, um problema de difícil solução e fonte de conflitos sociais.

O problema da previdência passa a ser visto como um espaço de conflito em torno de quais instituições assumiriam a tarefa e quem teria o poder para administrá-la. Contudo, deixando de lado o aspecto administrativo, o problema da previdência social estava relacionado ao interesse imediato do Estado, que era a manutenção da ordem pública, estabilidade social e da tranquilidade. Sendo assim, no Brasil, como em qualquer outro país que tenha enfrentado a discussão

(413) Originalmente chamada Estrada de Ferro D. Pedro II, começou a ser construída em 1855. Com a proclamação da República, passou a se chamar Estrada de Ferro Central do Brasil. Foi uma das principais ferrovias do Brasil, ligando Rio de Janeiro, São Paulo e Minas Gerais.

(414) Em que é exemplo a Itália, com a *Società Italiana di Mutuo Soccordo* (1892), *Società Operaria Humanitaria Italiana di Mutuo Soccorso* (1896), *Società di Beneficenza Italiana* (1886), entre outras do final do século XIX e começo do século XX.

em torno da fundamentação da previdência, a questão está relacionada à expansão do Estado como realidade administrativa com o propósito de regular os conflitos sociais na garantia da preservação da ordem pública e da segurança nacional.

Antes do século XX, no Brasil, tais programas eram restritos apenas a membros das forças armadas e funcionários públicos. Apenas a partir da segunda década do século XX, que a previdência social mantida pelo poder público, foi estendida aos trabalhadores do setor privado. Por isso que políticas na área previdenciária, até os dias atuais, têm se mantido apartadas no setor público e no privado, trilhando caminhos separados e por vezes antagônicos. E no plano econômico, o setor dos ferroviários é de crucial importância, pois sem as estradas de ferro o desenvolvimento da economia jamais teria alcançado níveis verificados. As ferrovias permitiam um barateamento dos custos com o transporte da principal mercadoria exportável do país, além de contribuir para as grandes migrações internas, deslocando as populações das áreas de cultivo, e permitindo, com isso, o aumento do trabalho assalariado no processo de acumulação de capitais. De fato, a instalação das ferrovias esteve subordinada à lógica do capitalismo dependente, na tentativa de facilitar a exportação de bens primários e importação de manufaturas, tendo os portos como únicos mediadores entre os centros consumidores e produtores, o que trazia impactos para os trabalhadores desse segmento em relação às questões da melhoria de condições de trabalho que almejavam.

A "questão social", como se tem visto ao longo da pesquisa, foi um dos pontos centrais e cada vez mais intensos da luta política e social na Primeira República, que refletia tanto fatores internos quanto externos.

No âmbito interno, um fator de relevância foram as inquietações levadas a efeito pelas organizações trabalhistas, com caráter militante, que pressionava o poder público por melhores garantias aos trabalhadores na indústria e comércio. Ainda que esses movimentos possuíssem um caráter diversificado e incapaz de sustentar uma pressão em prol de uma legislação trabalhista unificada ou um partido de abrangência nacional, baseado numa classe social, o fato é que as greves e mobilizações aumentaram tanto em eficácia quanto se tornaram motivo de preocupação para o poder instituído. As greves de 1917 e 1919 contribuíram para um cenário de expressiva agitação dos trabalhadores que pressionavam o poder público, que teve, paralelamente às mobilizações dos trabalhadores, uma insatisfação que atingia setores do Exército que se pautavam por uma linha nacionalista, visando a uma revisão do sistema. A possibilidade de junção dessas forças para um movimento revolucionário era mais que motivo de preocupação para a ordem então constituída.(415)

Deve-se pontuar, ainda, que toda a vida industrial e comercial no Rio de Janeiro entre os anos de 1917 a 1919 passou por intensos movimentos grevistas. Os jornais dos meses de junho e julho de 1919 estão recheados de notícias de paralisações no trabalho. Falava-se muito em greve geral, com o exército aguardando a irrupção do movimento. Não se sabia quando ocorreria, mas havia a desconfiança que seria sempre no dia seguinte. A realidade é que a greve geral foi se fracionando em pequenas greves esparsas, que, não obstante se suceder em diversos ramos da atividade industrial, nunca chegou ao paroxismo de uma greve geral. Contudo, a vida normal da cidade se alterava, com a polícia cercando casas comerciais e fábricas para proteção das instalações e dos operários que desejavam trabalhar. Inúmeras prisões foram feitas. Entre as classes que se levantavam por melhores condições estavam os trabalhadores do comércio, tecelões, barbeiros, marceneiros, gráficos e muitas outras que reivindicavam melhores condições de trabalho.

O contexto internacional também exerceu influência nas discussões relacionadas à "questão social", merecendo destaque, sobretudo, a Revolução Russa (1917) e a Conferência de Paz (1919) que impulsionaram, por exemplo, a assinatura, por parte do governo brasileiro, do Tratado de Versalhes que dispunha de uma sessão inteira dedicada a tratar e estabelecer parâmetros para a solução da questão social. De fato, os intelectuais brasileiros, na figura de Maurício de Lacerda, Evaristo de Moraes, entre outros, estavam preocupados com a questão social e começaram o exame das legislações europeias com respeito à situação da classe operária. Os países vizinhos,(416) como Argentina (1915), Chile (1911) e Uruguai já haviam adotado o esquema de previdência social, influenciando os debates por aqui, mesmo porque, nesses países os conflitos trabalhistas originaram-se, essencialmente, por questões de ordem salarial e melhoria nas condições de trabalho (com ênfase na redução da jornada de trabalho).

---

(415) Essa análise do que passou a ser conhecido como "*Movimento Tenentista*" e que teve apoio de setores da população, é detalhada nos seguintes estudos: GOMES, Ângela de Castro. *Burguesia e Trabalho* (1979); SIMÃO, Azis. *Sindicato e Estado* (1966); CARONE, Edgar. *A República Velha*: Evolução Política (1972); MORAES FILHO, Evaristo de. *O problema do sindicato único no Brasil* (1950); DIAS, Everardo. *História das lutas sociais no Brasil* (1962); RODRIGUES, José Albertino. *Sindicato e desenvolvimento no Brasil* (1968).

(416) Ver mais informações: ISUANI, Ernesto. "The State and Social Security Policies Toward Labor: Theoretical Elements and The Argentine Case". Tese de Doutorado apresentada ao Departamento de Ciência Política da Universidade de Pittsburgh, EUA, 1979, capítulos 4 e 5; e ISUANI, Ernesto A. "Políticas de previdência social no Cone Sul". *Revista de Economia Política*, vol. 3, n. 3, jul./set. 1983. Disponível em: <http://www.rep.org.br/pdf/11-8.pdf>. Acesso em: 23 maio 2017.

No Brasil, as mobilizações que reivindicavam melhores salários e melhores condições de trabalho fizeram com que alguns políticos da situação procurassem reduzir as pressões dos trabalhadores, satisfazendo demandas específicas. Entre eles, Artur Bernardes que, na sua plataforma política de eleição, prometia a instituição da proteção de previdência social. Assim, seguiu uma linha dupla na pauta trabalhista: de um lado, instituiu uma política de forte repressão dirigida principalmente aos organizadores radicais; de outro, procurou a neutralização do ataque de certos grupos chaves para os trabalhadores, como os comunistas, observando, para tanto, as mudanças econômicas que o país atravessava.

Em 21 de julho de 1919, o jornal *Correio da Manhã* exclamava em sua manchete: "O operariado brasileiro e a parede universal — A greve e a chegada do embaixador brasileiro à Conferência da Paz". Havia o registro de mortos e feridos no encontro da polícia com os trabalhadores. O Centro Acadêmico Nacionalista se manifestou a favor dos operários, nas suas justas reivindicações, que deveriam ser asseguradas dentro de um ambiente de boa vontade e de mútua compreensão. O Centro Industrial de Fiação e Tecelagem de Algodão fez veicular sua resposta às propostas dos grevistas. Considerava tais proposições exageradas, apesar do clima para conciliação.[417]

Nos primeiros anos da década de 1920, a economia nacional passa por mudanças. Se nos primeiros anos da jovem República houve uma expansão do setor industrial, com a modernização de equipamentos trazidos por meio da importação de capitais acumulados, a partir de 1923 aumentam as dificuldades. Abre-se uma conjuntura desfavorável, caracterizada pelo reinício do fluxo de importações, que eram favorecidas por uma alta taxa de câmbio, que torna os produtos internacionais mais baratos. É um período de aumento das exportações do café, em que o setor encontra respaldo na "Política de Valorização".

É justamente nesse clima de dificuldades econômicas para os setores da indústria e comércio que a Câmara dos Deputados votará algumas leis de caráter social. Um momento importante que permite a compreensão da mobilização da burguesia urbana diante das novas leis e da ausência mais substancial do movimento operário, como ocorrera nos anos de 1916-1919.

---

(417) MORAES FILHO, Evaristo de. *Op. cit.*, 1978, p. 204. Durante o movimento grevista apareceram diversas associações de classe, sendo, entre outras, além da Associação dos Operários da América Fabril, um Centro Nacional dos Empregados em Escritórios.

Em 1922, Eloy Chaves[(418)] apresenta à Câmara um projeto que propõe a criação das Caixas de Aposentadorias e Pensões para um dos setores mais bem organizados do movimento operário, que eram os ferroviários. Vale observar que a Lei Eloy Chaves foi inspirada na legislação argentina e que os proprietários da Ferrovia Paulista procuraram Chaves para apresentar especificamente o projeto de lei.[(419)] O próprio Chaves havia sido Secretário de Justiça em São Paulo, durante a greve de 1917, tendo a experiência direta de observar o poder avassalador do movimento operário organizado e os perigos e riscos inerentes à situação.

O jornal *O Combate*, reportando à organização dos operários em 1917, registra que os trabalhadores estavam se utilizando de um direito reconhecido em todos os países civilizados, consagrado em leis, e expressamente reconhecido pelo governo. Na visão do jornal, os operários não queriam a greve porque confiavam na palavra oficial mais do que ela procurava se fazer valer. E, sim, por conta das ocorrências mais lamentáveis que as ocorridas em julho daquele ano, porque a atitude da imprensa do governo não deixava dúvidas sobre a iminência da violência em perspectiva. E, comentando sobre o acontecimento que havia ocorrido no dia anterior, o jornal *O Combate* destaca a figura de Eloy Chaves. Assim reporta o acontecimento sobre a greve:

> (...) À tarde, o dr. Thyrso Martins, delegado geral, acompanhado do 2º delegado auxiliar, dr. Virgilio Nascimento, subiu da Central, e, ao que parece, foram em procura do Dr. Accacio Nogueira. Ambos demonstravam viva preocupação. À noite, o Dr. Eloy Chaves, Secretario de Justiça, esteve em prolongada conferência com as três autoridades acima referidas. Precisamos advertir a polícia de que os seus passos neste assunto não são ignorados pelos operários. É natural que estes tenham também o seu serviço de vigilância. Por nossa parte, devemos declarar que temos em nosso poder até nomes dos espiões que, por conta da polícia, trabalham junto às fábricas. Se não os revelamos, é para não acirrar ódios no seio da classe, para evitar

(418) Eloy Chaves fora Secretario de Justiça em São Paulo durante o agitado ano de 1917 e na apresentação da lei, indica os elementos que o influenciaram e aconselharam na redação do projeto: dois homens de empresas ligados à Companhia Paulista de Estradas de Ferro e o jurista Prudente de Morais Filho, da notável família de políticos. Ver mais em MALLOY, James M. "A política de previdência social no Brasil: participação e paternalismo". *Revista Dados*, n. 13, IUPERJ, 1976, p. 93-100.

(419) *Assistência Médica da Previdência Social*, publicado pelo Ministério do Trabalho e Previdência Social (Rio de Janeiro, 1973), p. 18-19. E VIEIRA, Hermes Pio. *Op. cit.*, 1978, p. 14.

> pretextos que revistam de aparências de repressão necessária uma excusada provocação.[420]

A lei foi apresentada, assim, com o claro propósito de evitar conflitos de classe – ou entre capital e trabalho — e promover a harmonia social dentro do clima da lei e da ordem, já que Chaves conhecia a realidade e temia rupturas com mudanças radicais. Nas suas palavras:

> À esperada luta de classes figurada e aconselhada pelos espirítos extremos ou desvairados, por estranhas e complicadas paixões, eu anteponho, confiado no êxito final, a colaboração íntima e pacífica de todos em benefício comum e dentro da ordem. (...) Cumpre-nos a nós, os contemporâneos desse acontecimento extraordinário, dar remédio aos males e solução ao caos dele decorrente. Estamos em novos tempos: as classes menos favorecidas aspiram muito justamente um maior quinhão de vida e de conforto. Cumpre atendê-las com espírito liberal e amigo.[421]

Eloy Chaves via claramente na lei um instrumento para frear o ímpeto da classe trabalhadora e, consequentemente, os conflitos sociais, lidando com uma das dimensões da questão social. Contudo, de acordo com a visão da imprensa operária da época e de seu relato, parece que estava procurando responder ao movimento sindical que praticamente não teve papel algum na redação do projeto de lei. Na apresentação formal, Chaves expôs o projeto como resposta à agitação trabalhista.

Fato é que quando o projeto foi aprovado na Câmara e transformou-se em Lei n. 4.682,[422] de 24 de janeiro de 1923, Eloy Chaves sabia da situação e da pressão dos trabalhadores para o cumprimento da legislação trabalhista, de modo que foi a segunda a ser aprovada no campo dos direitos sociais. Estipulava, em seu texto, a formação de um fundo para aposentadorias e pensões para cada companhia ferroviária, com quatro benefícios sendo assegurados: assistência médica,

---

(420) "O nosso "furo" poz a polícia em polvorosa". Jornal *O Combate*, 4 set. 1917.

(421) BRASIL, Ministério do Trabalho e Previdência Social. "Eloy Chaves: precursor da previdência social no Brasil". Departamento Nacional de Previdência Social, Divisão de Divulgação e Intercâmbio. Composto e Impresso na Gráfica do IAPB, divulgação n. 15, 1965, p. 16.

(422) Decreto n. 4.682, de 24 de janeiro de 1923. – "Crea, em cada uma das empresas de estradas de ferro existentes no paiz, uma caixa de aposentadoria e pensões para os respectivos empregados". Disponível em: <http://www.planalto.gov.br/ccivil_03/decreto/historicos/dpl/dpl4682.htm>. Acesso em: 28 abr. 2016.

aposentadoria, pensões para dependentes e auxílio para funerais, além de designar que, após um período de dez anos de serviço em uma empresa, o trabalhador só poderia ser demitido em caso de falta grave. Observa-se, desse modo, que, além da questão dos acidentes de trabalho, que já vinha sendo discutida desde 1915 com mais ênfase, pelo projeto de Adolpho Gordo, passava-se agora a estabelecer garantias para os trabalhadores em caso de enfermidades, amparo na velhice e meios para subsistência de sua família após sua morte.

O Jornal,(423) no dia de 28 de janeiro de 1923, destaca os telegramas recebidos pelo presidente da República, de felicitações e agradecimentos pela sanção da resolução legislativa que criava a Caixa de Aposentadoria e Pensões para os empregados ferroviários.

Embora restrita a uma categoria profissional, a Lei Eloy Chaves foi importante por dois aspectos que Malloy(424) destaca:

> Primeiro, porque os conceitos legais e princípios de organização contidos na lei tornaram-se base para a futura elaboração do sistema de previdência social no Brasil e continuam ainda hoje a soldar grande parte da política. Segundo, a lógica utilizada pelo deputado Chaves oferece claros indícios das percepções e atitudes que têm prevalecido entre a maior parte dos decisores do campo da previdência social.

O autor ainda destaca que as Caixas de Aposentadorias e Pensões (CAPs) foram criadas como entidades públicas, com autonomia, autorregulatórias em assuntos internos, apenas estando sob supervisão estadual. Três foram as fontes que contribuíram para seus fundos:

> O empregado, com 3% de seu salário mensal; a empresa, com 1% de sua renda bruta e o governo federal, com uma soma arrecada do público através de taxas de serviços ferroviários. Esse conceito foi a base do que seria mais tarde incluído na constituição nacional como a contribuição tripla para o sistema de previdência social. Cada membro da CAP recebia benefícios proporcionais às contribuições mensais.

---

(423) "O Governo da República e o Governo da Cidade". *O Jornal*. Rio de Janeiro, edição 1.241, 28 jan. 1923.

(424) MALLOY, James M. *Op. cit.*, 1976, p. 97.

De acordo com Ângela de Castro Gomes,(425)o interessante a ser observado sobre a lei das Caixas de Aposentadorias e Pensões é que a Previdência Social não é constituída como um direito do cidadão, mas sim como direito contratualmente obtido através de contribuições ao longo dos anos. Quanto ao argumento utilizado pelo deputado Eloy Chaves para defender seu projeto, em torno da legislação social na Câmara, está a preocupação em se prevenir embates violentos entre os interesses do capital e trabalho, promovendo reformas lentas e graduais, que tivesse respaldo da própria elite política do país e, por outro lado, a defesa dos trabalhadores não apenas das péssimas condições de vida que enfrentavam, como daqueles que se aproveitavam do momento, diante das péssimas condições de trabalho. Assim, a previdência social, desde seus primórdios, não foi baseada no conceito de direito à previdência inerente à condição do trabalhador como cidadão, mas sim no conceito de previdência social em que a proteção era um direito contratualmente adquirido, baseado em contribuições ao longo do tempo.(426)

No ano de 1923, outras propostas do campo da legislação social são encaminhadas e debatidas. Uma delas é a de lei de acidentes do trabalho, que já havia sido objeto de debates nos anos de 1921, e que volta à pauta em torno de questões específicas. São identificadas — pelos legisladores da época — as dificuldades de aplicação da lei, sendo a falta de cooperação entre as classes uma delas. Há, contudo, o elogio da Companhia de Seguros criada para esses casos e são designadas normas para seu funcionamento. Uma delas é a concernente à fiscalização pelo recém-criado Conselho Nacional do Trabalho, sem prejuízo de fiscalização da Inspetoria de Seguros.(427)

Importante registrar que o Conselho Nacional do Trabalho foi fruto também da época e do momento que o país atravessava. Com a Coluna Prestes, a "Coluna Revolucionária", como destaca Everardo Dias,(428) que agitava as multidões por onde passava, despertava nelas a ideia de rebeldia e aspirações por melhores dias, era evidente o descontentamento cada vez maior nos centros urbanos no governo de Bernardes. Decaía, assim, o prestígio do presidente, sendo necessário transmitir-lhe algum vigor. Nas eleições para a renovação do Conselho Municipal do Distrito Federal, Maurício de Lacerda, que foi preso na madrugada de 5 de julho de 1924 e em plena e rigorosa incomunicabilidade, era eleito, mesmo assim, por

(425) GOMES, Ângela Maria de Castro. *Op. cit.*, p. 121.

(426) MALLOY, James M. *Op. cit.*, 1976, p. 98.

(427) *Ibidem*, p. 122.

(428) DIAS, Everardo. *Op. cit.*, 1962, p. 148.

grande parcela do povo carioca, apesar da temível máquina de corrupção governamental, do estado de sítio e das perseguições políticas ao eleitorado. Vendo o seu prestígio cair vertiginosamente, Bernardes altera sem rupturas drásticas seu governo, colocando no Ministério da Justiça Afonso Pena Júnior e substitui na Chefia da Polícia o marechal Carneiro da Fontoura pelo magistrado Carlos Costa, tratando de dar efetividade ao Conselho Nacional do Trabalho, órgão consultivo criado pelo decreto de 1923, mas sem realidade prática até essa data. Na realidade, o CNT fora ideia de Maurício de Lacerda, que, como deputado, em 1917, apresentou à Câmara Federal uma verdadeira estrutura de legislação social, da qual constava a criação do Departamento Nacional do Trabalho (que seria um órgão destinado a constituir-se como o grau máximo para estudos e fiscalização para o estabelecimento de uma legislação social no Brasil, devendo ser o germe de um futuro ministério independente) para dirimir todos os assuntos relacionados à organização do trabalho e previdência social.

O Conselho Nacional do Trabalho (CNT), criado também com o propósito de ser um órgão consultivo do governo, passou a tomar conta especialmente da atividade de avaliação e julgamento e das demissões dos trabalhadores ferroviários, tendo como fundamento a Lei Eloy Chaves,[(429)] que é um dos primeiros esforços de criação de um sistema previdenciário no Brasil e uma das primeiras leis de proteção ao trabalho no país. Os litígios seriam similares aos que a Justiça do Trabalho, mais tarde, teria que cobrir. Ao final da década de 1920, o CNT havia acumulado jurisprudência suficiente sobre as decisões com base na lei de Caixas de Aposentadoria e Pensões e, como decorrência, a aplicação do decreto teve como consequência a criação de uma estrutura de conciliação de conflitos de trabalho no âmbito do Estado.[(430)] Ângela de Castro Gomes[(431)] observa que, em decorrência das greves de São Paulo e do Rio de Janeiro, foi criada a Caixa de Aposentadoria e Pensões para os Ferroviários, a primeira das CAPs. Com ela, e por motivos atuariais, foi constituída a estabilidade no emprego, no ano de 1923.

---

(429) No *site* da Previdência é possível conferir o histórico de legislações do período de 1888-1933: <http://www.previdencia.gov.br/acesso-a-informacao/institucional/historico/periodo-de-1888-1933/>. Acesso em: 24 abr. 2016.

(430) Para mais informações sobre a Lei Eloy Chaves, ver CAIXA DE APOSENTADORIA E PENSÕES DE ESTRADAS DE FERRO, Disponível em: <http://cpdoc.fgv.br/sites/default/files/verbetes/primeira-republica/CAIXAS%20DE%20APOSENTADORIA%20E%20PENS%C3%95ES.pdf>. Acesso em: 24 abr. 2016.

(431) GOMES, Ângela de Castro. *Cidadania e direitos do trabalho.* Rio de Janeiro: Jorge Zahar Editor, 2002.

De acordo com Evaristo de Moraes Filho: "Nos artigos da lei instituidora do Conselho [Nacional do Trabalho], encontra-se o programa detalhado das suas finalidades, quais sejam, entre outras: a de previdência social, além de lhe atribuir a incumbência de efetuar estudos que pudesse interessar a essa organização, devendo preocupar-se, igualmente, com a tarefa de elaborar um programa trabalhista, inclusive seguros e caixas de aposentadoria de ferroviários, fundadas pela lei de janeiro do mesmo ano".(432) A discussão sobre a reforma das Caixas Ferroviárias(433) ocupará os debates no CNT na segunda metade da década de 1920.

Foram convocados para tomar parte nas sessões do Conselho Nacional do Trabalho representantes das Caixas de Aposentadoria e Pensões das Estradas de Ferro, no total de vinte e uma, Sindicatos Operários reconhecidos pelo governo e representantes dos industriais e associações comerciais, na qualidade de empregadores.(434) Passou em estudos e debates grande parte do tempo, mas afinal ficou vencida a legislação que constava do antigo projeto de Maurício de Lacerda, com várias alterações, inclusive a lei de 15 dias de descanso remunerado aos empregados e operários dos estabelecimentos comerciais, industriais e bancários.

Essa lei, em que pese ter sido promulgada em dezembro de 1925, e devidamente regulamentada, nunca teve aplicação senão de maneira ocasional, por parte de algumas empresas, recusando-se sempre as grandes ao seu cumprimento, especialmente as *Company Limited* estrangeiras que monopolizavam os serviços ferroviários, transportes coletivos, eletricidade, gás, minas, metalurgias, frigoríficos etc., e quando os trabalhadores postulavam para o seu cumprimento e eram forçados a recorrer à greve e paralisações por melhores condições de trabalho, encontravam da parte do governo, em vez do apoio legal às suas reivindicações, a repressão policial e prisões, quando não a expulsão do território nacional.

---

(432) MORAES FILHO, Evaristo de. *Tratado elementar de Direito do Trabalho*. Rio de Janeiro/São Paulo: Freitas Bastos, 1960. p. 313-314.

(433) Ver também Alfredo João Louzada, para quem "O Conselho Nacional do Trabalho, creado pelo decreto n. 16.027, de 30 de abril de 1923 como instituição consultiva dos Poderes Publicos em assuntos referentes á organização do trabalho e da previdencia social, ficou com a incumbencia de efetuar estudos que pudessem interessar a essa organização, devendo preocupar-se com um interessante programa trabalhista, inclusive seguros e caixas de aposentadoria dos ferroviários, fundadas por lei, meses antes.

Esse programa é detalhado nos arts. 2º e 8º, do decreto de creação do instituto. Mas o Conselho não surgiu sob auspicios promissores, tanto que não dispunha de recursos, nem de verbas proprias. Matinha-se, como qualquer instituição particular, de uma pequena subvenção orçamentaria. Como não era possivel, com tais recursos, realizar, mesmo a parte mais simples de seu programa, pensou-se por muito tempo que o Conselho só fora creado para dar a aparencia de cumprimento áquele compromisso internacional". *In*: LOUZADA, Alfredo João. *Legislação Social-Trabalhista:* coletânea de decretos feita por determinação do Ministro do Trabalho, Indústria e Comércio [1933], 2. ed. Brasília: Ministério do Trabalho e da Previdência Social, 1990.

(434) DIAS, Everardo. *Op. cit.*,1962, p. 149.

Os membros do CNT participavam de maneira ativa dos estudos sobre a questão previdenciária e trabalhista. A avaliação feita da própria legislação ficava a cargo de outra instância estatal: a Comissão de Legislação Social da Câmara dos Deputados que, conforme já podemos constatar em outros capítulos, tiveram os debates trazidos à discussão por figuras como Maurício de Lacerda. Os documentos que nos transmitiram todos esses atores revelam a árdua e, por vezes, difícil convivência entre os representantes dos órgãos oficiais com consequências para os trabalhadores. Os especialistas nas leis sociais compartilharam o processo em questão, porém com divergências em diversas situações, especialmente nos pontos destacados no transcorrer do planejamento e quanto à interpretação das leis voltadas para o resguardo dos trabalhadores. Os desentendimentos podem ser observados, por exemplo, na questão da uniformidade do sistema da previdência.

A proposta dos membros da Comissão de Legislação Social dependia, para que tivesse êxito, da aprovação do CNT, conforme será demonstrado mais à frente quando pudermos constatar a atuação. Os membros desse órgão, contudo, não aceitavam de bom grado a sugestão que resultava em "intervir em assunto à autonomia dos estados, aos quais se deve deixar a mais ampla liberdade de legislação em matéria de direito adjetivo".(435)

Passemos, pois, à análise da reforma empreendida pelo CNT na Lei das Caixas dos Ferroviários e suas implicações nas discussões sobre a legislação trabalhista.

No ano de 1925 o Conselho Nacional do Trabalho ficou incumbido de analisar a reforma da lei das caixas ferroviárias, que procurava assegurar a milhares de trabalhadores assistência à doença, socorro à invalidez, aposentadoria à velhice ou inutilização no serviço, e que tinha como intuito se estender aos trabalhadores de outras empresas de transporte e indústria.

O próprio art. 2º do Decreto(436) 16.037, de 30 de abril de 1923, que trata da criação do CNT, já assegurava o estudo da previdência social, visando atender as

---

(435) *Conselho Nacional do Trabalho: Ata da Quinta Sessão*, 1923. *Apud* PINHEIRO, Paulo Sérgio; HALL, Michael McDonald. *Op. cit.*, vol. 2, p. 229-303.

(436) Decreto n. 16.037 — de 30 de abril de 1923 – Art. 2.º Além do estudo de outros assumptos que possam interessar á organização do trabalho e da previdência social, o Conselho Nacional do Trabalho occupar-se-á do seguinte: dia normal do trabalho nas principaes industrias, systemas de remuneração do trabalho, contractos collectivos do trabalho, systema de conciliação e arbitragem, especialmente para prevenir ou resolver as paredes, trabalho de menores, trabalho de mulheres, aprendizagem e ensino technico, accidentes do trabalho, seguros sociaes, caixas de aposentadorias e pensões de ferroviários, instituições de credito popular e caixas de credito agricola.

aposentadorias das caixas e pensões de ferroviários, instituições de crédito popular e caixas de crédito agrícola. Na sessão inaugural do Congresso de Mutualidade e Previdência Social, o ministro da Agricultura, Miguel Calmon, dizia a delegados brasileiros e estrangeiros:

> Attendendo á complexidade das questões de trabalho e previdência social, num paiz de grande extensão territorial como o nosso, e á necessidade de corresponder ás obrigações internacionaes, decorrentes das convenções de que o Brasil foi signatário, resolveu crear o Governo recentemente *o Conselho Nacional do Trabalho, que terá por missão não só proceder a inquéritos frequentes sobre todas as questões que se relacionem com o trabalho, sob as suas várias formas, como tambem fiscalizar a execução de todas as disposições legislativas federaes a ellas concernentes,* além de servir de nexo entre o nosso paiz e o *Office Internacional Du Travail.*(437)

Com o intuito de tornar conhecido por toda a sociedade e todos interessados o anteprojeto de reforma da lei das caixas de aposentadorias e pensões dos ferroviários, o presidente do Conselho Nacional do Trabalho, Ataulpho Nápoles de Paiva, convocou para uma grande reunião na capital, que ocorreu em 25 de maio, os representantes de todas as estradas de ferro do país e dos conselhos administrativos das caixas.

Foi expedido às diretorias das estradas e às caixas o seguinte telegrama emitido pelo presidente do CNT:

> Achando-se o Conselho Nacional do Trabalho muito empenhado, de accordo com o pensamento do Governo da União, em apresentar, sem demora, ao Congresso Federal um substitutivo ao projecto de reforma que está sendo discutido no Senado sobre a lei de aposentadorias e pensões dos ferroviários e desejando ouvir todas as autoridades e a opinião dos verdadeiros interessados, nomeou uma commissão especial de quatro de seus abalisados membros, conjunctamente com os legítimos e illustres representantes das Caixas das Companhias Paulista São Paulo Railway, Mogyana e Leopoldina Railway, que acabam, após longos e contínuos trabalhos, de elaborar

(437) CARVALHO NETO, Antonio Manoel de. 1926, *op. cit.*, p. 81.

> um projecto uniforme que foi approvado unanimemente em conjumcta pelo mesmo Conselho Nacional do Trabalho.(438)

É interessante vermos as respostas dos diretores das empresas e o modo como se reportavam ao CNT. Assim, em resposta, recebeu o presidente os telegramas e ofícios abaixo:

Do Dr. Antonio Prado,(439) diretor da Companhia Paulista de Estradas de Ferro:

> Tenho a honra de accusar o recebimento do telegramma de Y. Ex. datado de 20 do corrente, communhando ter esse Conselho convocado uma reunião geral de todas as Caixas e Directorias de Companhias ferroviárias para o dia 25 de Maio p. futuro, nessa Capital, afim de tomar conhecimento do projecto a ser presente ao Congresso Federal para reforma de lei de aposentadorias e pensões dos ferroviários. Agradecendo a gentileza da communicação, aproveito o ensejo para levar ao conhecimento de V . E x. que a Companhia Paulista será representada na reunião acima aludida pelo Chefe do Escriptorio "Central, Sr. Dr. Heitor Freire de Carvalho.

Do Dr. Arlindo Luz, diretor da Estrada de Ferro Sorocabana:(440)

> São Paulo — Tenho a honra de communicar a V. Ex. haver recebido seu telegramma em que teve a bondade de convidar a Sorocabana a

---

(438) *Revista do Conselho Nacional do Trabalho*, n. 1, 1925, p. 18.

(439) De acordo com o CPDOC da FGV: "Antônio da Silva Prado nasceu na cidade de São Paulo em 25 de fevereiro de 1840, filho de Martinho da Silva Prado e de Veridiana Valéria da Silva Prado, de abastada e tradicional família paulista. Seu pai foi deputado provincial em São Paulo em três legislaturas. De 1880 a 1881 foi também diretor da Companhia Paulista de Vias Férreas e Fluviais, a primeira estrada de ferro de capital exclusivamente brasileira, fundada anos antes por seu pai e outros grandes proprietários rurais paulistas para transportar o café que produziam até o porto de Santos. Em 22 de janeiro de 1928, Antônio Prado renunciou à presidência da Companhia Paulista de Estradas de Ferro, alegando problemas de saúde. Em sua longa gestão, iniciada em 1892, foi o responsável por estender as linhas da ferrovia até as divisas do estado, construindo mais de seiscentos quilômetros, introduziu o reflorestamento com eucaliptos visando à confecção de dormentes e ao uso como combustível para as locomotivas a vapor, implantou a eletrificação, que foi iniciada em 1919 e concluída em 1925, adquiriu vagões de passageiros feitos de aço e modernas locomotivas, tornando a companhia de padrão internacional e garantindo sua rentabilidade". Ver em: <http://cpdoc.fgv.br/sites/default/files/verbetes/primeira-republica/PRADO,%20Ant%C3%B4nio.pdf>. Acesso em: 24 abr. 2016.

(440) Sobre a Estrada de Ferro Sorocabana, vale a observação de que "O projeto da Estrada de Ferro Sorocabana inseria-se em um contexto de recuperação da mesma que, colocada à sorte das empresas

se fazer representar na reunião geral marcada para vinte e cinco de Maio. Vou sem demora dar conhecimento ao governo de S. Paulo do honroso convite e pedir instrucções. Desde já, porém, quero apresentar a V. Ex. meus attenciosos agradecimentos e respeitosas saudações.

Do Dr. Carlos Stevenson, diretor da Companhia Mogyana:[(441)]

Tenho o prazer de accusar o presado telegramma de V. Ex. communico que com todo o prazer comparecerei á reunião convocada para 25 de Maio proximo. Cordiaes saudações.

Do Dr. Guimarães, diretor da Noroeste:[(442)]

Baurú – Accuso o recebimento do vosso telegramma de hoje datado convidando esta directoria a fazer-se representar na reunião por vós promovida nessa Capital para o dia 25 de Maio, afim de deliberar sobre projecto de reforma da Caixa de pensão dos ferroviários, organisado pela commissão do Conselho Nacional do Trabalho. Agradecendo o honroso convite, tenho a informar que esta directoria se fará representar pelos Sr. Dr. Director ou outro funccionario designado, caso não possa pessoalmente comparecer. Cordiaes saudações.

Do secretário da Companhia Estrada de Ferro Victoria a Minas:

De ordem da directoria, accuso o recebimento de vosso telegramma de 21 do corrente relativamente ás modificações a serem apresentadas ao

privadas, passava a sofrer enorme deteriorização. Em 1920, voltando a ser patrimônio do Estado, esforços foram delineados no sentido de sua restauração e modernização. E foi sob essa conjuntura, que o então diretor da via férrea, Arlindo Luz, contratou ao politécnico Carlos Cardoso, o qual, por sua vez, com o intuito de elaborar uma profícua proposta para a eletrificação de alguns trechos da ferrovia, seguiu rumo aos Estados Unidos e à Europa, ali coletando os materiais e as informações necessárias à execução de tal tarefa". Ver em: <http://www.poli.usp.br/pt/a-poli/historia/galeria-de-diretores/209-prof-dr-antonio-carlos-cardoso.html>. Acesso em: 24 abr. 2016.

(441) Sobre a Companhia Mogyana de Estradas de Ferro, ver a dissertação de Rita de Cássio Francisco, "As oficinas da Companhia Mogiana de Estradas de Ferro: arquitetura de um complexo produtivo", que faz um balanço sobre as oficinas ferroviárias de Campinas, no início do século XX. Disponível em: <http://www.teses.usp.br/teses/disponiveis/16/16133/tde-26032009-145929/en.php>. Acesso em: 24 abr. 2017. Ainda nesse, em julho de 1917, o governo, através do aparato policial, combateu fortemente os grevistas da Companhia Mogiana de Estradas de Ferro. Ver mais detalhes em: "Herois anonimos", <http://www.centrodememoria.unicamp.br/sarao/revista03/sarao_em_cronica_01.htm>. Acesso em: 7 jun. 2017.

(442) Sobre a Companhia Ferroviária Noroeste, ver o estudo de Nilson Ghirardello, "A companhia estrada de ferro Noroeste do Brasil". Disponível em: <http://books.scielo.org/id/z3/pdf/ghirardello-9788539302420-02.pdf>. Acesso em: 24 abr. 2017.

> Congresso para a lei de Aposentadorias e Pensões dos ferroviários. A Companhia pede-vos enviar para este escriptorio uma copia do projecto annunciado pelo referido telegramma, afim de ser estudado o assumpto. A Companhia se fará representar na sessão do Congresso. Com a maior estima subscrevo-me .

O presidente ainda recebeu respostas de outros dirigentes como o do gerente da Southern S. Paulo Railway; do diretor geral da Viação Férrea do Rio Grande do Sul; da Companhia Dourado, de São Paulo; do chefe do tráfego da Estrada de Ferro de Paracatú, do diretor da Companhia Piauhy; do diretor da Estrada de Ferro Santa Catharina, entre outros representantes, que tinham como teor as discussões sobre a fiscalização das caixas de pensões e aposentadorias.

Entre as atribuições da Secretaria-Geral, uma das mais relevantes era a de justamente superintender a fiscalização das caixas de pensões e aposentadorias criadas por lei. Assim, o Decreto 4.682 de 24 de janeiro de 1923, criava em cada uma das estradas de ferro nomeadas acima e nas outras, uma Caixa de Aposentadorias e Pensões para os respectivos trabalhadores, que veio trazer inúmeras demandas para a Secretaria-Geral. Quando entrou em execução a lei, não teve de imediato o respectivo regulamento, fazendo com que as caixas começassem a endereçar para o CNT as consultas, no sentido da interpretação dos pontos que consideravam obscuros ou carecedores de hermenêutica oficial.

De maneira ativa, a Secretaria-Geral passou a orientar os serviços das caixas, uniformizando sua ação, e o CNT começou, aos poucos, firmar doutrina, decidindo sobre os casos que lhe fossem afetos. Contudo, as consultas e demandas cresceram em número e o CNT viu-se obrigado a não tomar conhecimento delas, reconhecendo que a sua função definida em lei era de órgão consultivo ao governo e tão somente. Limitou-se o CNT a deliberar sobre os recursos dos ferroviários de conformidade com a lei, e esses mesmos recursos produziram forte carga de trabalho aos conselheiros do órgão.

Para o CNT, os recursos e as suas deliberações eram reconhecidas e acatadas pelas caixas existentes. Todas as decisões que constituíam a jurisprudência do CNT eram devidamente colecionadas para serem publicadas em momento oportuno. Já no que concernia à Secretaria-Geral, diz o CNT que a fiscalização das caixas em toda a sua plenitude não eram exercidas pela ausência absoluta de recursos materiais. Em diversos momentos há queixa sobre a falta de suprimentos necessários para o bom andamento dos trabalhos. O conhecimento que a Secretaria-Geral detinha do funcionamento das caixas, através da troca de correspondências oficiais e pelos estudos dos relatórios em seu poder, não era suficiente para precisar os informes exatos, ao conselho.

Um caso que merece destaque é o que envolve o engenheiro João de Carvalho Júnior, em recurso encaminhado ao Ministério do Trabalho, Indústria e Comércio, no ano de 1927, sendo um dos primeiros processos envolvendo o CNT em relação às Caixas de Aposentadorias e Pensões. No recurso encaminhado, João de Carvalho, que vinha exercendo o cargo de engenheiro e superintendente da Estrada de Ferro Maricá desde 1º de julho de 1917, foi surpreendido no dia 23 de agosto de 1926 (portanto, após a reforma constitucional de junho daquele ano),(443) com a comunicação de Henri Borne, administrador delegado da *Compagnie Générale de Chemins de Fer des États Unis du Brésil,* de se achar exonerado de suas funções. A comunicação não se revestiu de aspectos legais — a dispensa de que se trata feria os direitos assegurados pelo art. 42, do Decreto n. 4.682, de 24 de janeiro de 1923 — pois sendo ferroviário com mais de 10 anos de serviços, a Estrada prescindiu do inquérito que poderia dar forma legal à exoneração.

Acresce ainda a circunstância de que, como superintendente da estrada, era por força de lei estabelecida da Caixa de Aposentadorias e Pensões da mesma estrada, faltando à sua dispensa os requisitos legais, de modo que os atos incorreriam em nulidade. Cabia, portanto, ao Conselho Nacional do Trabalho recorrer a esse instituto no sentido de que fosse intimada a cumprir a lei recorrida.(444)

No entendimento do Conselho de Administração da *Compagnie Générale de Chemins de Fer des États Unis du Brésil,* em sessão de 23 de julho de 1927, resolveu dispensar do cargo de superintendente da Estrada de Ferro Maricá, fazendo cessão das funções de João de Carvalho Jr.

No dia 15 de dezembro de 1927, o CNT, tendo por base vários acórdãos que já haviam sido proferidos a esse respeito, postulava que não era mais lícito contestar essa competência, de que poderia intervir no caso, que, aliás, era confirmada pela disposição constante no art. 69, do regulamento aprovado pelo Decreto n. 17.941, de 11 de outubro de 1927, bem como o que já estava consolidado pelo art. 42 do Decreto n. 4.682, de 24 de janeiro de 1923, de que o recorrente poderia ser apenas demitido no caso de falta grave, apurada em inquérito administrativo, presidido por engenheiro da Inspetoria Federal das Estradas. Com base em tal

(443) No dia 3 de setembro de 1926, a Reforma Constitucional incluiu o n. 28 no art. 34 da CF, estabelecendo competência privativa do Congresso Nacional para legislar sobre o trabalho. A Emenda era dos deputados Carvalho Neto, Nogueira Penido, Nicanor Nascimento e Vicente Piragibe.

(444) Trata-se do Processo n. 380, encaminhado à 2ª Seção, do CNT/MDIC, no ano de 1927.

entendimento, o Conselho Nacional do Trabalho condenou a *Compagnie Générale des Chemins de Fér des États Unis du Brésil*, concessionária da Estrada de Ferro de Maricá, a readmitir o engenheiro João de Carvalho Júnior, sendo-lhe assegurado o direito ao pagamento dos respectivos vencimentos, desde a data da demissão.

Pelas comunicações que eram recebidas, havia, até esse momento de 1935, 29 caixas instaladas em todo o país e, pelos balanços em poder da Secretaria-Geral, verificava-se que os fundos acumulados em virtude do exercício de 1923 montavam em Rs 11.766:323$724 réis para a moeda da época. E para o mesmo exercício a receita foi de Rs. 13.505:907$187 réis. A receita maior, de acordo com o relatório do CNT, coube à Cia. Paulista de Estradas de Ferro, na importância de Rs. 505:008$835 réis e a menor à Companhia Ferroviária São Paulo-Goyaz, na importância de 346$890 réis.[(445)] Os saldos, todavia, apresentados pelas caixas, não deveriam servir para alimentar nenhuma impressão otimista, acerca do futuro dessas, se a reforma da lei não fosse feita em bases sólidas, para proteção e garantia do direito dos trabalhadores ferroviários, é algo que possamos depreender dessa situação.

Na sessão de 15 de setembro de 1924, a Secretaria-Geral teve ocasião de trazer ao conhecimento do conselho alguns fatos que se relacionavam com a vida das caixas, acompanhando-as com observações ditadas pela experiência e provenientes do trato diário com as questões ferroviárias.

Para a Secretaria-Geral, havia necessidade de um estudo das condições das caixas para verificar se poderiam atingir seus fins. Um atuário deveria estudar o mecanismo de funcionamento das caixas, para colocar em evidência os erros científicos da organização. Com o intuito de prestar aos ferroviários e aos membros de suas famílias socorros médicos, para concessão de aposentarias e pensões, assumindo as obrigações em casos de acidentes do trabalho, era necessário regular o funcionamento para suportarem o peso das despesas futuras mesmo dentro das fontes de renda atribuídas na lei que se encontrava em vigor.

Era necessário, assim, que o Conselho Nacional do Trabalho propugnasse pela constituição de fundos diversos, um destinado aos amparos médicos e outro para o serviço de aposentadorias e pensões, no sentido de evitar o fracasso da lei. Nessa mesma sessão que a Secretaria-Geral pediu atenção do CNT para os inconvenientes da lei em vigor, o conselho deliberou que fosse nomeada uma comissão composta por Ataulpho de Paiva, Afrânio Peixoto, Rocha Vaz, Herculano

(445) *Ibidem*, p. 72.

de Freitas, Araújo Castro e Mario Poppe, para que se elaborasse uma reforma da lei das caixas e da que havia criado esse instituto.

A comissão, em diversas reuniões efetuadas na sede do conselho, estudou o assunto, sendo escolhido o Sr. Libânio da Rocha Vaz para relator. Em sessão do dia 10 de outubro foi apresentado o trabalho elaborado pela referida comissão, tendo a convite comparecido o relator no Senado Federal Sr. Sampaio Côrrea, de um projeto de reforma da lei das caixas. Depois de ouvir a leitura do trabalho da comissão, o senador Sampaio Côrrea falou sobre o projeto que estava em discussão no Senado Federal, salientando a perfeita harmonia existente entre o anteprojeto do conselho e o organizado para substituir o que se achava em discussão no Congresso. Recebendo o trabalho do conselho, disse o representante do Distrito Federal que introduziria na futura lei de reforma as sugestões do conselho que lhe não tinham ocorrido quando redigiu o substitutivo.

Assim, tendo o conselho dirigido, antes de iniciar os estudos da comissão para esse fim, uma circular aos conselhos administrativos das caixas solicitando a sua colaboração para a confecção do projeto compareceram à sede do CNT, assistindo à sessão do dia 23 de outubro, três representantes das caixas mais importantes do estado de São Paulo. Esses representantes eram Monlevade, Cerqueira Lima e Marcos Méllega, apresentando sugestões ao conselho em nome das caixas paulistas, que para esse fim efetuaram, em Jundiaí, uma conferência em que tomaram parte membros dos seus conselhos.

Muitas das ideias lembradas pelas companhias de São Paulo já tinham sido adotadas na comissão do conselho e se encontravam contidas no projeto. Desse modo, foi com grande satisfação que os representantes paulistas viram que o conselho sentia as necessidades dos interessados na lei das caixas e reconhecia a vantagem de serem alterados muitos dos seus pontos. Os representantes de São Paulo declararam ao conselho estarem plenamente seguros de que o instituto iria preencher os fins para que foi criado e viam nele um órgão em que podiam depositar confiança, não apenas para amparar os interesses dos trabalhadores ferroviários, como para dirimir as questões operárias.

A reforma se fazia necessária, nesse sentido, porque havia direitos criados pela lei que precisavam ser amparados, não bastando consubstanciá-los no corpo da legislação; era forçoso dotá-lo dos meios de vida e execução. É desse modo que em 13 de março de 1924, por proposta da Companhia Paulista, foi incorporado ao capítulo "Disposições geraes", do Regulamento da Contadoria Central, o seguinte artigo:

> Art. 51.º – As contribuições e todas as despezas decorrentes da applicação da Lei n. 4.682, de 24 de Janeiro de 1923, do pessoal da Contadoria Central, serão rateadas as Caixas de Pensões e Aposentadorias das estradas filiadas á mesma Contadoria, na base de distribuição das despezas de custeio da Contadoria Central.
>
> Parágrafo unico – Nas estradas onde ainda não houverem sido estabelecidas as Caixas creadas pela Lei n. 4.682, de 21 de Janeiro de 1923, serão aquellas contribuições e despezas incorporadas ás despezas de custeio da Contadoria Central, e assim figurarão nos balancetes das respectivas estradas.

Não ficou, até esse momento, resolvida a questão, porque algumas estradas negaram-se a assumir tais encargos. No intuito de organizar as estatísticas necessárias para o estudo do funcionamento das caixas, a Secretaria-Geral examinou com interesse todos os relatórios que estavam em seu poder. Infelizmente, contudo, para a confecção desses relatórios, não foi obedecido um critério único, de modo que as informações ficaram incompletas e não satisfaziam na sua maioria. A Secretaria-Geral conseguiu, por fim, organizar modelos que foram sendo preenchidos pelas caixas com os dados indispensáveis à avaliação do funcionamento de cada uma dessas instituições. Ficou estabelecido, destarte, também, o inicio de toda a movimentação das caixas, para que a Secretaria-Geral a possuísse como auxiliar na fiscalização, fixando os elementos para todos os seus estudos.

2. Caixa de Aposentadoria e Pensões da Companhia Paulista

Observando os relatórios, atas e publicações do CNT, é possível verificar as dificuldades econômicas para manter o sistema de previdência, as quais vinham, de certo modo, configurar a crise que o governo passaria ao longo da década de 1920. Essas dificuldades, aliadas a outros aspectos, justificam a crescente e gradual intervenção do poder público diante das relações trabalhistas, especialmente quando Getúlio Vargas assume na década de 1930. Essa situação decorre da proximidade do papel dos sindicatos com o assistencialismo operário.

No final da Primeira República, os membros do CNT continuavam exercendo sua função de dirimir conflitos entre diversos segmentos da sociedade, como já vinha acontecendo desde a implantação desse órgão (1923). Munakata[(446)] expõe que é importante registrar que a instituição das CAPs — que servirão de modelo para o futuro do sistema previdenciário brasileiro — tinha como objetivo atender

(446) MUNAKATA, Kazumi. *Op. cit.*, 1984, p. 36.

empresas direta ou indiretamente relacionadas ao Estado (estradas de ferro, serviços portuários e marítimos), sendo algo como se o poder público estivesse experimentando possibilidades de previdência social nas empresas a ele vinculadas, antes de ampliar o sistema a todos os setores da economia. Por sinal, antes mesmo da criação das CAPs, já existiam institutos similares (como os montepios, caixas beneficentes etc.) em setores do funcionalismo público (p.ex., no estado de São Paulo) ou em certas estradas ferroviárias.

O fato é que, como veremos na sequência, juristas ligados ao CNT representaram um sério problema para a questão: impediram, em diversas situações, a continuidade dos debates voltados ao estabelecimento de uma legislação social. Diante da demora da elaboração da legislação, recaía a culpa nos membros do CNT que estavam designados para essa tarefa. A responsabilidade do CNT no campo das leis sociais continuou mesmo após 1930, quando foi subordinado ao Ministério do Trabalho.

Do relatório apresentado pelo Conselho da Administração da Caixa de Aposentadoria e Pensões dos Empregados da Companhia Paulista, referente ao exercício de 1924, constam os seguintes informes que exprimem como os debates em torno do florescimento das caixas encontravam-se na pauta.

Acerca da movimentação financeira, os quadros do primeiro ano de movimentação das caixas permite-nos observar que, confrontando a receita de 1923 com a de 1924, assim como da despesa, com demonstração das diferenças para mais ou para menos nas respectivas verbas, a receita de 1923 abrangeu apenas o período de nove meses. Não obstante a receita acusar acréscimo de Rs 817:235$922 réis sobre a do exercício anterior, o patrimônio da caixa em 1924, em confronto com o de 1923, demonstra uma diferença de 5:321$529 réis para menos. A expectativa que havia era para um aumento — e bem considerável —, mas o caso explica-se perfeitamente pelo excesso das quotas de aposentadorias que em 1924 subiram a Rs 864:231$100 réis enquanto que em 1923 foram apenas de Rs 173:083$500 réis, ou uma diferença para mais de 690:047$600 réis.[447]

Sobre os critérios da administração, o conselho não estabeleceu uma solução de continuidade para os critérios que sempre havia adotado no sentido de distribuir os favores da lei dentro dos limites por ela fixados e nem criou situações de destaques ou privilégios, considerando todos em igualdade de condições e a todos atendendo dentro do justo e razoável, sem preocupação de agradar ou desagradar,

(447) *Revista do Conselho Nacional do Trabalho*, n. 1, 1925, p. 89.

só tendo em vista o engrandecimento da instituição e a defesa de seus interesses. A relação com a Companhia Paulista, neste ano de 1924, conservava-se inalterável, sendo de cordialidade e de interesses, não apenas com a diretoria que presidia os destinos da empresa, como igualmente com a alta administração e chefes de serviços, obstinados em não criar embaraços à ação administrativa para facilitar o desempenho do conselho.

Continuava, assim, a Companhia Paulista concedendo passes livres e com abatimento aos funcionários e aposentados que constituía um importante serviço. Todavia, ainda não haviam sido conseguidas as mesmas condições de companhias estranhas para os trabalhadores da caixa, o que, no entendimento do CNT, era uma exceção, já que por lei nem todos ainda eram considerados ferroviários propriamente, embora pertencessem exclusivamente a uma empresa de ferroviários e só para esses trabalhavam. Assim, percebemos o embate que havia entre aqueles que já estavam contemplados logo no início de funcionamento das caixas daqueles outros trabalhadores que ainda persistiam atrás de seus direitos.

Sobre os aposentados, o CNT procurava cerceá-los de conforto e cuidado, conseguindo os "favores de passes", tornando-lhes extensivos os benefícios de serviços médicos gratuitos e medicamentos a preços mais acessíveis.

Na Ata da 18ª Sessão, de 29 de janeiro de 1924, foi debatida a questão das "*doenças regionaes podem ser equiparadas ás doenças profissionaes para os effeitos da indemnização prescripta pela Lei de Accidentes do Trabalho*", sendo designados Afrânio Peixoto e Araújo Castro para emitirem parecer a respeito. O secretário-geral pediu a atenção do conselho para o art. 240 da Lei Orçamentária, mandando conceder a aposentadoria ordinária para os ferroviários que tivessem numa mesma empresa, mais de trinta anos de serviços efetivos. Sobre o dispositivo desse artigo que anula na sua essência o espírito do art. 12 da Lei n. 4.684, de 24 de janeiro de 1923, Andrade Bezerra fez demoradas considerações, demonstrando ao conselho o perigo que traduz para as caixas a adoção da medida contida nessa reforma. Considerou semelhante inovação um golpe profundo dado nas caixas. Salientou os pesados ônus que poderiam recair sobre os fundos das caixas à execução do aludido artigo, porque poderá se prevalecer um grande número de contribuintes com altos vencimentos, cuja situação era especialmente beneficiada pela nova disposição. Os protestos de Andrade Bezerra foram secundados por Leite, Vaz e Gomes de Almeida, que declararam acompanhá-lo no seu enérgico reparo à resolução legislativa.[448]

---

(448) *Revista do Conselho Nacional do Trabalho*, n. 3, 1928, p. 74-75.

A obrigação de superintender e fiscalizar as caixas de aposentadorias e pensões criadas para os trabalhadores das estradas de ferro preocupou seriamente a atenção da Secretaria-Geral no decorrer do ano de 1925. A Secretaria-Geral esforçou-se em executar, dentro de suas limitações, tudo quanto foi possível fazer no sentido de acompanhar o movimento e o desenvolvimento das caixas. Os relatórios em poder da Secretaria-Geral foram estudados, tendo sido tomadas as providências cabíveis e necessárias para a regularidade dos negócios de algumas das caixas. Em fins de 1923 achavam-se funcionando 30 caixas, tendo depois deixado de existir a da Ferrovia "Santos Dias", de Pernambuco, em virtude de uma decisão proferida pelo Conselho Nacional do Trabalho.

De acordo com os balanços em poder da Secretaria-Geral a receita de 1923 foi de Rs. 13.695:865$000 réis e a despesa de Rs 1.740:580$518 réis. Os fundos acumulados no mesmo exercício montaram em Rs 11.955:284$483 réis. Durante o ano de 1924, estavam em pleno funcionamento 32 caixas, sendo 31 de estradas de ferro e 1 da Contadoria Central das Estradas de Ferro do Estado de São Paulo. Nesse mesmo exercício, a receita foi de Rs 21.635:636$162 réis, a despesa de Rs 6.208:825$467 réis e o saldo de Rs 15.426:810$695 réis. O patrimônio das caixas ao término de 1924 era da soma de Rs.: 27.678:894$362 réis.

O movimento financeiro das caixas no exercício de 1925 foi avaliado depois de 30 de março de 1925, porque é nesse dia que se encerrava o prazo para a apresentação dos relatórios e balanços referentes a ele. O relatório do CNT já apresentava indagações sobre a viabilidade das caixas. À medida que os dias corriam, mais se firmava o juízo da Secretaria-Geral a propósito da necessidade de promoção das providências recomendadas no relatório antecedente, destinadas a evitar o possível fracasso de algumas caixas.

As despesas com socorro médico cresceram de maneira acintosa de um relatório para outro do CNT. Tanto que no ano de 1925 o órgão já sublinhava que não seria exagero "afirmar que as Caixas foram criadas para os médicos, o que quase positiva o doloroso conceito de quem anunciou ser o Brasil um vasto hospital".[(449)]

Algumas CAPs passavam a demonstrar que suas receitas seriam seriamente comprometidas e agravadas com as despesas dessa natureza, tudo indicando que o fundo destinado às aposentadorias e pensões, que era afinal a ideia matriz da lei, não seria suficiente para suportar esses encargos. O CNT reforçava a mensagem

(449) *Revista do Conselho Nacional do Trabalho*, n. 2, 1927, p. 97.

de que era preciso repetir que a obrigação de prestar aos trabalhadores ferroviários e às suas famílias, socorros médicos, constituía pesado ônus para o qual deveria existir uma contribuição e fundo especial.

No projeto de reforma da lei, o socorro médico estendia-se aos aposentados e pessoas da família, o que era, no entendimento do CNT, uma perigosa medida para a estabilidade de certas caixas.

Vejamos, por exemplo, a situação da Companhia Paulista em 1924, que num total de 21.897 pessoas que estavam recebendo os favores da lei concernente aos serviços médicos, teve apenas 7.179 figurando como contribuintes, pagando, portanto, a quota de terceira estabelecida na letra *"a"* do art. 3º do Decreto n. 4.682.

Ademais, continuava a Secretaria-Geral não podendo organizar estudos acerca da estabilidade das caixas, porque não estavam na lei as bases necessárias, não sendo possível fazer os cálculos de quais fundos seriam utilizados, ou seja, o capital acumulado, nem os juros, para fazer face aos compromissos de pagamento das aposentadorias e pensões.

Assim, para se ter uma ideia, em 1923, as caixas despenderam a importância de Rs 391:828$227 réis com 712 aposentadorias e pensões; já em 1924, o número de aposentadorias e pensões foi de 1.234, sendo o encargo com essa rubrica na importância de Rs 3.188:553$636 réis, sendo que nesse ano, as caixas despenderam a quantia de Rs 1.748:633$645 réis com socorros médicos.(450)

É importante ressaltar que não houve o completo desmonte das associações assistenciais de caráter privado após 1923, sendo que muitas, de fato, deixaram de existir, mas através de um processo gradual, deixando sua estrutura organizacional — aproveitada pelo novo sistema criado. Porém, o total dessas entidades foi perdendo força com o advento das CAPs; isso não quer dizer, contudo, que não apareceram algumas após 1923.

Como dito anteriormente, a previdência social no Brasil, considerando-se o amplo contexto social, econômico e político, inicia-se com o Decreto n. 4.682 de 1923, com o funcionamento das Caixas de Aposentadorias e Pensões. De acordo com Munakata,(451) a novidade trazida pelo CNT é a de representar certa postura que despreza os mecanismos tradicionais — como os debates parlamentares

(450) bidem, p. 98.

(451) MUNAKATA, Kazumi. *Op. cit.*, 1984, p. 38.

que vimos anteriormente — valorizando, para tanto, a convocação dos interessados imediatos na solução de determinado litígio, com a mediação de técnicos e especialistas, "competentes" e "neutros". Mais uma vez observa-se o discurso da competência, contra a "incompetência" dos políticos. É revelador, por sinal, o fato de os industriais, em sua tentativa de retardar a criação das leis trabalhistas, começarem a apelar para o entendimento de que os parlamentares, em que pese sua disposição, tenham sido incompetentes em legislar matérias sobre trabalho, já que desconhecem a realidade no interior das empresas.

Ainda que considerado como uma novidade para a época, no campo da organização estatal, como já ocorrera no final do século XIX com as associações beneficentes, esse sistema trouxe diversas reações, contrárias e favoráveis, por parte do movimento operário, sindical e da classe patronal.

O jornal *A Plebe*, após o período de três anos de proibição e sem circulação, publicou em abril de 1927 um conjunto de críticas aos decretos previdenciários que haviam sido recentemente elaborados. Em que pese a orientação dos anarquistas — que eram avessos, ao menos no plano formal às intervenções estatais nas relações trabalhistas — o texto abaixo indica uma clara absorção da linguagem técnico-jurídica no plano de regulamentação legal em questão:

> A Lei n. 5.109,[452] de 20 de dezembro de 1926, que reorganiza a Caixa de aposentadorias demonstra essa verdade de uma maneira tão clara, que só os cegos de inteligência não poderão verificar. Estabelece essa lei, obrigatoriamente, o desconto de 3 por cento nos salários de todos os trabalhadores, além do desconto de um mês completo dos salários de cada obreiro, em 24 prestações. A que vão ficar reduzidos os salários dos operários que, em média, ganham de 210.000 a 240.000? Se nos obrigam a pagar o benefício que dizem nos conceder, que, ao menos, nos aumentem os salários, para que a nossa penúria não aumente, enquanto eles, os ricos, os grandes acionistas continuarão a acumular fortunas ainda passando por amigos

(452) A Lei n. 5.109 de 20 de dezembro de 1926 estendeu o benefício da previdência e assistência aos demais trabalhadores de outras empresas, incluindo-se as estradas exploradas pelo Governo Federal, Estadual e Municipal. O Decreto determinou, ainda, que tais benefícios fossem ampliados às empresas portuárias e marítimas, sendo a matéria regulamentada pelos decretos n. 17.940 e 17.941, ambos de 11 de dezembro de 1927. Nesse mesmo ano (1923) realizou-se na capital federal o 1º Congresso Nacional dos Operários em Fábricas de Tecidos, de 1º a 14 de julho, cujas conclusões indicavam a alta compreensão que essa categoria possuía dos seus direitos e deveres no conjunto da sociedade. Ver o estudo de CARVALHO NETO, Antonio Manoel de. *Op. cit.*, 1926, 1926, p. 116.

> dos operários. Outra seria a situação, se os trabalhadores ferroviários estivessem unidos, bem organizados, porque, solidários, entre si, poderiam fazer valer os seus direitos. Quando nos organizaremos ferroviários? Os ricos, estão unidos em suas associações de classe — e eles poderiam dispensar isso. Mas nós continuamos dispersos, iludindo-nos com os benefícios de leis enganosas, quando deveríamos estar bem organizados. Unamo-nos, pois, ferroviários![(453)]

Fato é que, em seu conjunto, os preceitos indicados pelas correntes anarcossindicalistas são próprios, e exprimem somente um dos elementos que irrompem como incorporados ao processo de reforma da legislação, por meio do qual o Estado encontra-se como neutralizado diante da oposição da relação capital-trabalho. Deve-se observar, contudo, que as críticas dos anarquistas, em que pese não negar a importância dos direitos instituídos, somaram-se a outras, de autoria dos representantes de diversos outros segmentos sociais e políticos, sobre a ação do governo em relação às reformas e estabelecimento da legislação social.

O jornal *A Nação*, sob influência dos comunistas, acusou o governo de "falhar em sua incumbência", isto é, oferecer um conjunto de direitos previstos aos seus trabalhadores:

> (...) o funcionário que contar com mais de 60 anos de idade terá de ir a exame médico e, uma vez demonstrado aí o seu mal estado de saúde, será excluído. (...) A lesão é evidente. O governo alega que precisa expulsar os velhos doentes, porque o Montepio está lutando com dificuldades financeiras, que não podem ser agravadas com muitos óbitos.[(454)]

Mesmo a imprensa mais tradicional, que não tinha o mesmo compromisso dos periódicos anarquistas ou comunistas, destacava o descumprimento da legislação social, observando os excessos dos entraves burocráticos que ocorriam para o oferecimento das garantias estabelecidas:

> (...) As classes laboriosas não têm representantes diretos. A lei dos ferroviários, além de passar assim superficialmente discutida — se é

(453) "Aos Ferroviários em Geral". *A Plebe*, 9 abr. 1927, p. 4.

(454) "Pobre funcionalismo! — Os velhos, se doentes, perdoem o Montepio". *A Nação*. Rio de Janeiro, 26 maio 1924.

> possível chamar a atenção ao que houve em torno do Projeto Eloy Chaves — tem sido executada tumultuariamente, conforme o capricho das empresas mais audaciosas e interpretada as vezes de modo absurdo pelo Conselho Nacional do Trabalho, onde igualmente os operários não encontram uma voz que os defenda.(455)

Os parlamentares que ficaram responsáveis pela Reforma das CAPs enfatizaram, em 1926, o caráter abrangente dos sistemas aos trabalhadores de "todas as estradas de ferro do país, a cargo da União, dos estados, dos municípios, ou de particulares, terão Caixas de Aposentadoria e Pensões para os seus ferroviários, regidas pelas disposições da presente lei".(456) Assim, entre os anos de 1923 e 1926,(457) apenas os trabalhadores das ferrovias particulares tiveram atenção do sistema de CAPs. Contudo, pelo desejo de padronização, do funcionamento do sistema entre os ferroviários, foi manifestada uma série de esforços por parte dos representantes do poder público para encerrar a flexibilidade da interpretação da legislação previdenciária.

Com a alteração da Carta Magna de 1926, um tema problemático e polêmico, que era a tendência da centralização do sistema, passou a adquirir peso nos debates parlamentares. Além de serem obrigados a enviar os relatórios anuais para o CNT, os membros dos conselhos administrativos das CAPs eram advertidos:

> No caso de desarmonia ou desídia de qualquer dos membros do Conselho de Administração da Caixa, que possa prejudicar o bom andamento de seus serviços, o Conselho Nacional do Trabalho, tomando conhecimento do fato, em virtude de representação dos interessados, ou ex-offício, submeterá o caso a rigoroso inquérito e, de

---

(455) "O operariado, outro encalhe?". *Diário do Povo*. Campinas, 6 jul. 1924, p. 4.

(456) Art. 1º do Decreto 5.109, publicado em 20.12.1926.

(457) Moacyr Manfrim Junior, em "Caixas de aposentadoria e pensões dos ferroviários: um modelo previdenciário exclusivo (1923-1933)", destaca que logo após o ano de 1923 foram criadas CAPs nas seguintes ferrovias: Leopoldina, São Paulo Railway, Mogyana, São Paulo-Rio Grande, Great Western of Brazil Railway Cia. limited, Rede Sul mineira, Este Brasileiro, Vitória a Minas, Goiás, Paracatú, Dourado, Madeira-Mamoré, Ilhéus a Conquista, Maricá, São Paulo-Goiás, Nazareth, entre outras. Seriam formadas, ainda, antes de 1926, outras duas instituições similares: uma no Ramal de Dumont e outra na Contadoria Central Ferroviária de São Paulo. MANFRIM JR., Moacyr. *Caixas de aposentadoria e pensões dos ferroviários: um modelo previdenciário exclusivo (1923-1933)*. Dissertação de mestrado em História. Unicamp, 1998.

> acordo com o que for apurado, destituirá de seus cargos os membros que julgar conveniente (...).[458]

Além dessa disposição seriam acrescentadas outras emendas, aprovadas na Câmara no ano de 1926. Alguns deputados chegaram a afirmar que a novidade estava na imposição de limites aos abusos da classe empresarial que, aliás, permaneceram com três pessoas de confiança em cada conselho administrativo, contra duas que eram escolhidas pelos trabalhadores. Os parlamentares limitavam-se, nesse aspecto, mais à perspectiva de aumentar a fiscalização — como vimos nos relatórios do próprio CNT — e oferecer novos modos de controle em relação ao funcionamento do sistema. Assim, deixaram lacunas para que fosse reafirmado o anseio patronal, demonstrado pela maior parte dos membros dos conselhos administrativos.

Embora o interesse com relação ao assunto naquele ano tenha sido expressivo, a falta de isonomia caracterizava o controle administrativo e seria consolidada no novo texto legal sancionado:

> Art. 46. Aos membros dos Conselhos das Caixas fica assegurada toda a liberdade de acção para que possam exercer seus cargos sem constrangimento ou coacção, sem prejuizo do serviço da estrada, dentro do regimento das Caixas, havendo recurso para o Conselho Nacional do Trabalho.[459]

Os serviços que eram oferecidos pelas CAPs adquiriam, com o decorrer dos anos, especificidades e contornos que se alteravam de uma instituição para outra. A Lei Eloy Chaves assegurou uma maior divisão horizontal por parte dos trabalhadores — em um sentido de classe. As distinções eram nítidas entre os trabalhadores de uma mesma categoria. Porém, no caso daqueles que trabalhavam numa mesma empresa, todos os empregados, não interessa a profissão praticada, renda ou *status* que tivessem, pertenciam integralmente à mesma CAP. Desse modo, enquanto a estrutura segmentava os trabalhadores horizontalmente, cabe examinar que a legislação trabalhista uniu de maneira vertical nas linhas de classes — com relação ao vínculo que se estabelecia entre a profissão e a empresa, reconhecida pelo Estado (característica que para os ferroviários passou a significar

(458) Art. 47º do Decreto 5109. Disponível em: <http://www2.camara.leg.br/legin/fed/decret/1920-1929/decreto-5109-20-dezembro-1926-564656-publicacaooriginal-88603-pl.html>. Acesso em: 25 abr. 2016.

(459) *Idem.*

o único meio de usufruir das garantias legais, assim como para outras de trabalhadores urbanos). Trata-se de um cenário, como expõe Manfrim Jr., em que ocorre a definição quanto ao modo de aplicação dos direitos previdenciários.(460)

De fato, as CAPs representaram um meio de sistematização dos benefícios sociais. Eram expostas para os trabalhadores como resultado de um novo momento histórico: da chamada "era tecnológica", que concederam diversos fenômenos como o desenvolvimento das grandes potências internacionais.(461) O crescimento do setor industrial em alguns países centrais foi favorável para a previdência social ancorada tecnicamente na "lei dos grandes números"(462) — que apenas deveria lucrar com o crescimento do total dos segurados. Isso não ocorre, porém, nem mesmo nos dias atuais, com o desmonte que presenciamos do sistema público de previdência.

A ideia de falência do sistema previdenciário implica uma considerável complexidade de relações e cálculos, os quais, enfim, não são objeto da pesquisa. De modo algum, porém, é possível negligenciar um conjunto de aspectos econômicos, políticos e sociais relacionados ao papel do Estado que, através da segunda legislação previdenciária brasileira (1926), confere ao poder central o poder de fiscalização sobre o sistema.

Um dos aspectos centrais no processo de atrelamento, da organização previdenciária, em relação à interferência do governo, ocorreu no crescimento do poder de intervenção no funcionamento das CAPs conferido ao CNT no final da década de 1920. É importante verificar como ocorreu essa atribuição, que pretendia diminuir a importância dos conselhos administrativos. Vale ressaltar que havia um conselho administrativo em cada CAP. O desempenho desses órgãos, sob o controle da classe empresarial, era inspirado pelas críticas e debates que envolviam renomados juristas e observadores. De um lado, estavam sujeitos como o redator do periódico *O Globo*, que explicitava as insatisfações sociais ocasionadas pela ingerência do governo; "Perdura nos meios ferroviários a maior ansiedade pela assinatura do decreto de regulamentação da lei que rege as Caixas de Aposentadorias e Pensões".(463)

---

(460) MANFRIM JR., Moacyr. *Op. cit.*, 1998, p. 136.

(461) *Ibidem*, p. 137.

(462) LEITE, Celso Barroso. *Previdência Social:* Atualidade e tendências. São Paulo: LTr/Ed. USP, 1973. p. 29.

(463) "Regulamentação da Lei dos Ferroviários – CNT: Intransigente em Dois Pontos – Intervenção do deputado Eloy Chaves, junto ao Sr. Ministro da Agricultura". Jornal *A Esquerda*. Rio de Janeiro, 12 set. 1927.

De outro, os que aparentavam certo entusiasmo com o encaminhamento do processo de reforma a que vinham ampliar o caráter de intervenção nas questões previdenciárias: "Os regulamentos dos ferroviários e portuários ampliam a sua ação e lhe conferem autoridade que até aqui não tinha. Já agora, o Conselho [Nacional do Trabalho] não é apenas o órgão consultivo do governo. Sua função passa a ser também fiscalizadora e executiva, pois terá influência sobre a vida e negócios das caixas".(464)

No ano de 1929, o jornal *O Paiz* destacava em sua edição de 16 de outubro, o Decreto 5.485, que estendia os seguros de enfermidade e morte ao pessoal não contratado das empresas radiotelegráficas e telegráficas. Assim se posicionava:(465)

> Tomando em consideração o pedido que lhe dirigiu o pessoal ao serviço das empresas telegráficas e radiotelegráficas, acaba o Sr. Ministro da Agricultura, Sr. Lyra Castro, de promover perante o Conselho Nacional do Trabalho as providências para que o instituto de começo à organização das bases necessárias à regulamentação, em breve prazo, do Decreto n. 5.485, de 30 de junho do ano findo, o qual estendeu no referido pessoal o regime das caixas de aposentadoria e pensões dos ferroviários e portuários.

Assim que chegou às mãos do presidente do Conselho Nacional do Trabalho o ofício do Sr. Ministro da Agricultura, no sentido acima acentuado, não tardou S. Ex. em designar comissão que teria que elaborar o projeto do regulamento em apreço. Ficou essa comissão composta dos seguintes membros do instituto: Dr. Mário Ramos, presidente; Dr. Francisco Antônio Coelho, Relator, e Sr. Carlos Gomes de Almeida.

A proposta de intervenção por parte do ente estatal, como expõe Manfrim Jr., pode ser considerada, pelo viés jurídico, como um marco fundamental deixado pela reforma da legislação previdenciária. O plano conduziu a uma nítida preocupação manifestada pelos representantes do poder público, em tornar mais severa a fiscalização na criação de mecanismos legais. Esse feito, por sinal, seria um dos eixos centrais, no período Vargas, para a política sobre a legislação trabalhista. Coma a legislação de 1926 passava-se a exigir, dos conselhos das CAPs,

(464) "O Novo Regime das Caixas dos Ferroviários e Portuários — A regulamentação ontem decretada e a ação do Conselho Nacional do Trabalho". Jornal *O Globo*. Rio de Janeiro, 12 out. 1927.

(465) *"Conselho Nacional do Trabalho — A próxima regulamentação das Caixas dos Telegrafistas e Radiotelegrafistas".* Jornal *O Paiz*, 16 out. 1929.

diversas obrigações, sobretudo em termos de estudos e deliberações de soluções aos impasses envolvendo a aplicabilidade da própria regulamentação oficial. O problema existente era a falta de um consenso quanto ao que estava nos textos legais. Ampliava-se, através da insegurança de membros do Judiciário, a burocracia relacionada ao sistema previdenciário.[(466)]

O envio das informações para o governo era acolhido pelos representantes das CAPs como obrigação. Qualquer representante eleito de um conselho poderia ser afastado e seus empregados demitidos — caso não concordassem com as exigências previstas na lei. Tinham que remeter uma cópia para o CNT (devidamente rubricada pelo presidente e secretário da Caixa) — até o final da primeira quinzena de junho, seguido de um exemplar do jornal que fora editado.[(467)]

> As críticas, além disso, eram voltadas aos membros do CNT, como sucedeu no plano de modificar as disposições da primeira legislação previdenciária. Isso trouxe descontentamentos nos meios sindicais. Alguns observadores evidenciavam que os burocratas, ao "exorbitar da sua função de interpretar textos da lei n. 5.109 do ano passado, permitiram-se ao arbítrio de alterar vários desses textos, comprometendo-lhe o escrito e até a própria letra".[(468)]

"Isso teria passado" – de acordo com o jornal carioca *A Esquerda*, no dia 12 de setembro de 1927 – sem que os trabalhadores pudessem ter participado ou se envolvido nas discussões:

> (...) se, os ferroviários, a tempo, não tivessem descoberto o golpe que se tramava contra as suas Caixas e não tivesse dado o alarme, que levou o Sr. Ministro da Agricultura ao gesto liberal de mandar publicar o projeto de regulamento, para receber sugestões dos interessados.[(469)]

Diversas pessoas ligadas ao Judiciário posicionaram-se contrários aos efeitos do decreto previdenciário de 1926. O argumento exposto foi de que as novidades trazidas pelo decreto vinham deteriorar a condição dos trabalhadores menores de

---

(466) MANFRIM JR., Moacyr. *Op. cit.*, 1998, p. 138.

(467) *Ibidem*, p. 137.

(468) Jornal *A Esquerda*, 12 set. 1927.

(469) *Idem*.

18 anos. No processo da reforma do sistema, é importante lembrar que esse decreto apenas foi posto em prática após a promulgação da lei regulamentar, aprovado em outubro de 1927. Entre os efeitos vale acentuar a falta da contagem de parte do tempo de serviços prestados às empresas. Em termos de perdas de garantias, mais nocivas seriam, inclusive, as alterações sancionadas quando Vargas já estava no poder, em 1931.(470)

Nos anos finais da década de 1920, trabalhadores e a classe patronal passam a receber maior atenção do poder público. Contudo, a interferência do CNT até 1927 — como fica caracterizada pelas queixas manifestadas pelos segurados — fica a desejar. Essa situação levou o governo a aglutinar a concessão de benefícios sociais aos métodos de coerção: elementos integrados de maneira dinâmica em uma mesma estratégia, considerada pela ação injustificada do poder público. Nesse momento, o CNT passa a dar os primeiros passos para o controle do sistema previdenciário, reafirmando a tendência de centralização e monopólio do poder público. Para tanto, as autoridades restringiram os abusos das entidades patronais, embora, por outro lado, fosse importante o apoio dos empresários para a intercessão do CNT no mercado de trabalho.

O poder de supervisão sobre o funcionamento das CAPs, dado pela Reforma Constitucional de 1926, conduziu o CNT para um papel de destaque sobre os litígios de aposentadorias. Além da questão de justiça, reclamada pelos trabalhadores segurados, outras ocorrências faziam-se como essenciais aos que invocavam a força da lei.

Ainda que tímidas, as medidas restritivas de garantias sociais contrastavam com a política adotada a partir de 1926, com a situação de prosperidade percebida na década de 1910. De acordo com Wilson Cano,(471) São Paulo passava por uma expansão qualitativa e quantitativa de industrialização, que tinha impactos significativos na economia. É em função, aliás, da concentração da indústria, particularmente em São Paulo, que continuavam crescendo as demandas nas finanças, indústria, comércio, agricultura e outros setores. Para esse autor,(472) ainda na década de 1910, a formação de mercado de trabalho contribuiu para o desenvolvimento do

---

(470) MANFRIM JR., Moacyr. *Op. cit.*, p. 140.

(471) CANO, Wilson. *Op. cit.*, 1998, p. 257-258.

(472) Vale destacar que na análise de Wilson Cano há menções sobre a ocorrência de greves operárias, apesar do autor não estabelecer vínculos entre estas e o desenvolvimento do modo de produção capitalista no Brasil.

capitalismo brasileiro em diversas direções: aumento de produtividade, ampliação do mercado consumidor interno, maior qualificação da mão de obra etc.(473)

Outros aspectos sociais foram percebidos para esse período por distintos pesquisadores. Merece destaque, por exemplo, o estudo de Márcia de Paula Leite, que identificou o quadro econômico brasileiro na segunda metade da década de 1920, observando o modo como os empresários têxteis, em meados de 1927, diminuíram quase 20% dos salários e tiveram aumento da jornada de trabalho, no mesmo instante que começavam as demissões em massa que, juntamente com as dispensas de mão de obra no campo, fizeram o desemprego chegar ao patamar de 150.000 trabalhadores, numa população de 37.600.000 habitantes.(474)

Manfrim Júnior(475) destaca que os impactos dos conflitos por direitos foram sentidos de todos os lados abrangidos. Com efeito, desde o aparecimento da entidade, os dirigentes do Centro Ferroviário Brasileiro (CFB) coagiam as autoridades por intermédio de cobranças voltadas, sobretudo, para a reforma da legislação previdenciária. É o que comprova, por exemplo, a mensagem enviada – com data de 6 de março de 1928 – ao presidente do CNT: Ataulpho Nápoles de Paiva. Os sindicalistas, naquela ocasião, pleiteavam que Ataulpho Nápoles intercedesse no processo de discussões a respeito do projeto da lei de férias. Requisitavam, mais precisamente, que esse campo de garantias fosse vinculado às CAPs. Porém, acompanhando a leitura do ofício enviado por Paiva como resposta, podemos presumir que o seu poder de ingerência no processo em questão era restrito "(...) esse assunto se acha pendente da solução ou interpretação do Governo, a quem o Conselho em tempo encaminhou a aspiração de todos os operários e empregados de Empresas de transportes".(476)

Diante desse quadro de insatisfação social descrita, será discutida no final da década de 1920, entre os membros do CNT, o modo a ser adotado para pacificar os ânimos do movimento operário. A despeito dos desentendimentos entre si, os membros do CNT possuíam a consciência de procurar respostas às demandas que apareceram no processo em questão. Consideraram ser oportuna a divisão em dois blocos de estudos. Enquanto os especialistas em leis do CNT que eram ligados a um desses grupos insistiam em advertir sobre os problemas financeiros no sistema

---

(473) *Ibidem*, p. 184.

(474) PAULO, Márcia de Paula. *O movimento grevista no Brasil.* São Paulo: Brasiliense, 1987. p. 29.

(475) MANFRIM JR., Moacyr. *Op. cit.*, 1998, p. 201.

(476) Ofício n. 1.123, do Conselho Nacional do Trabalho, é citado na Ata da 13ª Reunião da Diretoria do CFB — Centro Ferroviário Brasileiro, de 6.3.1928 *apud* MANFRIM Jr.

de previdência, que apenas poderiam ser evitados através do saneamento imediato do modo de concessão dos benefícios sociais, os representantes do outro grupo julgavam não ser tão negativa a situação, execrando a proposta de confinar garantias em função da projeção de supostos déficits.[(477)]

Como ressalta Paulo Sérgio Pinheiro, os políticos estavam temerosos com a "atividade inteligente" dos comunistas no Brasil e possuíam motivos para desconfiar de manifestos contrários ao regime no final dos anos 20. Podemos apontar que surge dessa preocupação, "o Código do Trabalho [que] estava parado no Congresso, a Lei de Acidentes do Trabalho sem efeito, e a Lei de Férias e Pensões para os ferroviários desrespeitados".[(478)]

É nesse cenário que o CNT perde força, assim como ocorre a supressão do poder de exame do Judiciário em relação à questão dos conflitos trabalhistas. O processo que resultou nesse episódio faz decorrer a regulamentação do Decreto n. 5.221, conhecido como a "lei celerada",[(479)] de 28 de julho de 1927 (por 115 votos contra 27), pela Câmara dos Deputados Federais. Podemos constatar, nessa ação oficial, o insucesso das tentativas movidas pelos deputados considerados da oposição, no sentido de impedi-la. Contudo, como destaca Paulo Sérgio Pinheiro,[480(480)] a lei de 1927 foi recepcionada com entusiasmo por determinados setores, especialmente por aqueles que estavam também mais diretamente comprometidos com o processo de formação dos direitos trabalhistas. Manfrim Jr.[(481)] destaca como Soares de Souza, correspondente da Organização Internacional do Trabalho, disse na ocasião: "O Brasil estará agora perfeitamente armado para se defender do bolchevismo, mas, é preciso dizer, parece-me com alguns arranhões na sua Constituição".

(477) MANFRIM Jr., Moacyr. *Op. cit.*, 1998, p. 145.

(478) PINHEIRO, Paulo Sérgio. *Estratégias da ilusão:* a revolução mundial e o Brasil, 1922-1935. São Paulo: Companhia das Letras, 1991. p. 125.

(479) Para alguns autores, há divergência historiográfica quanto à denominação de "lei celerada". A maioria, entre eles MOTTA (2002) e FERREIRA (2005) conferem o apelido para o Decreto n. 5.221/1927. Para outros, como PINHEIRO (1991, 118), esse decreto seria uma espécie de "lei supercelerada", pois "lei celerada" seria o Decreto n. 4.269/1921. Ver mais em MOTTA, Rodrigo Patto Sá. *Em guarda contra o perigo vermelho:* o anticomunismo no Brasil (1917-1964). São Paulo: Perspectiva: Fapesp, 2002; FERREIRA, Roberto Martins. *Organização e poder:* análise do discurso anticomunista do Exército brasileiro. São Paulo: Annablume, 2005; PINHEIRO, Paulo Sérgio. *Estratégias da ilusão:* a Revolução Mundial e o Brasil (1922-1935), 2. ed. São Paulo: Companhia das Letras, 1991.

(480) PINHEIRO, Paulo Sérgio. *Op. cit.*, 1991, p. 126.

(481) MANFRIM JR., Moacyr. *Op. cit.*, 1998, p.206

Podemos destacar que a sintonia demonstrada por diversos setores ocorreu a partir de um conjunto de interesses, relativos ao processo de reforma da legislação previdenciária. Os parâmetros suscitados pelo Decreto n. 17.941, reconhecido em 11 de outubro de 1927, centraram-se na validação da lei aprovada um ano antes — o Decreto n. 5.109. O art. 56 dessa regulamentação salientou o caráter do intervencionismo do estado, ao requisitar dos conselhos administrativos atinentes das CAPs referências a respeito de suas atividades, o que assegurava aos órgãos públicos desfrutar de uma visão complexa, para fiscalizar e relacionar-se ao processo de reelaboração do sistema. Várias lideranças ligadas aos ferroviários cobravam do CNT, concomitantemente, uma maior transparência quanto aos critérios examinados, diante da reforma legislativa, para a autorização das garantias previdenciárias.(482)

Conforme consta na Revista do CNT(483) de 1930, a Lei n. 5.109, de 20 de dezembro de 1926, que foi publicada no *Diário Oficial* de 30 de dezembro de 1926, só poderia ter execução depois dos respectivos regulamentos, que foram expedidos pelos Decretos ns. 17.940 e 17.941, ambos de 11 de outubro de 1927, referentes, respectivamente, aos portuários e ferroviários. E só passaria a ter integral execução quando fosse expedido o regulamento referente às Caixas de Aposentadoria e Pensões dos marítimos. Como a Lei n. 5.109, de 1926, não podia ter execução senão depois de seu regulamento, ela só começou a ter vigência na prática quando da publicação dos regulamentos de 11 de outubro de 1927, sendo evidente que o caso desses autos não se regulava por essa lei.

A reforma da previdência dependia da situação do setor produtivo. Ainda na década de 1920, devido à dificuldade de absorção das baixas tarifas, fez com que as ferrovias, especialmente as paulistas, deixassem de gerar lucros.(484) Sem contar a precarização da condição de vida da população nos grandes centros, como São Paulo e Rio de Janeiro, em que as moradias ofereciam pouca segurança e poucos espaços, em um processo de crescimento de cortiços e favelas. A carestia do custo de vida foi agravada com o aumento, em curto espaço de tempo, dos preços de determinados produtos de primeira necessidade, que representava parcela expressiva do salário recebido pelos operários.(485)

---

(482) *Ibidem*, p. 207.

(483) *Revista do Conselho Nacional do Trabalho*, n. 5, nov. 1930, p. 40.

(484) SAES, Flávio Marques de Saes. *As Ferrovias de São Paulo:* 1870-1940. São Paulo: Hucitec, 1981. p. 31.

(485) BONDUKI, Nabil. "Habitação popular: Contribuição para o estudo da evolução urbana de São Paulo". In: VALLADARES, L. (Org.). *Repensando a Habitação no Brasil*. Rio de Janeiro: Zahar, 1983.

Em face das discussões travadas sobre a reforma dos ferroviários, convém observar como o CNT era visto em relação ao Poder Judiciário, como órgão que não tinha, até a década de 1930, o poder de vincular acórdãos e sentenças, e, portanto, garantir a isonomia de tratamento entre os trabalhadores, que iremos nos deter brevemente.

3. A situação do CNT em face do Poder Judiciário antes de 1930

Na *Revista do CNT*, n. 4, de outubro de 1929,(486) foi feita importante análise acerca das atribuições que o órgão teria em relação ao Poder Judiciário. Na visão interna do CNT, o órgão cumpria um importante papel de justiça social, tendo as suas atribuições ampliadas em lei a tal ponto que se revestia de instância suprema em todas as questões que diziam com os interesses operários de que tratava a sua constituição. Porém, ressaltava que apenas em virtude de erro ou interpretação grosseira, pretendia-se afirmar que o Conselho Nacional do Trabalho pudesse invadir a esfera do Poder Judiciário propriamente dito, esfera essa que é tão demarcada nos seus limites necessários. Não se deve esquecer, aliás, que a ilusão até certo ponto poderia ser explicável pela circunstância que empresta uma aparência de verdadeiro tribunal à estrutura e funcionamento do CNT, como órgão auxiliar, técnico e especializado do Judiciário, como era por sinal o próprio Legislativo, sendo embora o órgão de elaboração das leis.

Ataulpho de Paiva, presidente do Conselho Nacional do Trabalho, esclareceu na publicação a situação do instituto em face do Poder Judiciário. Fez com abundância de argumentos, quando do debate suscitado a propósito do pendor acentuado entre operários e patrões do estado de São Paulo, para que fossem endereçados recursos da matéria pertinente ao julgamento do Judiciário, uma vez que as decisões do instituto não parecessem às partes conforme a justiça que esperavam, ou julgavam que a lei lhes assegurasse.

Aliás, ao se acompanhar os trabalhos e a orientação de Ataulpho de Paiva, não se deve desconhecer que esse magistrado, antes mesmo de ocupar a Presidência do CNT, quando era apenas um de seus simples membros, tivera ocasião, por sinal repetida em outras situações, de se manifestar contrário a qualquer ideia que pretendesse furtar as decisões do CNT às correções e emendas do Judiciário, porquanto sustentou sempre que era não apenas um direito, senão um dever que assistia a todos os interessados de recorrerem das resoluções do CNT, como e quando bem entendessem na melhor presunção de justiça.

(486) *Revista do Conselho Nacional do Trabalho*, n. 4, 1929.

Na exposição feita em sessão do CNT, de junho de 1928, expôs a propósito Ataulpho de Paiva a seus pares que a lei delimitou claramente as funções do instituto quando lhe conferiu o poder de deliberar, não lhe dando, porém, senão em certos casos, o de coação, e ainda assim deixando-o sujeito à revisão posterior dos tribunais, de que dependiam também todas as repartições do país. Mas — assinalou o presidente — quando tal não acontecesse, nem por isso deixaria de ser evidente que o CNT, como órgão de administração que é, pertencendo a um dos Ministérios, teria sempre de se submeter a qualquer deliberação do Judiciário, a exemplo do que ocorria com todos os órgãos do Executivo, e ainda com o Congresso Nacional.(487)

Ataulpho de Paiva recordou que tivera oportunidade de se manifestar há cinco anos sobre a pendência, que tanto iria se prolongar, entre um ferroviário da Estrada de Ferro Leopoldina e a respectiva Caixa de Aposentadoria e Pensões. Já por aquela época (1923), defendia o princípio de que o CNT não poderia intervir em quaisquer questões sujeitas ao Poder Judiciário, ficando da mesma sorte automaticamente sem ação o instituto toda vez que os seus recursos, por vontade ou resolução das partes recalcitrantes, fossem entregues àquela alçada.

Recordou Ataulpho o caso do processo em que Virgilio Affonso Rodrigues requerera ao instituto a sua posse no cargo de membro do Conselho da Caixa de Pensões da Estrada de Ferro Leopoldina, para o qual fora eleito, por sinal em três oportunidades. Aquele aparelho havia impugnado ao requerente o título de ferroviário, que fora, no entanto, consagrado pelo CNT desde a primeira eleição, e confirmado na segunda, embora não houvesse ordenado a posse. Foi por essa época que Ataulpho de Paiva teve ocasião de deixar bem evidente, pelo voto que proferiu, não poder o conselho ultrapassar, na sua ação, a simples esfera deliberativa, visto que não tinha o direito de coação. Expôs, de maneira coerente com seu modo de pensar, que os julgamentos do instituto poderiam servir de subsídio, instrução ou esclarecimento para o Poder Judiciário melhor solucionar as questões que lhe fossem encaminhadas, porém não teriam nunca força para coagir o Conselho de Administração da Caixa a dar uma posse que julgava ilegal, ou quisesse discutir, como recalcitrante. Dentro desse critério opinou para que o interessado recorresse ao Poder Judiciário, já que esse era o único caminho que se lhe oferecia em face da relutância de a Leopoldina Railway cumprir acórdão do CNT.(488)

---

(487) *Revista do Conselho Nacional do Trabalho,* n. 4, 1929, p. 4.

(488) *Ibidem*, p. 5.

As razões alegadas por Ataulpho de Paiva não calaram apenas o espírito de seus pares, que as aprovaram sem maiores discrepâncias. O próprio interessado consagrou sua procedência, visto que recorreu efetivamente ao Judiciário, promovendo por ação possessória a segurança do exercício pleno de seu direito ou do mandato que três vezes reconhecera, reelegendo-o, o pessoal da referida empresa.

Convém destacar que a opinião assim seguida fora emitida quando Ataulpho de Paiva era ainda um simples membro do CNT e foi então aplaudida pelo voto, entre outros, pelo ministro Herculano de Freitas. Não se esqueceu de recordar que, instaurada a causa, foi ela naturalmente se processando até que sobrevieram duas sentenças, sendo uma da Câmaras Reunidas da Corte de Apelação, e uma terceira que pendia de recurso até aquele ano de 1929, para que este pudesse se manifestar a favor da última das referidas sentenças.

Mantendo o seu conhecido ponto de vista, Ataulpho de Paiva considerou como fora de dúvida que ao CNT competia se manifestar, apreciando a validade de quaisquer sentenças do Judiciário, e acentuando que não se deveria tomar conhecimento de um assunto que por inspiração sua e voto unânime de seus pares já estava entregue aos tribunais.

Frisou então que as suas considerações não logravam êxito, ou seja, dessa vez a aceitação plena do CNT, não deixariam de corresponder à lei e ao espírito do regime. E disse, prosseguindo, ser inegável que o instituto dispusesse de autoridade para discutir todas as questões concernentes aos ferroviários ou aquelas específicas no regulamento, faltando-lhe, porém competência para discutir os caminhos do Judiciário diante da recalcitrância das partes. Em seguida, concluiu assim o presidente:

> O Conselho Nacional do Trabalho não deseja outra cousa que não seja fazer cumprir todas as decisões dos tribunaes, sem discutil-as, sejam ellas quaes forem. Isto não importa, porém, abrir mão das attribuições conferidas pela lei, porquanto, dentro della, o Instituto será como tem sido inflexível. Se as partes entenderem, reluctando, appellar para o Judiciario, que o façam, sempre que lhes parecer aconselhavel, que nem por isso o Conselho deixará de usar e manter integra a sua parcella de autoridade como peça já agora valiosa e importante do mecanismo da administração que é.(489)

(489) *Ibidem*, p. 6.

O CNT, desse modo, efetivamente não chegou a opinar ela procedência da reclamação, entregando o caso ao Judiciário. O presidente encerrava afirmando que o CNT não dispunha de meios coercitivos porque dispunha apenas da lei, e esta não os amparava nos elementos indispensáveis à garantia de sua execução, que estavam nas mãos do Judiciário, mas que poderiam deliberar por multas e penas e que aqueles que não se conformassem com as decisões do CNT, que voltassem então para outro Poder, arcando com as consequências. Conclui assim Ataulpho de Paiva:

> Ha de muitas vezes occorrer que elles tenham razão, porquanto o Conselho não se presume de infallivel; mas para que os seus direitos sejam reconhecidos e reformadas as decisões do Instituto, será sempre indispensável que as pretensões venham consagradas por uma sentença posterior do Judiciário, que é o unico poder com faculdade para modificar, reformar, ou annullar, os actos e julgamentos de quaesquer outros da Republica.[490]

Essa situação só iria se modificar, portanto, após a chegada de Vargas ao poder. Conforme salienta Tristan Vargas, sintomática neste sentido, por sinal, é a manifestação proferida, em agosto de 1930, pelo Conselho Nacional do Trabalho a propósito de uma consulta que lhe fora formulada pela Associação Comercial de São Paulo: "(...) Conselho Nacional do Trabalho ainda não iniciou serviço de fiscalização de férias nessa capital ou em qualquer outra localidade Estado São Paulo. A fiscalização ora iniciada a cargo exclusivamente dos funcionários deste Conselho, compreende apenas o Distrito Federal e as cidades de Niterói e Petrópolis (...)".[491]

Entre as primeiras medidas do governo Vargas estão, em 26 de novembro de 1930, tentando suprir uma lacuna do período anterior, no que se refere à fiscalização da legislação trabalhista, a criação, pelo Decreto 19.443, do Ministério do Trabalho, Indústria e Comércio. E no dia 4 de fevereiro de 1931 institui-se o Departamento Nacional do Trabalho, pelo Decreto n. 19.671-A.[492]

---

(490) *Ibidem*, p. 6.

(491) VARGAS, João Tristan. *Op. cit.*, 2004, p.166.

(492) SOUTO MAIOR, Jorge Luiz. *Op. cit.*, 2017, p. 207. Ainda, em 1930, outras medidas de proteção ao trabalho são adotadas. Em 12 de dezembro de 1930, é editada a chamada "lei dos dois terços" (Decreto n.19.482); em 17 de dezembro, é autorizada a construção de casas para os associados das Caixas (Decreto n. 19.496); no mesmo dia, é estendido o Regulamento da lei de Caixas aos servidores em bondes, força e luz e telefonia (Decreto n. 19.497); e, em 27 de dezembro, o Decreto n. 19.530, regulou a "locação de trabalhadores desocupados".

Por volta do final da década de 1920, o esquema básico do sistema de previdência social já havia sido estabelecido. Apesar de ser um programa tímido, relativamente pequeno, que cobria cerca de apenas 140.435[(493)] operários do setor privado, é importante observar que, já no final dessa década, a maioria dos conceitos jurídicos e administrativos relevantes para o conjunto do sistema de previdência social, tanto em relação à atitude paternalista e elitista para com os trabalhadores, já haviam sido consignados. A previdência social, como recurso e meio para lidar com a "questão social" tinha se tornado moeda de troca e obrigatória para os principais candidatos à Presidência, de 1930, especialmente Getúlio Vargas, que incorporava conceitos defendidos por Eloy Chaves, Maurício de Lacerda, Evaristo de Moraes, entre outros, em suas plataformas políticas eleitorais.

(493) MALLOY, James M. *Op. cit.*, 1976, p. 100.

Capítulo 5

Breves Apontamentos sobre o "Mito da Outorga"

Algo que passa a ser muito difundido após 1930 é que, com a devida produção maciça de decretos, decretos-lei, portarias e regulamentos, a preocupação com a questão social adquire maior relevância, olvidando-se o que vinha antes desse período, com a própria criação do Conselho Nacional do Trabalho em 1923, com a lei de acidentes de trabalho dos anos de 1917 e 1919, motivadas com as greves operárias, e mesmo ainda, no começo do século XX, do Decreto 979, de 6 de janeiro de 1903, que permitia a sindicalização dos rurícolas. No ano de 1926, a garantia de estabilidade decenal foi expandida para os trabalhadores de portos e aos marítimos.(494)

Outro elemento que Untura Neto(495) destaca é o caráter presente na ideologia da outorga em que o Estado, antevendo as necessidades da classe trabalhadora da indústria em crescimento, teria concebido, de maneira rápida, um sistema legislativo de proteção social, com o propósito de atuar na prevenção de enfrentamentos, colocando os trabalhadores sob tutela. De acordo com essa visão, o Brasil teria organizado um corpo de legislação moderna, "avançada" antes mesmo de se verificar a presença de um desenvolvimento industrial com um proletariado robusto.

O retrato do "mito da outorga" não se sustenta quando fazemos uma análise pormenorizada da historiografia, principalmente quando se busca certa coerência com os acontecimentos que antecedem e sucedem a década de 1930. Ao contrário dessa visão, a legislação e os direitos trabalhistas não foram resultado de um pacto entre Estado e a classe patronal para manipular ou ludibriar os trabalhadores. Se por um lado existiu, de fato, a contribuição desses dois agentes (Estado e classe patronal), para o aparecimento da legislação trabalhista, que procurou refrear os

---

(494) UNTURA NETO, Marcos. *"O Conselho Nacional do Trabalho e a construção dos direitos sociais no Brasil*. 2013. Dissertação (Mestrado em Mestrado) – Faculdade de Direito da USP.

(495) UNTURA NETO, Marcos. *Op. cit.*, 2013, p. 20.

embates sociais, por outro, não podemos esquecer que ocorreu a participação maciça de setores populares antes e depois da década de 1930, no processo de aparecimento de uma legislação trabalhista, que teve destaque nas reivindicações, manifestações e lutas no cotidiano dos trabalhadores, no parlamento e nas ruas.

Conforme destaca Souto Maior,[(496)] não houve uma ruptura de estratégia do Poder Executivo no sentido de parecer um benfeitor no que tange à criação da legislação trabalhista, que viria inevitavelmente, mesmo contrariando os interesses dominantes locais, já que o Brasil havia se comprometido com essa questão ao assinar o Tratado de Versalhes. Um dos primeiros pontos de autopreservação política, por sinal, foi o de negar ao Tratado de Versalhes essa autoridade para conduzir a uma mudança do Estado com relação à questão social. Falava-se, portanto, em "omissões" sobre a questão e não em ausência de legislação a respeito. O governo, por outro lado, procurava atrair para si os dividendos da criação da legislação. Segundo João Tristan Vargas,[(497)] com Epitácio Pessoa já se teria desenvolvido um "projeto de outorga de legislação trabalhista".

Ainda de acordo com Souto Maior:[(498)]

> A legislação trabalhista era uma realidade no mundo capitalista, tomando-se como parâmetro a realidade europeia, sendo que, na época, pouca era a influência norte-americana nos países sul-americanos, conforme visto na primeira parte desse volume. Neste contexto, sobretudo quando vislumbrado um projeto de industrialização e formação de um mercado consumidor interno, para desenvolvimento do modelo capitalista, seria inevitável a instituição da legislação trabalhista, sendo que o aproveitamento político do tema era uma consequência paralela, também inevitável. A resistência dos industriais se justificava pelo aspecto já considerado das reminiscências escravistas.

De acordo com Clarice Gontarski Speranza,[(499)] não havia sentido algum em dizer que "a outorga [da legislação trabalhista pelo governo Vargas] alienou

(496) SOUTO MAIOR, Jorge Luiz. *Op. cit.*, 2017, p. 163.

(497) VARGAS, João Tristan. *Op. cit.*, 2004, p. 295. Ainda de acordo com o mesmo autor, "Os ataques do governo Epitácio à ação do Legislativo no campo da regulamentação do trabalho, veiculados pela imprensa, e a defesa de [Maurício de] Lacerda dessa mesma ação denotam a ocorrência de um embate nesse momento entre os dois poderes".

(498) SOUTO MAIOR, Jorge Luiz. *Op. cit.*, 2017, p. 163.

(499) SPERANZA, Clarice Gontarski. *Cavando direitos:* as leis trabalhistas e os conflitos entre os mineiros de carvão e seus patrões no Rio Grande do Sul (1940-1950). São Leopoldo: Oikos; Porto Alegre: ANPUH-RS, 2014, *Op. cit.* p. 126.

política e ideologicamente os trabalhadores, primeiro porque foram habituados a não lutar por seus direitos, pois já estavam garantidos por lei; segundo, porque desconheciam a 'dádiva' que lhes assegurava direitos".[500] Assim, ao se analisar do ponto de vista dos trabalhadores e das relações de produção, não é possível constatar alienação ou passividade — e muito menos leis que garantam direitos, ou até mesmo direitos assegurados, na visão da autora: "o que a edição das leis trabalhistas durante o período do Estado Novo fez, de maneira concreta, foi criar uma expectativa de direitos e de um possível amparo governamental, expectativa que fomentou a ação reivindicativa do sindicato e o descontentamento dos trabalhadores. Afinal, saber que se têm direitos legais não cumpridos não apazigua ninguém, salvo melhor juízo".[501] Entre as figuras que disseminaram a visão de que o Estado teria outorgado a legislação trabalhista, está o nome de Oliveira Vianna, Cesarino Junior, entre outros juristas renomados do período do Estado Novo.

Cesarino Junior, que fora professor na tradicional Faculdade de Direito da Universidade de São Paulo, afirma inclusive que durante o período da Primeira República (1888-1930) não havia existido legislação social no Brasil, sendo que a "Legislação Social no Brasil começou decididamente após a Revolução de 1930". Outro jurista que irá corroborar a visão de Oliveira Vianna e Cesarino Junior, será Segadas Vianna,[502] que após fazer menção à frase de Cesarino em seu livro, demonstra que no Brasil não foi um "movimento ascendente" de lutas e embates sociais que forjou a legislação trabalhista, e sim um "movimento descendente", resultado da ação de cima para baixo, do Estado para a sociedade.

Difundindo uma descrição histórica das origens da política social do governo Vargas, o livro de Oliveira Vianna, idealizado no ano de 1948, porém publicado apenas em 1951, *Direito do Trabalho e democracia social*",[503] contribuiu para propagandear o mito da outorga dos direitos trabalhistas como verdade histórica. Não obstante ter sido um dos ideólogos dessa visão, no final de sua vida, Oliveira Vianna, ele próprio, contraditoriamente, fez uma afirmação desconstruindo esse

(500) VOLPATO, Terezinha. *A pirita humana:* os mineiros de Criciúma. Florianópolis: UFSC, 1984. p.175.

(501) *Idem.*

(502) José de Segadas Vianna (1906-1991) foi diretor-geral do Departamento Nacional do Trabalho (DNT) em 1942, ainda durante o período do Estado Novo. No regresso de Getúlio Vargas ao poder, anos depois, desempenhou a função de ministro do Trabalho, Indústria e Comércio de 1951 a 1953.

(503) Com a publicação pela editora José Olympio, que foi a principal editora dos intelectuais que nutriam relações com o Estado Novo, o livro tornou-se referência anos depois para estudiosos do Direito do Trabalho e a visão de que o Estado teria concedido direitos aos trabalhadores.

mesmo mito. No livro de 1949, *Instituições Políticas Brasileiras*,[504] admite que a legislação trabalhista revelara sua origem no direito *costumeiro* da classe trabalhadora durante os primeiros anos da República. Assim ele afirma:

> Outro setor costumeiro, cujo descobrimento foi para mim uma verdadeira surpresa, é o do nosso direito social operário. (...) Era todo um vasto sistema, que regulava as atividades das obscuras massas do trabalho, a vida produtiva de milhões de brasileiros, mas cuja existência os nossos legisladores não haviam sequer pressuposto. Sistema orgânico de normas fluidas, ainda não cristalizadas ou ossificadas em códigos; mas, todas provindas da capacidade criadora e da espontaneidade organizadora do nosso próprio povo-massa, na sua mais autêntica expressão.[505]

E prosseguia:

> O nosso labor foi antes o de dar técnica legislativa e sistematização a esse direito costumeiro encontrado, a esse complexo de normas e costumes, que nos havia sido "revelado" e que regulava — pelo único prestígio da tradição e do costume — a atividade dos nossos trabalhadores e as suas relações com o patronato. O mérito dos técnicos do Ministério, que presidiram as comissões elaboradoras dos anteprojetos, foi antes de sistematização de um direito já existente do que propriamente da criação de um direito novo.[506]

Em suma, é a partir das pistas deixadas por Oliveira Vianna e de outros representantes do cenário jurídico da época que a tese da outorga se deslocou dos discursos políticos para os livros dos juristas e historiadores do período Vargas e

---

(504) VIANNA, Oliveira. *Instituições políticas brasileiras.* Brasília: Conselho Editorial do Senado Federal, 1999. O livro foi publicado pela editora José Olympio, originalmente, em dois volumes, em 1949. O livro é apontado como um ajuste de contas de Vianna em relação aos seus críticos. Atualmente encontra-se disponível em: <https://edisciplinas.usp.br/pluginfile.php/2394322/mod_resource/content/1/Oliveira%20Viana.%20Institui%C3%A7%C3%B5es%20Pol%C3%ADticas%20Brasileiras.pdf>. Acesso em: 19 jun. 2017.

(505) VIANNA, Oliveira. *Op. cit.*, 1999, p. 45; ver também SOUTO MAIOR, Jorge Luiz. "Ministros do Trabalho e da Casa Civil, por que não se calam?". In: RAMOS, Gustavo Teixeira; MELO FILHO, Hugo Cavalcanti; LOGUERCIO, José Eymard; RAMOS FILHO, Wilson (Orgs.). *A classe trabalhadora e a resistência ao Golpe de 2016.* Bauru: Projeto Editorial Praxis, 2016.

(506) *Idem.*

dos posteriores, colaborando para fixar o mito de que após 1930 teria se verificado "uma verdadeira outorga de direitos".

1. O debate historiográfico e jurídico

Em oposição ao "mito da outorga", a legislação trabalhista e os direitos trabalhistas não foram simplesmente o resultado auspicioso de um pacto entre o Estado e a burguesia industrial então emergente para controlar, ludibriar ou cooptar a classe trabalhadora. Se de um lado existiu, sim, a contribuição desses atores (Estado e burguesia) para o aparecimento de uma legislação trabalhista no Brasil com o intuito de refrear as lutas operárias, por outro, é certo afirmarmos que ocorreu intensa participação de outros segmentos da sociedade antes e depois de 1930, no processo de construção da legislação e dos direitos trabalhistas, em que se destacam o papel de intelectuais, políticos e juristas socialistas e, certamente, a participação ativa da classe operária, através de greves, manifestações e lutas por melhores condições de vida e direitos trabalhistas no seu cotidiano de trabalho, nas ruas e no parlamento.

Evaristo de Moraes Filho em *O problema do sindicato único no Brasil*[(507)] é completamente contrário à visão produzida pelos juristas e ideólogos do Estado Novo, apesar de ter integrado o Ministério do Trabalho durante a década de 1930. Evaristo era representante da ala dos socialistas, grupo que não tinha compatibilidade ideológica com a outra ala, representada por Oliveira Vianna. Sobre o mito da outorga, Evaristo era bem claro ao afirmar que a luta dos trabalhadores nas décadas de 1910 e 1920 tinha um peso substancial para os direitos trabalhistas:

> (...) Assim, terminando o balanço geral desse período, compreendido, entre os anos de 1919 e 1930, não podemos deixar de reconhecer que muito conseguiram as classes trabalhadoras brasileiras. Daí considerarmos erro histórico, além de mera propaganda eleitoral, a frase feita de que o Brasil nada possuía nesse terreno [legislação trabalhista] antes daquela última data. É uma injustiça que se comete à massa operária.[(508)]

Fica evidente, por essa passagem, que Evaristo não aceitava a visão da outorga por parte do Estado em relação à legislação trabalhista, que excluía os trabalhadores e as organizações políticas e sindicais, procurando demonstrar o caráter

(507) MORAES FILHO, Evaristo de. *O problema do sindicato único no Brasil*. São Paulo: Alfa Ômega, 1978.

(508) MORAES FILHO, Evaristo de. *Op. cit.*, 1978, p. 210.

passivo que negava as conquistas do movimento operário durante a Primeira República. Evaristo atacava a concepção não apenas da outorga como o pressuposto deste, ou seja, o esquecimento das lutas e conquistas dos trabalhadores no período anterior à década de 1930.

Samuel Fernando de Souza observa que já no período anterior a 1930, os trabalhadores possuíam o conhecimento da estrutura da lei, de maneira recorrente, ou seja, a partir da análise de processos que o autor fez em seu estudo, ficou evidente perceber o modo como os agentes envolvidos lidavam com a estrutura do Estado no encaminhamento de suas pautas. Assim, a concepção de direitos, sempre presente, "pode possibilitar o entendimento da nascente legislação do trabalho na virada dos anos 1920 para 1930".[(509)] No estudo empreendido por Souza, é possível perceber os modos com que os trabalhadores interpelaram os representantes do poder público, articulando suas reivindicações e constituindo discursos jurídicos com o intuito de sensibilizar os julgadores para as suas necessidades.[(510)]

Como tudo que ocorre nos meios jurídicos, esse reconhecimento e atributo não podem ser resumidos como uma evolução de espírito. Ângela de Castro Gomes antecipa já na introdução de a *Burguesia e trabalho*[(511)] a superação da ideologia da outorga como resultado de seus estudos:

> Embora concordemos que os anos trinta sejam o ponto culminante deste processo, pois é o período em que a maioria absoluta das leis sociais são promulgadas e de fato entram em vigor, não quisemos restringir-nos a este momento pelas razões que se seguem. Em *primeiro lugar, porque verificamos, logo no início de nossos estudos, que a compreensão dos termos de discussão do problema teria que estar referida a todo um período anterior no qual o assunto vinha sendo levantado e debatido. Seu abandono poderia conduzir-nos a subestimar e/ou ignorar toda uma intensa atuação, tanto do operariado, quanto do empresariado face à questão, o que evidentemente só beneficiaria a perspectiva que destaca o papel 'pioneiro' do Estado no pós-trinta.* (g.n.)

Em relação ao patronato urbano, é correto que não se lhe pode atribuir posição hegemônica no processo de implantação do sistema de proteção social,

(509) SOUZA, Samuel Fernando de. "Coagidos ou subornados: trabalhadores, sindicatos, Estado e leis do trabalho nos anos 1930". Tese (Doutorado em História) – Instituto de Filosofia e Ciências Humanas — IFCH.

(510) *Idem.*

(511) GOMES, Ângela de Castro. *Op. cit.*, 1979, p. 26.

resultado do atraso do processo de modernização da industrialização e do bloqueio em virtude de uma política partidária baseada no mandonismo local das oligarquias agrárias. Não obstante, a falta de uma posição hegemônica não é reflexo de uma incapacidade de participação política ou ausência de concepções sobre os projetos com base na realidade social. Vianna[(512)] procurou refutar a colocação presente na historiografia brasileira, segundo a qual setores do comércio e indústria estariam politicamente submetidos ao tradicional poder da elite econômica agrária, no momento inicial do processo de industrialização. A ordem liberal oligárquica não impediu o desenvolvimento de uma burguesia urbana industrial com interesses específicos, que procurou efetivar seus interesses, ainda que se ajudasse aos limites da ordem oligárquica.

Ao observar a posição de passividade do patronato como integrante da ideologia da outorga, Ângela de Castro Gomes propõe um caminho para sua desconstrução:

> *Portanto, quando através do estudo da questão da regulamentação do trabalho no Brasil procuramos a posição dos setores empresariais, estamos justamente propondo que a compreensão de problemas deste tipo dependem de uma visão interativa entre Estados e classes sociais, não se podendo privilegiar um dos lados da questão: o da 'doação' do Estado ou o da 'conquista' da classe. Desta forma, a crítica ao mito da submissão política do empresariado recoloca este ator em cena, na medida em que procura ressaltar a singularidade de sua participação política.* (g.n.)[(513)]

Em *A invenção do trabalhismo*,[(514)] estudou os pronunciamentos de Marcondes Filho, apontando a sofisticação do discurso por trás da ideologia da outorga e sua íntima relação com a questão social:

> As falas de Marcondes, bem como os artigos da revista *Cultura Política* e inúmeros outros textos políticos do período estruturavam-se basicamente em torno da construção de uma relação entre o povo e o Estado/Nação, encarnado na figura do presidente. Esta relação se dava primordialmente através da execução do objetivo precípuo e definidor da Revolução de 1930, realizada pelo Estado Nacional a

(512) VIANNA, Luiz Werneck. *Liberalismo e Sindicato no Brasil.* São Paulo: Paz e Terra, 1976. cap. III.

(513) GOMES, Ângela de Castro. *Op. cit.*, 1979, p. 48.

(514) GOMES, Ângela de Castro. *Op. cit.*, 1988, p. 226-227.

partir de 1937. A história da relação povo/presidente era fundamentalmente a história da resolução da questão social no Brasil, questão que, ignorada até a década de 30, manchava nossa tradição republicana e impedia qualquer tipo de contato real entre governantes e governados. Portanto, quando o discurso revolucionário pós-37 foi buscar sua origem em 30 e definiu-se pelo ideal de justiça social, ele coerentemente estava desenhando o círculo que continha 'o' entendimento da política brasileira.

A relação que fundava o Estado era aquela entre o povo e o presidente, que legislou sobre o problema síntese da nacionalidade: o problema social. Porém, o que o discurso punha em relevo particularmente era a forma como a questão foi resolvida, o que acabava por determinar a forma pela qual a relação povo/presidente se efetuava. Neste sentido, seu ponto nodal estava na construção do que se convencionou chamar na literatura sobre questão social 'ideologia da outorga'. Ou seja, a legislação social brasileira, instrumento mediador por excelência das relações entre governantes e governados, foi outorgada pela personalidade clarividente do chefe do Estado ao seu povo. A relação fundadora do Estado era uma relação de doação, uma relação de dar e receber dádivas/presentes/benefícios.

Recentemente, a análise de processos por meio dos quais os trabalhadores pretendiam o cumprimento do conjunto de direitos sociais positivados integrou-se na agenda da pesquisa historiográfica. Em 1995, Fernando Teixeira da Silva(515) evidenciou como a classe patronal do Porto de Santos foi submetida à legislação trabalhista e os resultados positivos para os "doqueiros" de um conjunto de processos movidos por empregados nas cortes trabalhistas, destinados à solução de alguns conflitos de interesses. Desse modo, observando-se as greves e mobilizações do operariado, ainda na fase antecedente à Era Vargas, é falacioso o argumento de que o processo de normatização trabalhista não significou conquista do movimento operário, mas somente outorga. O ordenamento jurídico é resultado dos antagonismos e conflitos sociais. Nas relações de trabalho, principalmente, não haveria como ser diferente; ao contrário, a legislação social é fruto das lutas dos trabalhadores por melhores condições de vida e trabalho.

---

(515) SILVA, Fernando Teixeira da. *A carga e a culpa* — Os operários das docas de Santos: direitos e cultura de solidariedade (1937-1968). São Paulo/Santos: Hucitec/Prefeitura Municipal de Santos, 1995.

A classe trabalhadora passa de sujeito à simples destinatária das políticas públicas, e a conquista é substituída pela promessa.[(516)]A CLT, que foi construída — de forma menos natural — durante a Era Vargas, foi não só o documento legal mais divulgado no Brasil. Seu texto era, em 1968, mais conhecido que o da Constituição Federal (de 1946) promulgada pouco tempo depois. Há todo um contexto, mas se adianta que a carteira profissional era uma certidão de nascimento cívico:[(517)]

> A profissão é eleita como o elemento legítimo de aglutinação dos grupos sociais, e portanto, os interesses da profissão serão os interesses legítimos a fundamentar a ação sindical.[(518)]

Ângela Araújo observa, por seu turno, que o projeto corporativo do governo varguista teve importante aliados no movimento sindical: as correntes "amarelas" e uma corrente que aparece na década de 1930 pela junção dos elementos do socialismo com o projeto reformista do tenentismo. Os "amarelos" atuaram no movimento sindical desde o começo do século XX, sendo a corrente predominante no sindicalismo na capital federal ao longo da Primeira República, onde dominavam sindicatos de larga expressividade, como marítimos, ferroviários e portuários. Eles constituíam um grupo muito diversificado, mas que, no conjunto, eram portadores de projetos sindicais reformistas, que defendia a legalização dos direitos sociais, a utilização das vias institucionais, a intermediação com o Estado na resolução dos conflitos trabalhistas e que prezavam por uma independência política da classe trabalhadora.[(519)]

---

(516) BERCOVICI, Gilberto; MASSONETTO, Luís Fernando. "Os direitos sociais e as constituições democráticas brasileiras: breve ensaio histórico". In: RÚBIO, David Sánchez; FLORES, Joaquín Herrera; CARVALHO, Salo de. *Direitos humanos e globalização:* fundamentos e possibilidades desde a teoria crítica, 2004. v. 2, p. 512.

(517) FRENCH, John. *Afogados em leis:* a CLT e a cultura política dos trabalhadores brasileiros. São Paulo: Fundação Perseu Abramo, 2002.p. 7.

(518) HADLER, Maria Sílvia Duarte. *Sindicato do Estado e legislação social:* o caso dos gráficos paulistas nos anos 1930. Dissertação de mestrado, Unicamp, Campinas, 1982. Disponível em: <http://www.bibliotecadigital.unicamp.br/document/?code=000056013>. Acesso em: 21 nov. 2016.

(519) ARAÚJO, Ângela Maria Carneiro. *Do corporativismo ao neoliberalismo:* Estado e trabalhadores no Brasil e na Inglaterra. São Paulo: Boitempo, 2002. p. 49. Para um aprofundamento da discussão sobre o sindicalismo "amarelo" na Primeira República, ver BATALHA, Claudio. *Le Syndicalism 'amarelo' a Rio de Janeiro (1906-1930).* Paris: Universidade de Paris I, 1986. Tese de doutorado. Sobre a atuação dessa corrente nos anos 1930 ver principalmente STOTZ, Eduardo Navarro. *A união dos trabalhadores metalúrgicos na construção do sindicato corporativista:* 1932-1945. Rio de Janeiro, UFF, 1986. Tese de mestrado; ANASTASIA, Carla Maria Junho. *Corporativismo e cálculo político:* o processo de sindicalização oficial dos trabalhadores em Minas Gerais (1932-1937). Rio de Janeiro, IUPERJ, 1990. Tese de doutorado.

Hall constata que estudos recentes mostraram o papel de alguns sindicatos continuaram a representar os interesses dos trabalhadores contra empregadores e o Estado — em que pesem todos os obstáculos.[520] Nos esforços dos sindicatos em colocar algum freio na exploração, as lutas dos movimentos dos trabalhadores em fazer o governo obedecer e cumprir suas próprias leis ocupam posição proeminente. Hall ainda constata que as formas ideológicas receberam atenção nos últimos estudos. Diz ele:[521]

> Aprendemos algo sobre as lutas políticas dentro do regime em relação às questões trabalhistas,[522] temos algumas ideias sobre o que realmente ocorreu nas fábricas nos anos 1930,[523] e podemos perceber agora que o regime teve uma base potencial de apoio entre os sindicatos "amarelos" do Rio de Janeiro e de outros lugares, há muito tempo acostumados a colaborar com o Estado.[524]

Ângela Araújo, quando abordou o aspecto corporativista da legislação trabalhista ao longo dos anos 1930, problematizou a suposta imobilidade dos sindicatos e observou uma intensa dinâmica entre correntes distintas dentro daqueles agrupamentos diante do avanço regulamentador do Estado.[525] A partir da década de 1930,[526] com o governo de Getúlio, a legislação trabalhista passa

---

(520) HALL, Michael McDonald. "Corporativismo e fascismo nas origens das leis trabalhistas brasileiras". In: ARAÚJO, Ângela (Org.). *Do corporativismo ao neoliberalismo*. São Paulo: Boitempo, 2002. p. 16. O autor cita os estudos de FORTES, Alexandre. *Buscando os nossos direitos:* trabalhadores e organização sindical em Porto Alegre de 1933 a 1937. Campinas, Unicamp, 1994. Tese de mestrado; STOTZ, Eduardo Navarro. *A União dos trabalhadores metalúrgicos na construção do sindicato corporativista, 1932-1945*. Rio de Janeiro, Universidade Federal Fluminense, 1986. Tese de mestrado.

(521) HALL, Michael McDonald. *Op. cit.*, 2002, p. 16.

(522) COSTA, Vanda Maria Ribeiro da. "Origens do corporativismo brasileiro". In: BOSCHI, Renato R. (Org.). *Corporativismo e desigualdade:* a construção do espaço público no Brasil. Rio de Janeiro: Rio Fundo Editora, 1991.

(523) VANGELISTA, Chiara. "Per una ricerca sul mercato del lavoro: la mobilità della manodopera in uma filatura paulista". *Nova República*, 1978, v. 1.

(524) BATALHA, Cláudio. Le Syndicalisme *"amarelo" à Rio de Janeiro*. Paris, Université de Paris I, 1986. Tese de Doutorado.

(525) ARAÚJO, Ângela. *A construção do consentimento:* corporativismo e trabalhadores no Brasil dos anos 30. São Paulo: Edições Sociais, 1998.

(526) Conforme demonstra Souza, a "estrutura da Justiça do Trabalho no decurso dos anos 30 adquirira uma forma bifronte, sem que isto resultasse em sua maior efetividade. O CNT ainda funcionava como órgão de recurso para empregados estáveis como ferroviários, marítimos e funcionários da Light. Durante a década de 1930, o CNT funcionou de maneira relativamente independente, tal como as Juntas de Conciliação e Julgamento e as Comissões Mistas de Conciliação. Somente em 1941, as Juntas comporiam o mesmo corpo que o CNT", 2007, p. 154.

a desenvolver-se mais, e o movimento do operariado é essencial nesse processo, através da vitalidade da cultura operária forjada no chão de fábrica, nas comunidades, a partir de experiências compartilhadas de trabalho. Como a repressão existia, a resistência ocorria de forma clandestina. De acordo com Hall,

> a historiografia rompeu com as interpretações mais estáticas (...). Os sindicatos no período Vargas não mais parecem monolíticos, ou simplesmente instrumentos artificiais do regime, nem tampouco os trabalhadores parecem meros espectadores passivos, ou vítimas. Certamente a extensão da oposição sindical às medidas oficiais do começo dos anos 1930 está mais clara agora, e sabemos algo sobre as formas de resistência clandestinas, cotidianas, que ocorreram quando as manifestações abertas de protesto tornaram-se inviáveis.(527)

Assim sendo, pode-se afirmar que o processo de intensa motivação legislativa em matéria trabalhista, durante a década de 1920, teve seu fundamento em aspectos internos, como as greves e mobilizações dos trabalhadores, mas, igualmente, em fatores externos, como a Revolução Russa de 1917, a formação do Bureau Internacional do Trabalho, órgão este da Sociedade das Nações. Nas décadas de 1930 e 1940, por outro lado, foi a mobilização dos trabalhadores, conjugada à política de intervenção estatal na economia, de caráter nacional-desenvolvimentista que motivou a positivação das leis trabalhistas.(528)

2. Os problemas em relação ao papel do Estado na regulação

A década de 1930, com o triunfo da Aliança Liberal, a formação do Governo provisório, a criação do Ministério do Trabalho e a lei de sindicalização são elementos que definem os rumos do poder estatal, a partir de 1930. Lindolfo Collor, primeiro ministro do Trabalho, fazia a defesa de se "incorporar o sindicalismo ao Estado e às leis da República".(529) Todavia, vale mencionar que quando

---

(527) HALL, Michael McDonald. *Op. cit.*, 2002, p. 15.

(528) Merece destaque as fontes indicadas por Süssekind consideradas pela comissão elaboradora da CLT. A elas serão agregadas outras, igualmente relevantes à construção do Direito e do Processo do Trabalho no Brasil, bem como a *Rerum Novarum*, Encíclica do Papa Leão XIII, de 1891; o 1º Congresso Brasileiro de Direito Social e algumas de suas teses; a OIT e suas Recomendações e Convenções; as Constituições ocidentais modernas, do século XX, especialmente a do México, de 1917 e a de Weimar, de 1919; a Revista do Trabalho e os Boletins do MTIC; e, a partir das Revistas e dos Boletins, alguns pareceres dos grandes juristas da época, como os de Oliveira Viana, Joaquim Pimenta, Oscar Saraiva, dentre outros, homens com papel de destaque na constituição do Direito Social e da Justiça do Trabalho, in: BIAVASCHI, Magda Barros, 2005. p. 95 e 135.

(529) RODRIGUES, Leôncio Martins, *Op. cit.*, 1981, p. 47.

é criado no mês de novembro o Ministério do Trabalho, Indústria e Comércio — está distante a ideia que ele inaugura uma classe social em sua plenitude política. Inaugura, isso sim, o Estado como referência obrigatória na luta de classes, ou seja, há a redefinição do cenário de legitimidade desse embate, realocando seus atores (trabalhadores, patrões e Estado) e definindo o alcance de seus efeitos.

Os anos de 1930, de maneira geral, serão caracterizados pelas alterações substanciais que os sindicatos dos trabalhadores assalariados teriam, dentro de um contexto em que a sociedade brasileira atingia novas condições no processo de industrialização e modernização. O Estado, paralelamente, passaria a ter um papel decisivo sobre a economia e o mercado de trabalho. A participação dos trabalhadores no cenário político nacional teria um novo conteúdo. Os sindicatos deixam de ser entidades privadas e autônomas, transformando-se em órgãos reconhecidos oficialmente e organizados sob a tutela do Estado. Esse processo foi sendo estudado por diversos trabalhos desde a década de 1960, quando passa a se discutir a relação entre Estado e as classes trabalhadoras no país.

Passa a ser questionada a imagem na qual os trabalhadores eram vistos como subordinados ao Estado devido às determinações estruturais da industrialização brasileira. O que define essa ruptura é a noção de *sujeito* que emerge dessa nova produção, ou seja, o estatuto conferido às práticas dos trabalhadores como dotadas de sentido, peso político e significado histórico, dentro da dinâmica da sociedade.(530)

O que ressalta nesses trabalhos é, sobretudo, a consciência que tinham seus autores de uma sociedade industrial em formação, cuja novidade reside nos temas da industrialização, urbanização, das desigualdades sociais de uma sociedade em transição, do peso tutelar do Estado.(531)

Foi apenas no início dos anos 1960 que a classe operária se tornou objeto de reflexão sistemática no Brasil. Com o exame dos desajustes dos trabalhadores na sociedade industrial, a suposta falta de consciência de classe do proletariado, o estabelecimento de um sindicalismo operário controlado pelo Estado, Juarez Brandão Lopes, Fernando Henrique Cardoso, Azis Simão e, logo depois, Leôncio Martins Rodrigues, José Albertino Rodrigues, inauguraram uma tradição dos estudos do movimento operário.(532)

---

(530) *Idem*.

(531) PAOLI, Maria Célia. *Op. cit.*, 1987, p. 132.

(532) *Idem*.

Ainda que não se tenha a pretensão de abranger todos os autores importantes, é possível delinear a análise de estudiosos do movimento operário e sindical e inferir o conhecimento obtido sobre o tema e o período inicial dessa nova fase do capitalismo brasileiro. O período das grandes sínteses teve início no começo da década de 1960, com a realização de diversos estudos sociológicos sobre o movimento operário, em sua maior parte reunido na coleção *Corpo e alma do Brasil*, da Editora Difel. De acordo com Cláudio Batalha,(533) esse movimento de grandes sínteses "estabeleceriam teorias explicativas do movimento operário e de suas opções ideológicas". Dentre os autores que são vistos na sequência, que trataram da questão das lutas sociais e do movimento operário, vale o registro de Leôncio Martins Rodrigues com o livro *Conflito social e sindicalismo no Brasil*, de 1966; Azis Simão, com *Sindicato e Estado: suas relações na formação do proletariado em São Paulo* e Juarez Brandão Lopes, com *O ajustamento do trabalhador à indústria: mobilidade social e motivação* e *Sociedade industrial no Brasil*, de 1964.

A preocupação com a modernidade cedo se transformou, para parte desses pensadores, em uma preocupação com as forças sociais emergentes na rápida industrialização brasileira, ou seja, com grupos e classes que pudessem transformar as bases sociais e políticas do país. A reflexão da classe operária que emerge nesse contexto teve características bem definidas: primeiro, são textos que saem do meio acadêmico, que procuram uma explicação empírica e sistemática. Segundo, tentou-se a comparação com os países de industrialização clássica, ressaltando a particularidade brasileira desse processo, especialmente o lugar que o proletariado ocupava nessa transformação.

O estudo pioneiro foi de Juarez Brandão Lopes, *Os ajustamentos do trabalhador à indústria: mobilidade social e motivação* (1961). Juarez procurou os trabalhadores na *fábrica*, isto é, nos aspectos particulares do trabalho industrial desenvolvido na organização do espaço fabril, procurando conhecer os modos de ajustamento desses trabalhadores em relações de trabalho organizadas racional e empresarialmente. O que ele encontrou não foi exatamente um operariado fabril, mas sim migrantes rurais urbanizados, com vinculação precária e instável à fábrica. No interior do processo de trabalho, os operários não desenvolviam organização e comunicação informal grupal, não havendo entre eles lideranças claramente definidas.(534) Sua eventual adesão à greve era alheia ao espírito de uma reivindicação coletiva e decorria da ação de piquetes do pessoal do sindicato. A perspectiva individualista do operário que

(533) BATALHA, Claudio. *Op. cit.*, 1998, p. 148.

(534) PAOLI, Maria Célia. *Op. cit.*, 1987, p. 134-135.

Juarez encontrou, instrumentalizando o emprego fabril, a legislação trabalhista e o próprio sindicato, impedia o desenvolvimento de uma ação coletiva de classe e de crenças e tradições operárias.

As pesquisas de Juarez, no entendimento de Paoli, foram responsáveis por ter apresentado de forma negativa a classe operária; ao mostrá-la pela ausência de estabilidade profissional, de padrões de ação coletiva, da falta de tradições e crenças nascidas no e para o trabalho industrial.(535)

Fernando Henrique Cardoso, ainda no ano de 1961, publicou importante ensaio sobre "Situação e composição social do proletariado brasileiro", em que buscou interpretar a classe operária longe da fábrica, procurando dar outra envergadura teórica aos resultados das pesquisas empíricas. Buscou compreender a classe operária numa teoria da história, situando na abstrata noção de consciência de classe, num salto que marcaria mais que qualquer outro texto, a imagem negativa da classe operária.

De acordo com sua leitura, faltou na Primeira República uma industrialização poderosa e homogênea das relações sociais, para dotar os operários de uma forma de atuação "adequada a sua situação de classe" (p. 58). Assim, nesse texto de 1961, Fernando Henrique trata da figura do operário como algo vazio: sua substância é apenas virtual. Vazia no aspecto de que a heterogeneidade de sua inserção na ordem industrial, o controle estatal das organizações sindicais e sua composição recente coloca os trabalhadores industriais em contraposição a uma classe operária consciente de seus interesses, esta sim uma figura plena.(536)

Em Leôncio Martins Rodrigues,(537) os trabalhadores industriais brasileiros, como classe substantiva, sofrem uma enorme influência de seu ambiente de origem, o campo, conservando variavelmente, mas persistentemente, modos de sentir, pensar e agir do tipo tradicional: essa classe interpreta a sua experiência fabril a partir da comparação dos modos de vida e trabalho nas regiões não industriais. Na interpretação de Leôncio, nem o trabalho industrial, nem a condição operária, são devidamente valorizados. O que os trabalhadores valorizam é um bom emprego, numa boa empresa. A perspectiva de classe desaparece, dando ensejo a uma visão individualista: o baixo nível de solidariedade profissional corresponde a uma

---

(535) PAOLI, Maria Célia. *Op. cit.*, 1987, p. 136.

(536) *Ibidem*, p. 137.

(537) Em textos como *Conflito industrial e sindicalismo no Brasil*, publicado em 1966 pela Difel; *Industrialização e atitudes operárias*, 1970, com dados de uma pesquisa de 1963, pela Brasiliense; e *Trabalhadores, sindicatos e industrialização*, que são ensaios publicados no ano de 1974 pela Brasiliense.

instrumentalização individual do sindicato, da empresa e da própria sociedade industrial. Em suma, nessa visão, temos uma rejeição das determinantes sociais e políticas do trabalho industrial e uma ausência de qualquer projeto coletivo, da classe operária no mundo da produção.[(538)] A classe operária é um agente subordinado, no sentido de ter um fraco peso social e político de classe, não apenas pela via das injunções políticas de um sindicato tutelado pelo Estado mas sobretudo pelo próprio processo de industrialização.

José Albertino Rodrigues[(539)] aprofundou o paradigma pelo lado de uma reflexão empírica e histórica do sindicato brasileiro, que é contada através de uma tipologia dos períodos sindicais, alicerçada na forma de proposta e atuação dos sindicatos, que permite ao autor mostrar o quanto os trabalhadores sindicalizados montaram movimentos reivindicativos, mas foram cooptados e burocratizados pela ação do Estado por meio da ordenação jurídica da CLT. Na visão de Albertino, entre a formação básica nos valores tradicionais que persistem no interior da adesão aos sindicatos e a burocratização das estruturas organizativas pelo Estado, a classe operária fica dependente econômica, cultural e ideologicamente do Estado e da sociedade.[(540)]

Nesse cenário, cabe um destaque para o trabalho de Azis Simão,[(541)] que, se por um lado adota uma clara noção de classe que se constitui na luta política a partir de suas convicções materiais de exploração fabril, que vinha desde o começo da Primeira República, em que os trabalhadores fizeram uma ação coletiva diversa, que teve graus de eficácia importantes na organização e mobilização operária e na capacidade de pressão sindical, inclusive no plano ideológico pré-1930, por outro lado, Azis Simão trabalha com uma figura de classe impotente, no plano organizacional e sindical. Impotente porque a viabilidade política da classe operária, presente nas suas práticas antes de 1930, esvai-se no decurso do processo de industrialização após 1930.[(542)]

Na perspectiva sociológica, merece destaque o estudo de Juarez Brandão Lopes,[(543)] pois esse autor adota um modelo explicativo relacionado à vertente

---

(538) PAOLI, Maria Célia. *Op. cit.*, 1987, p. 139.

(539) RODRIGUES, José Albertino. *Sindicato e desenvolvimento no Brasil*. São Paulo: Difel, 1967.

(540) PAOLI, Maria Célia. *Op. cit.*, 1987, p. 141.

(541) RODRIGUES, José Albertino. *Op. cit.*, 1967.

(542) PAOLI, Maria Célia. *Op. cit.*, 1987, p. 143.

(543) LOPES, Juares Brandão. *O ajustamento do trabalhador à indústria:* mobilidade social e motivação. Sociedade industrial no Brasil. São Paulo: Difel, 1964.

weberiana da sociologia, analisando como teria ocorrido no Brasil a transição do mundo tradicional ao moderno, e as implicações para os trabalhadores e para o movimento sindical. Sua análise parte da investigação dos imigrantes do Brasil rural que passariam a fazer parte da classe operária, principalmente em São Paulo, a partir da década de 1930. O intuito de seu trabalho é verificar as consequências do processo pelo qual um número significativo de trabalhadores passa a integrar a economia de mercado, deslocando-se de um ambiente típico das sociedades tradicionais em que não havia a exigência de qualificação. Na sua visão, os trabalhadores oriundos do campo chegaram aos centros urbanos industriais sem a identificação de operários, sujeitos, assim, a desenvolver atividades econômicas independentes. Para utilizar a expressão do autor, merece destaque a precariedade do que ele denomina de "ajustamento destes rurícolas ao meio industrial".(544)

Azis Simão(545) chama atenção para a ruptura que ocorre no movimento sindical na década de 1930, tendo como foco a participação ativa do Estado, dentro de um arcabouço estrutural condicionado pela arregimentação da mão de obra que saiu do campo com a expansão demográfica interna e a industrialização. Simão argumenta que no período anterior à década de 1930, os sindicatos encontravam-se a constituir legítimas instituições apenas perante seus componentes, tornando-se, com isso, alvos frágeis diante da ação coercitiva do patronato e do Estado, sem conseguir, por conseguinte, se integrar à sociedade global. Com a Revolução de 30, diz o autor, essa situação muda, pois os sindicatos passam a ser organizações "socialmente legítimas e legalmente reconhecidas". Os sindicatos passam a ter diálogo com as associações dos patrões, na sua visão, e a desenvolver atribuições assistenciais e organizacionais delegadas pelos entes públicos, atuando também na esfera governamental.(546)

Na perspectiva de Leôncio Martins Rodrigues,(547) a ruptura estabelecida no movimento sindical na década de 1930 teria sido pelo resultado de uma série de fatores de ordem externa ao movimento sindical, como o aumento progressivo da intervenção estatal, inserindo-se na esfera de relações capital-trabalho. Essa condição seria a base, no final da década de 1920, que formaria o processo pelo qual o Estado passaria a ser o principal responsável pela interlocução das camadas

(544) LOPES, Juares Brandão. *Op. cit.*, 1964, p. 95.

(545) SIMÃO, Azis. *Sindicato e Estado:* suas relações na formação do proletariado de São Paulo. São Paulo: Ática, 1981.

(546) SIMÃO, Azis. *Op. cit.*, 1981, p. 1

(547) RODRIGUES, Leôncio Martins. "Sindicalismo e classe operária: 1930-1964". In: FAUSTO, Boris. (Org.). *História geral da civilização brasileira.* O Brasil republicano. tomo III, v. 10. São Paulo: Difel, 1981.

assalariadas, na medida em que os sindicatos fossem se transformando em associações relativamente independentes do apoio da classe trabalhadora, devido à sua aproximação constante com o aparelho burocrático estatal.(548) Na visão de Rodrigues, quando afirma que "a totalidade do que poderíamos chamar de conquistas sociais do operariado não foram resultado de negociações de acordos diretos entre as associações patronais e as operárias, mas decorrência de decretos e leis de autoria do Poder Executivo e dos órgãos legislativos".(549) Assim, aparece aqui reproduzido o mito da outorga dos direitos trabalhistas pelo Estado, estabelecendo as reivindicações dos trabalhadores de um lado da história e a legislação trabalhista, de outro, como consequência da ação antecipatória do Estado. Não por outro motivo, Rodrigues(550) estabelece que:

> A Vargas coube o mérito de ter percebido a nova configuração sócio-política [...] Os trabalhadores se viam pela primeira vez alvos das preocupações e atenções [...] Os temas das lideranças operárias, anarquistas e marxistas lhes pareciam demasiado abstratos e vagos [...] Em compensação o governo lhes oferecia vantagens imediatas no que dizia respeito à proteção do trabalho, ao direito de férias, a garantia contra dispensas, etc.

Para esse autor, na década de 1930, "o Estado controlado por novos grupos políticos adiantou-se aos trabalhadores no que diz respeito à organização profissional". A intervenção estatal, assim, acarretaria o aparecimento de um sindicalismo de massas antes que isso se desse através do desenvolvimento próprio da experiência dos trabalhadores.(551) Conclui o argumento Rodrigues, afirmando que o declínio da militância operária no final da década de 1920 e o sucesso das medidas do poder público de subordinação dos sindicatos ao Estado "devem ser considerados não só em função de fatores exógenos à classe operária, mas também de fatores que operavam em seu interior e na sua liderança".(552)

Assim, os três autores mencionados partilham da concepção de que o final da década de 1920 marcaria o momento em que a classe operária, no mesmo instante em que perdia sua autonomia, ímpeto revolucionário e espontaneidade,

(548) RODRIGUES, Leôncio Martins. *Op. cit.*, 1981, p. 510.

(549) *Idem.*

(550) *Ibidem*, p. 157.

(551) *Ibidem*, p. 513 e ss.

(552) *Ibidem*, p. 520.

estaria iniciando uma trajetória de "ocupação de um espaço na arena política e organização sindical, em moldes modernos".(553)

Dentro da linha de argumentação dos três autores, podemos afirmar que os trabalhadores não se refutaram à política social de Vargas, ou mesmo que tenham considerado a legislação trabalhista e sindical como algo nocivo. Pelo contrário, adota-se que a legislação trabalhista e os sindicatos reconhecidos como oficiais teriam sido encarados como uma medida de proteção do que um modo de repressão. Conclui-se que "a ideia de que o sindicalismo oficial tenha-se implantado com a oposição da maior parte da classe não corresponde à realidade".(554)

Em síntese, na visão de Simão, Rodrigues e Lopes, o movimento operário nesse período teve como característica a intervenção governamental, que interrompeu o desenvolvimento espontâneo do movimento operário e do sindicalismo ao impor um modelo de organização profissional com o patronato; que esse modelo teve apoio de setores do movimento operário e que no decurso da década de 1930 os trabalhadores já com a maioria composta de trabalhadores oriundos do campo, sem nenhuma tradição de organização, teriam optado por um modelo de organização profissional e de relacionamento com os patrões.(555) Essa visão, no nosso entendimento, já se encontra ultrapassada, com os debates que se seguiram e que serão detalhados na sequência.

Untura Neto destaca, em relação ao mito da outorga e ao papel desempenhado pelo CNT dentro desse contexto pós-1930, que o procurador-geral Luís Augusto do Rego Monteiro, ao tentar enfrentar a discussão complexa sobre a aplicação da legislação trabalhista e das decisões do CNT ao Estado, recorre, ao final, sem maior cerimônia, ao mito da outorga da proteção trabalhista por Vargas:

> Mas, admitindo, por via de argumentação, que ao tempo da reclamação e julgamento da espécie, o Lloyd Brasileiro já fosse Patrimônio Nacional, ainda assim, não havendo o Decreto, que o encampou, o retirado da sanção das leis trabalhistas, nem lhe criado uma jurisdição especial para julgamento dos dissídios entre a Empreza e seus serventuários, é obvio que não foi o Conselho Nacional do Trabalho que o arrolou, como empregador, mas a própria União que não o executou, por sabia politica, do ról dos demais empregadores sujeitos,

(553) VIANNA, Luiz Werneck. *Op. cit.*, 1976, p. 146

(554) RODRIGUES, Leôncio Martins. *Op. cit.*, 1981, p. 530 e ss.

(555) *Ibidem*, p. 552-553.

> igualmente, às numerosas leis que ela, desde 1930, sob a esclarecida visão de um véro e grande estadista — o Sr. Presdiente Getulio Vargas — vem ininterruptamente criando para defesa do trabalhador brasileiro.

Com o intuito de combater o argumento de que os enfrentamentos entre o Estado e seus funcionários apenas poderiam ser resolvidos na seara administrativa própria ou através do Poder Judiciário, o procurador-geral cita julgados do STF que, de acordo com sua visão, determinam que "as decisões do CNT, passadas em julgado, em matéria de dissídios entre empregadores e empregados, não podem mais sofrer reexame pela justiça comum, só competindo a esta a sua execução".(556)

Posteriormente, outro conjunto de estudos é feito no período após o Golpe de 1964, que inaugurou outra perspectiva para a compreensão do movimento sindical e dos trabalhadores durante a década de 1930. Não há, nesse grupo de estudos, grande discussão em torno do papel do CNT, sendo que a explicação da suposta debilidade na organização da classe operária é caracterizada pela observação dos desvios da ação de seus elementos conscientes e atuantes no campo da política. Ao contrário, assim, dos autores anteriormente mencionados, as transformações do sindicalismo não dependem do que ocorreu no final da década de 1920, já que a reflexão parte de 1964, seguindo retrospectivamente com o propósito de averiguar as condições da derrota do movimento operário, terminando por localizá-las no que se estabelece posteriormente à década de 1930.

O expoente mais representativo dessa corrente é Francisco Weffort, e seu objetivo principal é analisar o fenômeno do movimento sindical populista (termo que ele designou), que teria ocorrido na segunda metade da década de 1950. Em apertada síntese, o argumento de Weffort é o de que o chamado sindicato populista se definiria em termos de identificação ideológica pela subordinação ao nacionalismo e pelas reformas de colaboração de classe. No plano da atuação política, diz Weffort que os sindicatos populistas estariam subordinados às "vicissitudes da aliança formada pela esquerda com Goulart e outros populistas fiéis à tradição de Vargas".(557)

---

(556) Os julgados citados por Untura Neto são os Agravos de Petição ns. 7.424, 7.179 e 8.045, e não tratam especificamente da eficácia das decisões do CNT; mas, considerando que decidem matérias incidentais a processos de execução em trâmite perante a Justiça Federal, e que não as trancam sob o argumento da carência de eficácia, é de se admitir que o STF estivesse admitindo a execução das decisões do CNT sem a reabertura da discussão de mérito. Ver mais em UNTURA NETO, M. *Op. cit.*, 2013, p. 73-74.

(557) WEFFORT, Francisco. "Origens do sindicalismo populista no Brasil (a conjuntura do pós-guerra)". *Estudos CEBRAP*, n. 4, São Paulo, 1973, p. 68.

Sem desqualificar a importância dos estudos da sociologia, como daqueles três autores, das condições estruturais socioeconômicas, Weffort afirma que sua preocupação é com a análise histórica da burocratização e da dependência dos sindicatos em relação ao Estado, que deveria se estender para uma simples constatação da ausência de uma tradição de classe, ou da perda dessa tradição nas décadas anteriores a 1930, pela influência do problema da origem rural do proletariado.[558]

Outra corrente aparece ainda na década de 1970, sob a influência dos estudos de economia desenvolvidos por Francisco de Oliveira. O principal expoente é Luiz Werneck Vianna, que faz crítica ao conteúdo histórico e às implicações políticas dos autores mencionados até aqui. A preocupação de Vianna é aproximar a história do movimento operário com o modo de produção capitalista no Brasil. Seu trabalho terá como argumento o de examinar a natureza, as funções e as condições que levaram à legislação trabalhista no pós-1930, estabelecendo a relação com o tipo de acumulação do capital no Brasil. Para esse autor, "a história da classe operária não pode ser lida como uma livre construção sua, mas principalmente de como foi objeto do poder regulatório do Estado".[559] Já Armando Boito Jr. é de opinião que, perante os compromissos e hesitações da burguesia industrial, foram os trabalhadores urbanos que se constituíram no recurso político essencial para levar de vencida ou contornos as resistências persistentes da velha burguesia do café e do capital estadunidense à política de industrialização capitalista. Na perspectiva de Boito Jr., na crise de 1954, por exemplo, a burguesia industrial, preocupada com o crescimento da atividade reivindicativa do operariado urbano e, particularmente, com a posição considerada muito condescendente do governo Vargas frente a tal movimento, acabou aderindo à conspiração golpista. O resultado foi o retrocesso imposto por Café Filho ao programa de industrialização.[560]

Vianna será, assim, um dos pioneiros nas críticas feitas à historiografia que o precedeu, ou seja, dos mitos perpetuados ou criados pela historiografia da década de 1960: o mito da outorga, mito da origem rural do proletariado como fator de desorganização e o mito da passividade das classes trabalhadoras.

Na interpretação de Vianna, a historiografia feita até então teria pecado por tratar insuficientemente um aspecto caro aos autores da década de 1970, no

(558) WEFFORT, Francisco. *Op. cit.*, 1973, p. 69.

(559) VIANNA, Luiz Werneck. *Op. cit.*, 1976, p. 166.

(560) BOITO JR., Armando. *O golpe de 1954:* a burguesia contra o populismo. São Paulo: Brasiliense, 1982.

que concerne à legislação trabalhista, que é "sua declarada e manifesta intenção de restringir a ação e organização operárias".(561)

Ao refletir sobre a consciência da classe trabalhadora, Ricardo Antunes é outro autor que se opõe sobre os impactos da origem rural do proletariado, declarando que tal ideia não consegue transpor os limites superficiais da peculiaridade da classe operária, já que permaneceria em um nível preliminar de apreensão do real. Considera incorreto o argumento da inconsciência do proletariado de origem rural, embora não seja de todo descartável.(562)

Na visão de Antunes, o governo não outorgaria leis sociais antecipando-se aos próprios trabalhadores. Pelo contrário, o Estado procuraria atender às pautas imediatas e cotidianas da classe, com o intuito de criar a sustentação política necessária junto às classes trabalhadoras. E isso se processaria na medida em que, "junto com o atendimento das pressões populares, descarregava um vasto conteúdo manipulatório expresso na ideologia do varguismo".(563)

O caráter duplo, por vezes contraditório, da relação entre as classes trabalhadoras e o Estado teria a unidade assentada no "caráter desmobilizador" da prática varguista sobre o movimento sindical e operário, "condição também necessária para a acumulação industrial concentrada na exploração da força de trabalho"(564). Saliente-se o reacionarismo com que a classe empresarial recepcionou as leis sociais, seus termos, o mais das vezes ridículos e, principalmente, a "ignorância total de que todos estes atos representavam garantias para a classe (empresarial) diante do maior volume de protestos operários".(565)

Hall constata que os estudos do movimento operário encontram-se divididos em duas posições antagônicas: para as versões da esquerda, "a classe trabalhadora e a burguesia falharam nas suas missões históricas, ainda que preservadas de suas limitações por um Estado demiurgo, em contraste com uma interpretação da direita que representa os trabalhadores satisfeitos e imunes a tais importações estrangeiras

---

(561) VIANNA, Luiz Werneck. *Op. cit.*, 1976, p. 32.

(562) ANTUNES, Ricardo. *Classe operária, sindicatos e partido no Brasil:* um estudo sobre a consciência de classe, da Revolução de 30 até a Aliança Nacional Libertadora. 2. ed. São Paulo: Cortez/Editorial. Coleção Teoria e Práticas Sociais, 1988. p. 59.

(563) ANTUNES, Ricardo. *Op. cit.*, 1982, p. 740.

(564) *Ibidem*, p. 73-74.

(565) Para uma discussão mais aprofundada sobre como os empresários enxergavam as primeiras leis trabalhistas recepcionadas, sobretudo na primeira década de 1930 e mesmo em diante, ver CARONE (1974), p. 150; GOMES (1979); VIANNA (1976); PAOLI (1987). GOMES e VIANNA apresentam os melhores debates e discussões sobre a reação da classe empresarial às leis trabalhistas nesse período.

como a luta de classes, e protegidos pelo que era normalmente intitulado "a mais avançada legislação social do mundo". Desconcertantemente, o nacionalismo poderia às vezes desfazer quaisquer distinções existentes nessas interpretações e levar a justaposições surpreendentes"[(566)]

A ampliação da cidadania dessa maneira se refere a um Estado nacional enfraquecido, que precisa de uma base social para consolidação de seu poder. O ponto crucial é que os regulamentos trabalhistas foram feitos para promover organização e estruturação da classe trabalhadora das cidades com o apoio do Estado, para que o Governo Provisório fosse capaz de derrubar adversários internos.[(567)]

> A questão fundamental, na realidade, passa a ser a da efetividade da CLT e o seu cumprimento pelo Estado, patrões e Justiça do Trabalho. A legislação trabalhista teve (e tem) este importante papel: o de criar uma cultura "jurídica" ou "legal" dos trabalhadores. Com a CLT, muitas vezes, o Estado foi utilizado para coibir violações de direitos por parte dos empregadores. Afinal, os trabalhadores não reivindicam nada mais do que o cumprimento da lei. A conquista dos direitos trabalhistas, em última instância, está ligada ao reconhecimento da dignidade dos trabalhadores. (BERCOVICI, MASSONETTO, 2004, p. 520)

De acordo com Hall, os arquitetos da legislação trabalhista se esforçaram, anos depois, para distinguir seu trabalho do fascismo. Hall afirma que Joaquim Pimenta, em artigo tendencioso, afirmou que os sindicatos brasileiros eram inteiramente autônomos; alegava que eles colaboraram espontaneamente com o Estado, mas não eram subordinados a ele como na Itália. Pimenta, contudo, diz Hall, fez uma observação verdadeira quando apontou que o sistema de sindicato único não se originou com base no fascismo.[(568)] Oliveira Vianna insistiu que a legislação trabalhista posterior foi autenticamente brasileira, ainda que a única diferença

---

(566) HALL, Michael McDonald. *Op. cit.*, 2002, p. 17.

(567) BERCOVICI, Gilberto; MASSONETTO, Luís Fernando. "A constituição dirigente invertida: a blindagem da constituição financeira e a agonia da constituição econômica". *Boletim de Ciências Econômicas*. Coimbra, v. XLIX, p. 519.

(568) O artigo de Pimenta "O Sindicato verdadeiro e o sindicato fascista" apareceu duas vezes na *Revista do Trabalho* — uma vez em abril de 1934 e novamente em fevereiro de 1946, quando, após a queda de Berlim, o sistema poderia ser considerado sob algum risco. Ele também enfatizou que os sindicatos brasileiros, ao contrário dos italianos, não estavam sujeitos ao controle de um partido oficial. Já que não existia tal partido, a questão tende a ser menos persuasiva sobre a "autonomia" reinante nas relações de trabalho brasileiras do que Pimenta parece acreditar. *Apud* HALL, Michael. *Op. cit.*, 2002, p. 18.

importante que mencionou era que os sindicatos brasileiros elegiam seus dirigentes, enquanto na Itália eles eram indicados por órgãos superiores. Destacou, ainda, com louvável franqueza, que a variedade de outros controles (incluindo a aprovação dos resultados das eleições sindicais) provaria ser adequada em qualquer caso.(569)

Além da ação dos trabalhadores durante o período Vargas no sentido de fazer cumprir direitos que lhes eram caros e estavam positivados, o período anterior à sistematização das normas trabalhistas também é preponderante para repensar o mito de outorga getulista. Os sentimentos de justiça estavam presentes de modo forte entre operários, não só os do governo Vargas como também os da Primeira República. Estes, no embate com seus patrões e posteriormente com o Estado interventor, se provaram sujeitos de direito plenos e capazes.

Com isso, percebe-se que, com a multiplicação das atribuições do CNT, ainda no fim da Primeira República, houve um crescimento de sua estrutura, com as novas demandas que eram feitas e que, no decorrer da Era Vargas, foram-se tornando mais complexas. Em 1940, além do *Pleno* (que tinha 18 membros), o CNT passa a ser composto por uma *Câmara de Justiça do Trabalho* que, entre outras atribuições, deveria julgar os dissídios coletivos que excediam a jurisdição dos *Conselhos Regionais do Trabalho* bem como julgar recursos ordinários e extraordinários das decisões proferidas pelos *Conselhos Regionais do Trabalho*. Nessa época ainda integrou o CNT uma *Câmara de Previdência Social*, órgão orientador e fiscalizador das administrações dos *Institutos e Caixas de Aposentadorias e Pensões*; uma *Procuradoria da Justiça do Trabalho*; uma *Procuradoria da Previdência Social*; um *Departamento de Justiça do Trabalho;* uma *Seção de Administração Judiciária* e outros departamentos e seções menores.(570)

(569) VIANNA, Oliveira. "O espírito antifascista da legislação sindical". In: VIANNA, Oliveira. *Problemas do direito sindical.* Rio de Janeiro: Max Limonad, 1943. O prefácio do livro é datado de outubro de 1943. Talvez não seja irrelevante que o exército alemão rendeu-se em Stalingrado em março, e que em julho Mussolini caiu do poder em Roma. Na verdade, a legislação italiana de 1934 proporcionava, ao menos formalmente, eleições de sindicatos oficiais. *Apud* HALL. *Op. cit.*, 2002, p. 19.

(570) UNTURA NETO, Marcos. *Op. cit.*, 2013, p. 45.

Conclusão

Não obstante os esforços empreendidos por diversos autores para retomar a memória das lutas sociais, do papel do poder público — na figura do Conselho Nacional do Trabalho — e as elaborações da regulamentação do trabalho anteriores à década de 1930, persiste até os dias atuais, ainda que com menos força como antigamente, a convicção de que não houve nenhum esboço de leis em relação à questão social no país antes da era Vargas. Tal continuidade possui raízes na suposta retórica dos ideólogos do Estado Novo a respeito da origem da legislação trabalhista brasileira, que teria sido planejada e facultada pelo Estado de maneira autônoma sobre as pressões e lutas sociais.

O mito da outorga, desenvolvido brevemente no último capítulo, tal como a história registrou, foi de fato elaborado pelos ideólogos do Estado Novo, principalmente nos representantes que ocuparam postos-chaves do Estado, mas a concepção de que o Estado antecipou-se na promulgação de leis de proteção social surgiu desde os primórdios da década de 1930. A partir desse instante, a questão social teria deixado de ser tratada como um "caso de polícia", como vinha desde o governo de Artur Bernardes, tendo iniciado as disciplinas referentes às condições de contratação, uso e remuneração da força de trabalho, assim como as condições para o exercício da representação e negociação coletivas. A década de 1930 representou, portanto, o ponto inaugural da regulamentação do trabalho no Brasil, ao menos de maneira mais contundente por parte do governo, em que pese os esforços que vimos no período anterior, notadamente nas discussões da Comissão Especial de Legislação Social e os embates travados no CNT.

A crise internacional que antecede a Primeira Guerra Mundial trouxe implicações à economia brasileira, ocasionando uma inesperada queda dos preços dos produtos de exportação e, por conseguinte, um déficit na balança comercial. Em decorrência da crise, o setor da construção civil teve suas atividades paralisadas com as fábricas reduzindo o volume de produção e a jornada de trabalho, sendo que em algumas houve o fechamento de suas portas. Após o início da I Guerra

Mundial interromperam-se, ainda, o ingresso de capitais internacionais e a importação do maquinário e de equipamentos. Somou-se a isso a necessidade de encaminhar uma quantia substancial para o pagamento de compromissos da dívida externa, situação que trouxe um colapso cambial.

No período de 1915/16, os trabalhadores urbanos acabaram sofrendo o impacto do desemprego, sendo atingidos ainda com a redução da jornada de trabalho e a queda dos salários. E, não obstante ter ocorrido certa recuperação econômica a partir de 1915, nos anos seguintes verificou-se uma elevação de preços sem precedentes, relacionada às emissões inflacionárias, à expansão do número de itens exportados de gêneros alimentícios e às dificuldades para a importação de bens de consumo. Nesse momento, parcela significativa da população das cidades teve que passar por uma situação de extrema dificuldade.

A defasagem entre salário e custo de vida sobressaiu-se no período da I Guerra. As atividades industriais, enquanto isso, passaram por um período de relativa expansão, beneficiadas pela oportunidade de exportação e valendo-se da capacidade ociosa estabelecida pelo aumento da jornada de trabalho, dos baixos níveis salariais e do processo inflacionário, depreciados, sobretudo, pelo recurso ao trabalho das mulheres e dos menores.

Diante desse cenário econômico, ocorreu um agravamento das mobilizações dos trabalhadores operários a partir das greves de julho de 1917, que se prolongaram por São Paulo, Distrito Federal e outros estados. Inaugurou-se, com isso, uma nova conjuntura histórica que se estendeu até 1920. Contudo, é na década de 1910 que os debates acerca da legislação e da questão social adquirem maiores relevos, como podemos observar nos primeiros capítulos desta obra. Em novembro de 1918 foi institucionalizada a Comissão de Legislação Social da Câmara dos Deputados, cujo propósito era conduzir os debates sobre o código do trabalho e que acabou por examinar todas as questões relativas à legislação e à questão social. Por fim, com o Decreto 3.724, de 15 de janeiro de 1919, foi ratificada a Lei de Acidentes de Trabalho, que reconhecia o princípio do risco profissional, pressentindo assistência a todas as categorias profissionais e concedendo ao patronato o ônus da lei.

A política de previdência social esteve intimamente relacionada à questão geral de poder e autoridade do Estado em relação à sociedade, assim como esteve ligada à relação do Estado com o trabalhador, não somente em questões substanciais como em termos da posição dos trabalhadores como representantes de organizações, em relação a essa e outras áreas de políticas. Os primeiros programas de previdência social (1919, 1923, 1926) foram formulados como parte de uma tentativa vaga e assistemática para enfrentar diversos problemas inerentes à "questão social", decorrentes das experiências pelas quais o Brasil passou num momento de aquecimento da economia moderna. Nesse cenário, os trabalhadores haviam adquirido poder suficiente para chamar atenção aos seus problemas, porém não tinham condições de definir políticas que atendessem seus interesses. Ao menos no campo da previdência social, como demonstramos pela atuação do CNT, as grandes concepções, planos e programas não apareceram dos grupos de interesses atendidos pelas políticas, mas pelos grupos que patrocinavam programas em uma tentativa paternalista e reformista com o claro propósito de evitar tensões sociais e mudanças mais radicais.

A Lei de Acidentes de Trabalho foi a primeira lei trabalhista de alcance nacional, sendo preterida do projeto de código do trabalho encaminhado pela Comissão de Legislação Social, não obstante seus limites serem muito claros, posto que sua concordância ocorreu como consequência da desintegração de uma legislação mais extensiva que retornou à Câmara para discussão nos anos seguintes. No instante de sua definição, uma das críticas contumazes era que se tratava de uma lei incompleta, com o propósito de apenas aquietar os trabalhadores.

Com o término da Primeira Guerra, tiveram início os debates em torno da Conferência do Trabalho de Washington e da Conferência de Paz, em que foi consolidado o Tratado de Versalhes. Entre suas disposições, esperava-se a adoção de medidas imediatas sobre as condições de vida e de trabalho pelos países signatários do tratado, bem como a formação da Organização Internacional do Trabalho (OIT), surgida em 1919.

O contexto político, todavia, no Brasil, era de conflitos, com as leis de caráter repressor contra o movimento operário. Deve-se observar que, ao contrário dos trabalhistas, os deputados coadunados aos interesses da classe empresarial, principalmente a bancada de São Paulo, tentavam combinar a defesa dos interesses dessa classe com a promoção da paz social. Analisando as greves como prejudiciais aos lucros privados e à ordem pública,[571] esses deputados oscilavam entre uma

(571) Evaristo de Moraes Filho acentua que na plataforma de Washington Luís há muito sobre a questão da *ordem pública* do que propriamente da *ordem social:* "Posso, pois, reiterar o conceito de que ainda por muitos anos, eu vos falo para o minuto de um quatriênio, entre nós a questão operária é uma questão que interessa mais à ordem pública que à ordem social. Não quer isso dizer que as lições tumultuosas das revoluções alheias não sirvam ao encaminhamento seguro da nossa evolução, na qual o trabalho e o capital têm de ser defendidos, visto que, se o capital não vive sem o trabalho, o trabalho não prospera sem o capital. Só no consórcio humano e inteligente dos dois, as crises atuais encontrarão remédio e solução. Basta ver que algumas das aspirações operárias alhures são realidades

retórica liberal com uma postura pragmática: legislação social se preciso fosse e pressão se houvesse, porém sempre dentro de limites bem delimitados, com tempo que fosse suficiente para que não ocorresse nenhum ônus financeiro para as classes patronais. Entretanto, a prioridade continuaria a ser a repressão ao movimento operário, em que pesem algumas das lideranças empresariais terem admitido a necessidade de leis sociais.

Durante a mudança de governo de Epitácio Pessoa para Artur Bernardes, ocorreu uma relativa melhora nas iniciativas de regulamentação do trabalho, porém elas se associaram a uma intensa repressão e a novas tentativas de cooptação dos trabalhadores, tendo sido desenvolvidos diversos sindicatos com o apoio governamental. Bernardes encarou, logo no começo de seu mandato, um cenário de grande instabilidade econômica, estabelecida pela desvalorização cambial e por fortes taxas de inflação. Embora nos primeiros anos da década de 1920 tenha sido verificada certa expansão industrial, ocorrendo inclusive uma renovação de maquinários que foi possibilitada pelos capitais acumulados no período anterior, a partir de 1923, ano de criação do Conselho Nacional do Trabalho, ocorreu a recuperação da importação de manufaturados, devido ao crescimento das exportações mantido pela política de valorização do café, o que voltou a prejudicar a indústria doméstica.

---

entre nós. A jornada de oito horas praticamente em execução por todos; a regulamentação do trabalho da mulher e do menor. (...) A observância, porém, de tais preceitos deve ser imposta por lei da República para que, por bem agir não se coloque um Estado em inferioridade econômica aos outros na produção nacional. A jornada de oito horas, a regulamentação do trabalho feminino e do menor, a assistência obrigatória inclusive a do trabalho, a regulamentação dos acidentes de trabalho e em consequência do trabalho, se não resolvem definitivamente, porque nada há definitivo sobre a terra, melhoram a situação, permitindo a formação e manutenção do lar honesto e afetivo, o bem estar, a família que, em suma, é a suprema aspiração". E o trecho referente às greves: "As funções das juntas de conciliação e arbitragem têm que ser reguladas legalmente quanto à sua organização, funcionamento e sanção. Preferível será que as funções desses aparelhos sejam entregues a magistrados, cuja independência e cuja imparcialidade, inerentes e essenciais ao cargo, serão abonadoras da independência e da imparcialidade das decisões. Essas decisões, porém, devem ser pronunciadas em poucas horas, em virtude da disposição peremptória e imperativa da lei. A justiça deve ser igual para todos, deve ser a mesma para todos os conflitos de direito; o que é indispensável é escoimá-los, e isso para todos os conflitos do direito, das formas arcaicas, anacrônicas, embaraçosas, feitas, segundo parece, mais para protelar do que para proclamar o direito, mais para prolongar do que para dirimir contendas". Essa era a primeira vez, como observa Moraes Filho, que um homem público, ocupante do mais alto posto do Executivo, se referia à necessidade da Justiça do Trabalho fosse expedita, rápida, acessível e igual para todos. MORAES FILHO, Evaristo de. *Op. cit.*, 1960, p. 211-212. É também de grande importância a observação de Washington Luís sobre a necessidade de ser federal a legislação do trabalho e não simplesmente estadual – como já havia em São Paulo, com o Departamento Estadual do Trabalho — ou municipal.

Apesar de o movimento operário ter sofrido uma queda de suas reivindicações, após o período das greves heroicas de 1917 e 1919, não ocorreu uma completa desaparição dos sindicatos, ainda que os anarquistas tivessem de responder sucessivas dificuldades para conservar suas associações e o recém-criado Partido Comunista do Brasil (PCB), de imediato fosse impelido à clandestinidade, o que impossibilitaria significativamente a atividade política e sindical dos comunistas e sua tentativa de se consolidar no meio operário.

O Código de Menores e a Lei de Férias, assim como a Lei de Acidentes de Trabalho sofreram diversas contestações e reconsiderações, ocorrendo um hiato considerável entre a decretação, regulamentação e execução, para o que contribuíram as resistências da classe empresarial e a escassez de vontade política por parte do governo para programá-las.

Os empresários combateram mais esse esforço legislativo, especialmente a Lei de Férias e o Código de Menores. Na sua avaliação, além do aumento de gastos e da relativa desorganização do trabalho, as férias poderiam reduzir os laços entre os operários e a fábrica em um período em que ele nem ao menos adotara os valores da indústria, sujeitando-se aos riscos do ócio e do vício. A diminuição ao trabalho do menor, por seu turno, prejudicaria o andamento técnico da produção, já que o trabalho dos adultos necessitaria das funções exercidas pelos menores, inclusive porque as fábricas cumpriam o papel de integração dos menores diante dos obstáculos que o Estado tinha em educar e socializar os jovens para as atividades laborais nas fábricas.

Outro indicativo da resistência patronal apareceu nas discussões, como procuramos retratar, em relação à reforma da lei das caixas ferroviárias, em que o CNT exerceu um papel importante, bem como na reforma das caixas de seguros contra moléstias. Já no final da década de 1920, a Comissão de Legislação Social analisou um projeto para o estabelecimento sobre as caixas de assistência e seguro social, conduzido pelo deputado Agamenon Magalhães, que logo obteve um substitutivo. O projeto previa a obrigatoriedade da assistência médico-farmacêutica nas situações de enfermidade do trabalhador. As caixas precisariam ser dirigidas tanto pelos patrões como pelos operários, sendo financiadas por contribuições de ambos e do Estado. Perante essa iniciativa, os empresários afirmaram que não tinham condições de assumir mais um ônus financeiro diante de um cenário marcado pelas dificuldades econômicas para a indústria e o comércio.

O fato é que, ao não terem êxito na obstrução das leis sociais, a classe empresarial e suas lideranças resolveram limitar ao máximo que puderam o alcance das iniciativas que circulavam na Câmara, principalmente perante a Comissão de Legislação Social, tentando intervir nas atividades da comissão até a participação oficial do Conselho Nacional do Trabalho nas discussões. Mesmo que as lideranças mais representativas cedessem na possibilidade de admissão das leis sociais, as suas atitudes sempre foram de procurar desvincular a regulamentação do trabalho das pautas dos trabalhadores e angariar contrapartidas à adoção de normas trabalhistas.

Em um cenário caracterizado pelos obstáculos da economia para a indústria e o comércio e de retrocesso das demandas dos trabalhadores, a Câmara dos Deputados aprovou importantes leis sociais, como a Lei n. 4.682, (Lei Eloy Chaves), que criou a Caixa de Aposentadorias e Pensões (CAPs) dos ferroviários e lançou os fundamentos para o sistema de previdência social no país. Essa lei garantiu aos ferroviários a estabilidade no emprego após dez anos de trabalho, como condição básica para o financiamento das aposentadorias e pensões e, conforme vimos, foi pauta de diversas decisões do CNT ao longo da década de 1920. Interessante observar ainda que na descrição do projeto de Lei Eloy Chaves não há nenhuma referência à consulta aos operários, líderes sindicais ou quaisquer outros conjuntos dos trabalhadores. Há um apontamento da influência da legislação argentina e identificação de três pessoas: um inspetor (Francisco de Monlevada, inspetor-geral da Companhia Paulista Estradas de Ferro; Adolpho Pinto, chefe do escritório central da Companhia; e Prudente de Morais Filho, notável jurista da época).

Na segunda metade dos anos 1920, inúmeros juristas posicionaram-se contrários aos efeitos do decreto previdenciário de 1926. Alegaram, por exemplo, que as inovações que esse decreto trouxe vinham deteriorar a situação dos empregados menores de idade. No desenvolvimento da reforma do sistema, cabe recordar que esse decreto apenas foi posto em prática após a promulgação de uma lei regulamentar, acolhida em outubro de 1927. Podemos destacar, entre suas atribuições, a ausência da contagem de parte do tempo de serviços disponibilizados às empresas. Estabelecendo uma pequena observação, em relação à análise do quadro evidenciado, cabe perceber que, perante o conteúdo das perdas de garantias, em pouco espaço de tempo, mais nocivos seriam os efeitos trazidos pelas modificações sancionadas em 1931, logo no começo do governo provisório.

A capacidade de supervisar os trabalhos das CAPs estimulou a intervenção do CNT. Para além da questão jurídica, demandada pelos segurados, outros episódios faziam-se como essenciais aos que invocavam a força da lei, na esperança que os trabalhadores aceitassem o espaço de direitos oferecidos, em vista do processo de reorganização da legislação social.

Seja como for, até meados da década de 1920 foram estudadas certas iniciativas dispersas de regulamentação do trabalho. Contudo, foi somente no ano de 1926 que foi vencido o preceito da liberdade profissional, através da promulgação de uma emenda ao art. 34 da Constituição de 1891 e que conferiu competência privativa ao Congresso Nacional para legislar sobre o trabalho. As leis publicadas ao longo da Primeira República tiveram alcance, seja em termos espaciais — como a regulamentação do trabalho da mulher, limitado ao estado de São Paulo — seja em termos dos segmentos profissionais contemplados — como as CAPs, asseguradas somente aos ferroviários, marítimos e portuários; seja em termos dos problemas e situações de risco cobertas, em que a atuação do CNT teve um papel significativo para o que viria após 1930. Certas garantias, como a lei de férias, não foram aplicadas por muito tempo. Vale mencionar, ainda, o papel de pressão exercido pela imprensa da época, notadamente a operária, que serviu de estímulo para que os trabalhadores pressionassem os outros atores (Estado e classe patronal) por melhores condições de vida.

Terminando, portanto a análise para os anos de 1919 a 1930, não podemos deixar de observar, de acordo com o estudo realizado pelos decretos, leis e regulamentos, com expressão inclusive na imprensa — oficial e operária — que muito conseguiu a classe trabalhadora, com lutas e resistências. Daí considerarmos, claramente, um erro histórico, além de propaganda política, a visão de que o Brasil nada possuía, em termos de legislação trabalhista, anterior ao período varguista. Trata-se, em realidade, de uma grande injustiça contra aqueles que batalharam e muitas vezes pereceram em prol de melhores condições de vida; além da injustiça aos trabalhadores, somam-se os grandes idealistas e lutadores que a defenderam e orientaram os embates; aos parlamentares, especialmente os membros da Comissão de Legislação Social (CLS), na figura chave de Maurício de Lacerda (ainda pouco estudado) e Nicanor Nascimento; e, por fim, a alguns homens do governo, como os membros do CNT, especialmente Ataulpho Nápoles de Paiva. Deve-se, em boa parte, a ocultação dessa perspectiva histórica ao regime do Estado Novo que teve vigência nos anos de 1937 a 1945, constituindo ele próprio uma ruptura violenta com todo o passado de lutas da classe trabalhadora, para trazer institutos estrangeiros, ou certa visão de outros contextos que não se enquadravam à nossa realidade. De acordo com os arautos do regime estado-novista, nada fora imaginado, concebido, refletido, tentado nem mesmo realizado por ninguém, antes de haver o grande chefe nacional.

O contexto em que esta pesquisa foi feita é de acelerada eliminação dos direitos sociais e trabalhistas, colocando em xeque a própria Constituição Federal de 1988. Com as novas pautas trazidas pelas gestões empresariais, empreendedoras etc., adotadas pelo próprio Estado, há o aumento da precarização, terceirização das condições de vida dos trabalhadores, em diversos ramos, para aqueles, ainda, que podem dispor de uma carteira assinada. Em oposição a esse processo hodierno, é que pretendemos apresentar um simples "capítulo" de nossa longa história de árduas, sangrentas e duras lutas e embates dos trabalhadores, com o propósito até mesmo de vermos como os direitos trabalhistas hoje estão ameaçados. Como procuramos demonstrar, através das publicações do CNT, da imprensa operária, existiram diversos grupos multifacetados durante a Primeira República, como sindicalistas reformistas, revolucionários, anarquistas, socialistas, que lutaram por melhores condições de trabalho e de vida e, como consequência, leis trabalhistas que foram criadas antes de 1930, modificando-se essas lutas por direitos, com o claro propósito de torná-las lutas pela efetivação desses direitos. Nesse cenário, os trabalhadores se aproximaram do Poder Público, na figura representada pelo CNT, conhecendo e denunciando os riscos dessa aproximação, que se por um lado "criava" leis, por outro, fazia os trabalhadores perceberem as potencialidades, as lutas por melhores condições de vida e trabalho que poderiam trazer.

Fontes

Fontes Oficiais

ATAS DA COMISSÃO DE LEGISLAÇÃO SOCIAL DA CÂMARA DOS DEPUTADOS (Manuscritos): 1918 a 1924.

DIÁRIO OFICIAL DA UNIÃO (DOU). Seção 1, de 23 de julho de 1921 (Grafia atualizada)

DOCUMENTOS PARLAMENTARES. Legislação Social. Trabalhos da Comissão Especial de Legislação Social (1919-1921). Typografia do Jornal do Commercio. Rio de Janeiro: 1923.

BERNARDES, Artur. Mensagem ao Congresso Nacional. Rio de Janeiro, 1923. Disponível em: <http://www.biblioteca.presidencia.gov.br/publicacoes-oficiais/mensagem-ao-congresso-nacional/mensagem-ao-congresso-nacional-arthur-bernardes-1923/view>. Acesso em: 26 mar. 2018.

______. Mensagem ao Congresso Nacional. Rio de Janeiro, 1924. Disponível em: <http://www.biblioteca.presidencia.gov.br/publicacoes-oficiais/mensagem-ao-congresso-nacional/mensagem-ao-congresso-nacional-arthur-bernardes-1924/view>. Acesso em: 26 mar. 2018.

______. Mensagem ao Congresso Nacional. Rio de Janeiro, 1925. Disponível em: <http://www.biblioteca.presidencia.gov.br/publicacoes-oficiais/mensagem-ao-congresso-nacional/mensagem-ao-congresso-nacional-arthur-bernardes-1925/view>. Acesso em: 26 mar. 2018.

______. Mensagem ao Congresso Nacional. Rio de Janeiro, 1927. Disponível em: <http://www.biblioteca.presidencia.gov.br/publicacoes-oficiais/mensagem-ao-congresso-nacional/mensagem-ao-congresso-nacional-arthur-bernardes-1926/view>. Acesso em: 26 mar. 2018.

Revista do Conselho Nacional do Trabalho – 1925 a 1929.

Imprensa

A BATALHA – 1925

A ESQUERDA – 1927

A GUERRA SOCIAL – 1911

A NAÇÃO – 1924

A PÁTRIA – 1924

A PLEBE – 1919 a 1927

A RAZÃO – 1919

A RUA – 1926

A VIDA – 1927

A VOZ COSMOPOLITA – 1926

BOA NOITE – 1923

CORREIO DA MANHÃ – 1910 a 1924

DIARIO CARIOCA – 1928

JORNAL DO COMMÉRCIO – 1926 a 1928

LA BATAGLIA – 1908 a 1902

O BRASIL – 1923 a 1926

O COMBATE – 1917 a 1921

O CORREIO PAULISTANO – 1925

O ESTADO – 1926

O GRAPHICO – 1917

O GLOBO – 1927

O SÉCULO – 1909

O IMPARCIAL – 1925

O PAIZ – 1917 a 1926

O TRABALHADOR GRÁFICO – 1923

TERRA LIVRE – 1907 a 1913

VOZ DO POVO – 1920

Fontes secundárias

BRASIL. Leis etc. Legislação Social-Trabalhista: coletânea de decretos feita por determinação do Ministro do Trabalho, Indústria e Comércio / organizada pelo Bel. Alfredo João Louzada, prefácio de Mozart Victor Russomano.

Atas do Conselho Nacional do Trabalho – DECRETO N. 16.027, DE 30 DE ABRIL DE 1923.

Arquivo do Ministério do Trabalho – Revista do Conselho Nacional do Trabalho: 1925 – 1946.

Serviço de Conservação e Arquivo do Tribunal Superior do Trabalho – Atas do Conselho Nacional do Trabalho: 1924 – 1933.

Processos do Conselho Nacional do Trabalho: 1926 – 1933.

Anais

BRASIL. Câmara dos Deputados. Annaes. Rio de Janeiro, Imprensa Nacional, 1918, v. 8. Sessões de 2 a 31 de julho de 1917.

______. Câmara dos Deputados. Annaes. Rio de Janeiro, Imprensa Nacional, 1919, v. 4 e 5. Sessões de 1º a 16 de julho de 1918.

______. Constituição da República dos Estados Unidos do Brasil, 24 de fevereiro de 1891. Disponível em: <http:/www6.senado.gov.br/sicon/ExecutaPesquisaBasica.action>. Acesso em: 10 jul. 2017.

______. Constituição da República dos Estados Unidos do Brasil de 1934, 16 de julho de 1934. Disponível em: <http://www.planalto.gov.br/ccivil_03/constituicao/constituicao34.htm>. Acesso em: 10 jul. 2017.

______. Constituição da República dos Estados Unidos do Brasil de 1937, 10 de novembro de 1937. Disponível em: <http://www.planalto.gov.br/ccivil_03/constituicao/constituicao37.htm>. Acesso em: 10 jul. 2017.

DECRETO N.2.918, DE 9 DE ABRIL DE 1918. Art. 210. – Nas fabricas, officinas e quaesquer outros estabelecimentos industriaes, bem como nas construcções, é prohibido o trabalho ás pessoas menores de doze annos. (Art. 91, Lei n. 1.596). Disponível em: <http://www.al.sp.gov.br/repositorio/legislacao/decreto/1918/decreto-2918-09.04.1918.html>. Acesso em: 19 abr. 2016.

Arquivos consultados

Arquivos Físicos Consultados

Arquivo Edgard Leuenroth – AEL/Unicamp.

Arquivo CPDOC/FGV.

Centro de Documentação e Informação Científica "Prof. Casemiro dos Reis Filho" – Pontifícia Universidade Católica de São Paulo.

Arquivos Eletrônicos Consultados

Anais da Câmara dos Deputados: 1922 – 1929.

Arquivo do Ministério do Trabalho.

Revista do Conselho Nacional do Trabalho: 1925 – 1946.

Serviço de Conservação e Arquivo do Tribunal Superior do Trabalho.

Atas do Conselho Nacional do Trabalho: 1924 – 1933.

Atas da 1ª Comissão Mista de Conciliação do Distrito Federal: 1933.

Processos do Conselho Nacional do Trabalho: 1926 – 1933.

Dados Estatísticos

INSTITUTO DE PESQUISA ECONÔMICA APLICADA. IPEADATA: séries históricas. Disponível em: www.ipeadata.gov.br. Acesso em: 13 jul. 2017.

Departamento Geral de Estatística. Recenseamento Geral de 1920. Vol. 2. Parte 1. *População do Rio de Janeiro (Distrito Federal),* 1924, p. LI.

Departamento Geral de Estatística. Recenseamento Geral de 1920. Vol. 4. Parte 2. *População,* 1928.

População nos Censos Demográficos, segundo as Grandes Regiões e as Unidades da *Federação* — 1872/2010. Disponível em: <https://censo2010.ibge.gov.br/sinopse/index.php?dados=4&uf=00>. Acesso em: 7 mar. 2018.

Bibliografia

ABRANCHES, J. *Governos*; ASSEMB. LEGISL. RJ. Inventário analítico. Disponível em: <http://www.alerj.rj.gov.br/center_arq_cons_munic_link5.htm>; CÂM. DEP. Deputados brasileiros. Acesso em: 13 abr. 2016.

ABREU, Alzira Alves de (Org.). *Dicionário Histórico-Biográfico da Primeira República (1889-1930).* Rio de Janeiro: FGV-CPDOC, 2013 (Verbete).

ALEXANDRE, Francisco. *Estudos de legislação social.* Rio de Janeiro: S.E., 1930.

______. *Theoria e Pratica do Syndicalismo* . Rio de Janeiro, 1935.

ALVIN, Zuleika M.F. A participação política da mulher no início da industrialização em São Paulo. *Revista de História da USP*, n. 114 (1983). Disponível em: <http://www.revistas.usp.br/revhistoria/article/viewFile/62062/64898>. Acesso em: 1º jun. 2017.

AMERICANO, Jayme Cardoso. *Da proteção ao lactante em nosso meio operário.* São Paulo: Martini, 1929.

ANASTASIA, Carla Maria Junho. *Corporativismo e cálculo político:* o processo de sindicalização oficial dos trabalhadores em Minas Gerais (1932-1937). Rio de Janeiro. Tese de Doutorado – IUPERJ, 1990.

ANTUNES, Ricardo. *Classe operária, sindicatos e partido no Brasil:* um estudo sobre a consciência de classe, da Revolução de 30 até a Aliança Nacional Libertadora. 2. ed. São Paulo: Cortez/Editorial. Coleção Teoria e Práticas Sociais, 1988.

ARAÚJO, Ângela Maria Carneiro. *A construção do consentimento:* corporativismo e trabalhadores no Brasil dos anos 30. São Paulo: Edições Sociais, 1998.

______. *Do corporativismo ao neoliberalismo*: Estado e trabalhadores no Brasil e na Inglaterra. São Paulo: Boitempo, 2002.

ARAÚJO, Oscar Egídio de. "Enquistamentos Étnicos". *Revista do Arquivo Municipal*, São Paulo: Departamento de Cultura, n. 65, 1940.

ARRUDA, Pedro Fassoni. *Capitalismo dependente e relações de poder no Brasil:* 1889-1930. São Paulo: Expressão Popular, 2012.

AZEVEDO, Francisca Nogueira de. *Malandros descontrolados:* o diário da primeira greve geral no Rio de Janeiro. Rio de Janeiro: Relume-Dumará/Prefeitura, 2005.

BATALHA, Cláudio Henrique de Moraes. Le Syndicalisme *'amarelo' à Rio de Janeiro.* Paris, Tese de Doutorado – Université de Paris I, 1986.

______; SILVA, Fernando Teixeira da; FORTES, Alexandre (Orgs.). *Culturas de classe.* Identidade e diversidade na formação do operariado. Campinas: Editora da Unicamp, 2004.

______. Identidade da Classe Operária no Brasil (1880-1920): Atipicidade ou Legitimidade. *Revista Brasileira de História*, São Paulo, v. 12, n. 23/24, set. 1991/ago. 1992.

BARBOSA, Alexandre de Freitas. *A formação do mercado de trabalho no Brasil:* da escravidão ao assalariamento. Campinas: UNICAMP/IE, 2003.

______. O mercado de trabalho antes de 1930: emprego e 'desemprego' na cidade de São Paulo. *Novos estud. — CEBRAP* [*online*], n. 80, 2008.

BARBOSA, Rui. *A questão social e política no Brasil.* [*online*]. Rio de Janeiro: Centro Edelstein de Pesquisa Social, 2010.

______. *Campanhas presidenciais.* vol. IV. São Paulo: Livraria Editora Iracema, s/d.

BARRETO, Lima. *Clara dos Anjos.* 2. ed. São Paulo: Brasiliense, 1961.

BASBAUM, Leôncio. *História sincera da República:* de 1889 a 1930. São Paulo: LB, 1962.

BERCOVICI, Gilberto; MASSONETTO, Luís Fernando. "Os direitos sociais e as constituições democráticas brasileiras: breve ensaio histórico". In: RÚBIO, David Sánchez; FLORES, Joaquín Herrera; CARVALHO, Salo de. *Direitos humanos e globalização*: fundamentos e possibilidades desde a teoria crítica, v. 2, 2004.

______; MASSONETTO, Luís Fernando. "A constituição dirigente invertida: a blindagem da constituição financeira e a agonia da constituição econômica". *Boletim de Ciências Econômicas.* Coimbra, v. XLIX , 2006.

BERNARDES, Arthur da Silva. *Discursos e pronunciamentos políticos.* Belo Horizonte: Imprensa Oficial de Minas Gerais, 1977.

BIAVASCHI, Magda Barros. *O Direito do Trabalho no Brasil – 1930/1942:* a construção do sujeito de direitos trabalhistas. Tese submetida ao IE/UNICAMP, para obtenção do título: Doutor em Economia Aplicada, 2005, publicada em 2007 pela LTr Editora.

BIONDI, Luigi; TOLEDO, Edilene. *Uma revolta urbana:* a greve geral de 1917. São Paulo: Fundação Perseu Abramo, 2018.

BOITO JÚNIOR, Armando. *O golpe de 1954:* a burguesia contra o populismo. São Paulo: Brasiliense, 1982.

BONDUKI, Nabil. "Habitação popular: Contribuição para o estudo da evolução urbana de São Paulo". In: VALLADARES, L. (Org.). *Repensando a habitação no Brasil.* Rio de Janeiro: Zahar, 1983.

BOSCHI, Renato R. (Org.). *Corporativismo e desigualdade:* a construção do espaço público no Brasil. Rio de Janeiro: Rio Fundo Editora, 1991.

BOSI, Eclea. *Memória e Sociedade (lembranças de Velhos).* São Paulo: T.A. Queiroz, 1983.

BRANDÃO, Octavio. *Combates e batalhas:* memórias. São Paulo: Alfa-Ômega, 1978.

CAMPOS, Cristina Hebling. *O sonhar libertário:* movimento operário nos anos de 1917 a 1921. Campinas: Unicamp, 1988.

CANO, Wilson. *Raízes da concentração industrial em São Paulo.* vol. 1. Campinas: Unicamp – Instituto de Economia, 1998.

CARONE, Edgar. *O movimento operário no Brasil (1877-1944).* São Paulo: Difel, 1979.

______. *Classes sociais e movimento operário.* São Paulo: Ática, 1989.

______. *A República Velha.* Instituições e classes sociais (1889-1930). São Paulo: Difel, 1970.

CARVALHO NETO, Antônio Manoel de. *Legislação do trabalho* — Polêmica e doutrina. Rio de Janeiro: Anuário do Brasil, 1926.

CARVALHO NETO, Vicente de. *Legislação do Trabalho.* Rio de Janeiro: Tip. do Anuário do Brasil, 1926.

CASTEL, Robert. *As metamorfoses da questão social.* Petrópolis: Vozes, 2010.

CASTRO, Araújo. *Accidentes do trabalho.* 2. ed. rev. e aum. Rio de Janeiro: Liv. Ed. Leite Ribeiro, Freitas Bastos, 1928.

CASTRO, Augusto Olímpio Viveiros de. *A questão social.* Rio de Janeiro: Conselheiro Cândido de Oliveira S.A., 1920.

CASTRO, Josué de. "O valor da alimentação: estudo econômico das condições de vida das classes operárias no Recife". *Boletim Ministério do Trabalho Industrial*, 1935.

CARDOSO, Fernando H. "Dos governos militares a Prudente — Campos Sales". In: FAUSTO, Boris (Dir.). *O Brasil republicano.* São Paulo: Difel, v. 3. Estrutura do poder e economia. (História geral da civilização brasileira, v. 8), 1975.

CARVALHO, José Murilo de. *Pontos e Bordados:* escritos de história e política. Belo Horizonte: Editora UFMG, 2005.

CHACON, Vamireh. *História das ideias socialistas no Brasil.* Rio de Janeiro: Civilização Brasileira, 1967.

COSTA, Adailton Pires. *A história dos direitos trabalhistas vista a partir de baixo:* a luta por direitos (e leis) dos trabalhadores em hotéis, restaurantes, cafés e bares no Rio de Janeiro da 1ª República (DF, 1917-18)". Dissertação (mestrado) – Universidade Federal de Santa Catarina, Centro de Ciências Jurídicas, Programa de Pós-Graduação em Direito, Florianópolis, 2013. Disponível em: <https://repositorio.ufsc.br/handle/123456789/103498>. Acesso em: 19 mar. 2018.

COSTA, Ana Maria Machado da. *O apostolado positivista e o castilhismo na construção do direito do trabalho no Brasil.* Dissertação de Mestrado – Pontifícia Universidade Católica do Rio Grande do Sul, disponível em: <http://repositorio.pucrs.br/dspace/handle/10923/3807>. Acesso em: 24 out. 2017.

COSTA, Emília Viotti da. *Da senzala à colônia.* 3. ed. São Paulo: UNESP, 1998.

COSTA, Vanda Maria Ribeiro da. "Origens do corporativismo brasileiro". In: CRUZ, Marcelo Freitas Soares de Moraes. *Mercado de trabalho e classe trabalhadora em São Paulo e no Rio de Janeiro em 1920.* Dissertação (Mestrado em História Econômica) – Universidade de São Paulo, 2014.

DANTAS, Carolina Vianna; LOPES, Manoel da Motta Monteiro. "Um deputado negro na I República". *Programa Nacional de Apoio à Pesquisa — FBN/MinC,* 2008. Disponível em: <https://www.bn.gov.br/sites/default/files/documentos/producao/pesquisa/manoel-motta-monteiro-lopes-um-deputado-negro-i-republica//carollina_dantas.pdf>. Acesso em: 12 maio 2017.

______. "Monteiro Lopes (1867-1910), um 'líder da raça negra' na capital da República". *Afro-Ásia,* vol. 41, 2010, p. 167-209.

DAVIS, Horace. "Padrão de vida dos operários da cidade de São Paulo". *Revista do Arquivo Municipal.* São Paulo, II (XIII), 1934.

DECCA. Edgar Salvadori. *O nascimento das fábricas.* 10. ed. São Paulo: Brasiliense, 2005.

DECCA, Maria Auxiliadora Guzzo de. *Cotidiano de trabalhadores na República:* São Paulo, 1889-1940. São Paulo: Brasiliense, 1990.

______. *A vida fora das fábricas:* cotidiano operário em São Paulo (1920/1934). São Paulo: Paz e Terra, 1987.

______. *Indústria, trabalho e cotidiano.* Brasil – 1889-1930. 4. ed. São Paulo: Atual, 1991.

DIAS, Everardo. *História das lutas sociais no Brasil.* São Paulo: Edaglit, 1962.

DI CAVALCANTI, E. *Viagem da Minha Vida (Memória).* vol. I – O Testamento da Alvorada. Rio de Janeiro. Civilização Brasileira, 1955.

DOMINGUES, Petrônio. "Vai ficar tudo preto: Monteiro Lopes e a cor na política". *Novos estudos CEBRAP* [*online*], n. 95, 2013, p. 59-81.

FAORO, Raymundo. *Os donos do poder* — formação do patronato político brasileiro. vol. 2. São Paulo: Globo, 2012.

FAUSTO, Boris. *Trabalho Urbano e Conflito Social.* 1890-1920. 5. ed. Rio de Janeiro: Bertrand, 2000.

______. *História concisa do Brasil.* São Paulo: EDUSP, 2002.

FERNANDES, Florestan. *A integração do negro na sociedade de classes*: o legado da raça branca. vol. I, 5. ed. São Paulo: Globo, 2008.

FERREIRA, Maria Nazaré. *A imprensa operária no Brasil 1880/1920.* Petrópolis: Vozes, 1978.

FERREIRA, Roberto Martins. *Organização e poder:* análise do discurso anticomunista do Exército brasileiro. São Paulo: Annablume, 2005.

FORTES, Alexandre. *Buscando os nossos direitos:* trabalhadores e organização sindical em Porto Alegre de 1933 a 1937. Dissertação de Mestrado – Unicamp, Campinas, 1994.

______. "Férias pra quê?". *Revista de História*, 2007, p. 1. Disponível em <http://www.snh2015.anpuh.org/resources/anais/39/1439835083_ARQUIVO_Anpuh2015GMNunes.pdf>. Acesso em: 6 abr. 2017.

______; NEGRO, Antonio Luigi; SILVA, Fernando Teixeira da; COSTA, Hélio da; FONTES, Paulo (Orgs.). *Na luta por direitos:* Estudos recentes em história social do trabalho. Campinas: Editora da Unicamp, 1999.

FRENCH, John. *Afogados em leis:* a CLT e a cultura política dos trabalhadores brasileiros. São Paulo: Fundação Perseu Abramo, 2002.

FROLA, Francesco. *O trabalho e o salário.* Rio de Janeiro, 1937.

GHIRARDELLO, Nilson. *A companhia estrada de ferro Noroeste do Brasil.* Disponível em: <http://books.scielo.org/id/z3/pdf/ghirardello-9788539302420-02.pdf>. Acesso em: 24 abr. 2017.

GHIZINI, Vinicius. *Proletários na Paz:* A parte XIII do Tratado de Versalhes e as leis do trabalho no Brasil (1919-1926). Dissertação de Mestrado em História Social – Unicamp, 2015.

GIMENEZ, *Denis* Maracci. *Ordem liberal e a questão social no Brasil.* São Paulo: LTr, 2008.

GOLDMACHER, Marcela. "Movimento operário: aspirações e lutas. Rio de Janeiro (1890-1906)". In: MATTOS, Marcelo Badaró (Org.). *Trabalhadores em greve, polícia em guarda:* greves e repressão policial na formação da classe trabalhadora carioca. Rio de Janeiro: Bom Texto, 2004.

GOMES, Ângela Maria de Castro. *Burguesia e trabalho:* Política e legislação no Brasil, 1917-1937. Rio de Janeiro: Campus Ltda., 1979.

______. *A invenção do trabalhismo.* Rio de Janeiro: Vértice, 1988.

______. *Cidadania e Direitos do Trabalho.* Rio de Janeiro: Jorge Zahar Editor, 2002.

______. (Coord.). *Ministério do Trabalho: uma história vivida e contada.* Rio de Janeiro: CPDOC, 2007.

HADLER, Maria Sílvia Duarte. *Sindicato do Estado e legislação social*: o caso dos gráficos paulistas nos anos 1930". Dissertação de mestrado, Unicamp, Campinas, 1982. Disponível em: <http://www.bibliotecadigital.unicamp.br/document/?code=000056013>. Acesso em: 21 nov. 2016.

HALL, Michael McDonald. "Corporativismo e fascismo nas origens das leis trabalhistas brasileiras". In: ARAÚJO, Ângela Maria Carneiro (Org.). *Do corporativismo ao neoliberalismo.* São Paulo: Boitempo, 2002.

HOLLOWAY, Thomas H. "Condições do mercado de trabalho e organização do trabalho nas plantações na economia cafeeira de São Paulo, 1885-1915: uma análise preliminar". *Estudos Econômicos (São Paulo)*, São Paulo, v. 2, n. 6, p. 145-180, fev. 2018. Disponível em: <http://www.revistas.usp.br/ee/article/view/143267>. Acesso em: 16 mar. 2018.

IANNI, Octávio. *Raças e classes sociais no Brasil.* Rio de Janeiro, 1966.

ISUANI, Ernesto A. *The State and Social Security Policies Toward Labor:* Theoretical Elements and The Argentine Case. Tese de Doutorado apresentada ao Departamento de Ciência Política da Universidade de Pittsburgh, EUA, 1979.

______. "Políticas de previdência social no Cone Sul". *Revista de Economia Política,* vol. 3, n. 3, jul./set. 1983. Disponível em: <http://www.rep.org.br/pdf/11-8.pdf>. Acesso em: 23 maio 2017.

LACERDA, Carlos. "A exposição anticomunista". *Observador Econômico e Financeiro,* v. 3, n. 36, jan. 1939.

LACERDA, Maurício de. *A evolução legislativa do direito social brasileiro.* Rio de Janeiro: Nova Fronteira, 1980.

______. *Entre duas revoluções.* Rio de Janeiro: Leite Ribeiro, 1927.

LEITE, Celso Barroso. *Previdência Social*: Atualidade e tendências. São Paulo: LTr/Ed. USP, 1973.

LIMA, Marcos Alberto Horta. *Legislação e trabalho em controversias historiograficas:* o projeto dos industriais brasileiros (1919-1930). 2005. 210 p. Tese (doutorado) – Universidade Estadual de Campinas. Instituto de Filosofia e Ciências Humanas, Campinas, SP. Disponível em: <https://hdl.handle.net/20.500.12733/1599653>. Acesso em: 19 out. 2023.

LINS, José Cesário Monteiro. *Tese sobre leis sociais.* Rio de Janeiro: Tipografia do Jornal do Commércio, 1935.

LOBO, Eulália Maria Lahmeyer (Coord.). *Rio de Janeiro operário.* Natureza do estado, conjuntura econômica, condições de vida e consciência de classe. Rio de Janeiro: Access, 1992.

LOPES, Dirceu Fernandes. "Uma história marcada por censura e resistência". *Jornal online* da Universidade de São Paulo (USP). Ano XXIII n. 831 de 2 a 6 jun. 2008. Disponível em: <http://www.usp.br/jorusp/arquivo/2008/jusp831/pag08.htm>. Acesso em: 23 out. 2017.

LOPES, Juares Brandão. *O ajustamento do trabalhador à indústria:* mobilidade social e motivação. Sociedade industrial no Brasil. São Paulo: Difel, 1964.

LOPREATO, Christina da Silva Roquette. *O espírito da revolta:* a greve geral anarquista de 1917. Tese (doutorado), 1996. Disponível em: <http://www.bibliotecadigital.unicamp.br/zeus/auth.php?back=http://www.bibliotecadigital.unicamp.br/document/?code=000110607&go=x&code=x&unit=x>. Acesso em: 18 abr. 2016.

LOUZADA, Alfredo João. *Legislação social-trabalhista:* coletânea de decretos feita por determinação do Ministro do Trabalho, Indústria e Comércio. Rio de Janeiro: Departamento Nacional do Trabalho/MTIC, 1933.

MADDISON, Angus. *The World Economy:* A Millennial Perspective. Paris: OECD, 2001.

MAGNANI, Sílvia Ingrid Lang. *O movimento anarquista em São Paulo (1906-1917).* São Paulo: Brasiliense, 1982.

MAZZEO, Antonio Carlos. "Astrojildo Pereira". In: PERICÁS, Luiz Bernardo; SECCO, Lincoln Ferreira. *Intérpretes do Brasil:* clássicos, rebeldes e renegados. São Paulo: Boitempo, 2014, p. 32-47.

MELLO, João Manuel Cardoso de. *O capitalismo tardio.* Contribuição à revisão crítica da formação e do desenvolvimento da economia brasileira. 10. ed. Campinas: Unicamp/IE, 1998.

MELO FRANCO, Afrânio. *Comentários ao relatório do Sr. Albert Thomas sobre a sua viagem à América do Sul.* Genebra, datilografado, 15.10.1925. Arquivo de Arthur da Silva Bernardes. Disponível em: <http://www.siaapm.cultura.mg.gov.br>. Acesso em: 12 mar. 2018.

MENDONÇA, Marina Gusmão de. "Imprensa e política no Brasil: Carlos Lacerda e a Tentativa de Destruição da Última Hora". Disponível em: <http://www.historica.arquivoestado.sp.gov.br/materias/anteriores/edicao31/materia04/>. Acesso em: 23 out. 2017.

MENDES, Maurício Matos. "A experiência anarquista no Brasil: algumas anotações sobre as greves de 1917 e suas repercussões na Câmara dos Deputados". Disponível em: <http://bd.camara.gov.br/bd/handle/bdcamara/5065>. Acesso em: 23 out. 2017.

MERRICK, Thomas W. "The Population of Latin America, 1930-1990". In: BETHEL, Leslie (Org.). *The Cambridge History of Latin America*, vol. VI, tomo 2. Cambridge: Cambridge University Press, 1994.

MORAES, Evaristo de. *Apontamentos de direito operário*. São Paulo: LTr, 1971.

______. *Minhas prisões*. Rio de Janeiro, ed. do autor, s. d.

MORAES FILHO, Evaristo de. *Tratado elementar de Direito do Trabalho*. Rio de Janeiro/ São Paulo: Freitas Bastos, 1960.

______. "A regulamentação das relações de trabalho no Brasil". *Revista Brasileira de Ciências Sociais*. Faculdades de Economia da Universidade de Minas Gerais, v. 3, n. 2, jul. 1963.

______. *O problema do sindicato único no Brasil*. São Paulo: Alfa Ômega, 1978.

______. "A proto-história do marxismo no Brasil". In: MORAES, João Quartim de; REIS, Daniel Aarão (Orgs.). *História do marxismo no Brasil*. v. 1: O impacto das revoluções. Campinas: Unicamp, 2007.

MOTTA, Rodrigo Patto Sá. *Em guarda contra o perigo vermelho:* o anticomunismo no Brasil (1917-1964). São Paulo: Perspectiva/Fapesp, 2002.

MUNAKATA, Kazumi. *Legislação trabalhista no Brasil.* São Paulo: Brasiliense, 1984.

NICEFORO, Alfredo. GUEDES, Julio. "As classes pobres – Ensaio de catecismo Socialista", prefácio do trad. Ed. Biblioteca Educação Nacional Lisboa, 1912.

NUNES, Guilherme Machado. *A Lei de Férias no Brasil é um aleijão:* greves e outras disputas entre Estado, trabalhadores/as e burguesia industrial (1925-1935). Dissertação de Mestrado, Universidade Federal do Rio Grande do Sul. Instituto de Filosofia e Ciências Humanas. Programa de Pós-Graduação em História, 2016.

OLIVEIRA, Carlos Alonso Barbosa de. *Processo de industrialização* — Do capitalismo originário ao atrasado. São Paulo/Campinas: Unesp/Unicamp, 2003.

OLIVEIRA, Marco Antônio (Org.). *Economia & trabalho*: textos básicos. Campinas: Unicamp – IE, 1998.

OLIVEIRA, Lucas Goulart. *Coerção e consenso:* a questão social, o federalismo e o legislar sobre o trabalho na Primeira República (1891-1926). Dissertação. Universidade de São Paulo, 2015.

OLIVEIRA, Marco Antônio de. *Política trabalhista e relações de trabalho no Brasil da Era Vargas ao Governo FHC.* Tese de Doutorado, Instituto de Economia, Unicamp, 2002.

OLIVEIRA MORAIS, Fernanda Kallyne Rêgo; FRAGA, Maria de Nazaré de Oliveira. "Estado brasileiro e a questão do trabalho infantil: ensaio sócio histórico." *Northeast Network Nursing Journal*, 9, n. 4, 2016.

OLIVEIRA, Tiago Bernardon de. *Anarquismo, sindicatos e revolução no Brasil (1906-1936).* Tese de Doutorado em História – Universidade Federal Fluminense, Niterói, 2009.

OLIVEIRA VIANA. *Populações meridionais do Brasil.* 6. ed. São Paulo: Paz e Terra, 1973.

PAOLI, Maria Célia. "Os trabalhadores urbanos na fala dos outros". In: LOPES, José Sérgio Leite (Org.). *Cultura e identidade operária.* São Paulo: Marco Zero, 1987.

PAULO, Márcia de Paula. *O movimento grevista no Brasil.* São Paulo: Brasiliense, 1987.

PEIXOTO, Afrânio Júlio. *Marta e Maria.* Documentos de ação pública. Rio de Janeiro: Gráfica Editorial, 1930.

PENA, Maria Valéria. *Mulheres trabalhadoras:* Presença feminina no trabalho fabril. São Paulo: Paz e Terra, 1982.

PENTEADO, Jacob. *Belenzinho, 1910 (Retrato de uma época).* São Paulo: Livraria Martins Editora, s/d.

PEREIRA, Astrojildo. "El camino de la unidad sindical en Brasil". *La correspondencia Sudamericana*, n. 20-21, 15 mar. 1927.

PERROT, Michelle. *Os excluídos da história:* operários, mulheres e prisioneiros. São Paulo: Paz e Terra, 1988.

PIMENTA, Joaquim. *Retalhos do passado*: fatos que vivi e episódios que testemunhei. Rio de Janeiro: Editor A. Coelho Branco Filho, 1949.

PINHEIRO, Paulo Sérgio e HALL, Michael M. *A classe operária no Brasil (1889 – 1930)*: Condições de vida e de trabalho, relações com os empresários e o Estado. Campinas: Brasiliense, 1981.

______. "O proletariado industrial na Primeira República". *História Geral da Civilização Brasileira.* 3. ed., tomo III – O Brasil Republicano. 2º vol. – Sociedade e Instituições (1889-1930). São Paulo: Difel, 1986.

______. *Estratégias da Ilusão:* a revolução mundial e o Brasil — 1922-1935. São Paulo: Companhia das Letras, 1991.

RIBEIRO, João Coelho Gomes. "A gênese histórica da Constituição federal". Rio de Janeiro, 1917. Disponível em: <www.stf.jus.br/bibliotecadigital/DominioPublico/43474/pdf/43474.pdf>. Acesso em: 16 abr. 2017.

RIBEIRO, Maria Alice Rosa. "O mundo do trabalho: o mercado de trabalho na cidade de São Paulo nos anos vinte". *Revista Interamericana de Bibliografia*/Inter-American Review of Bibliography, Washington, v. 47, n. 1 - 4, p. 83-102, 1997.

RODRIGUES, José Albertino. *Sindicato e desenvolvimento no Brasil.* São Paulo: Difel, 1967.

RODRIGUES, Leôncio Martins. "Sindicalismo e classe operária: 1930-1964". In: FAUSTO, Boris (Org.). *História Geral da Civilização Brasileira.* tomo III — O Brasil Republicano, v. 10. São Paulo: Difel, 1981.

SAES, Flávio Marques de Saes. *As ferrovias de São Paulo:* 1870-1940. São Paulo: Hucitec, 1981.

______. "A controvérsia sobre a industrialização na Primeira República". *Estud. av.* [*online*], vol. 3, n. 7, 1989.

SALGADO, Gisele Mascarelli. "O direito operário na Primeira República: matérias, *status*, competência". Disponível em: <http://www.ambito-juridico.com.br/site/?n_link=revista_artigos_leitura&artigo_id=11465>. Acesso em: 26 maio 2017.

SILVA, Fernando Teixeira da. *A carga e a culpa* — Os operários das docas de Santos: direitos e cultura de solidariedade (1937 – 1968). São Paulo/Santos: Hucitec/Prefeitura Municipal de Santos, 1995.

SILVA, Zélia Lopes da. *A domesticação dos trabalhadores nos anos 30.* São Paulo: Marco Zero, 1991.

SIMÃO, Azis. *Sindicato e Estado:* suas relações na formação do proletariado de São Paulo. São Paulo: Editora Ática, 1981.

SINGER, Paul. *A formação da classe operária.* São Paulo: Atual, 1994.

SOUTO MAIOR, Jorge Luiz. "Ministros do Trabalho e da Casa Civil, por que não se calam?" In: RAMOS, Gustavo Teixeira, MELO FILHO, Hugo Cavalcanti, LOGUERCIO, José Eymard; RAMOS FILHO, Wilson (Orgs.). *A classe trabalhadora e a resistência ao Golpe de 2016*. Bauru: Projeto Editorial Praxis, 2016.

______. *História do Direito do Trabalho no Brasil* – Curso de Direito do Trabalho, vol. I, parte II. São Paulo: LTr, 2017.

SOUZA, Laura de Mello e. *Os desclassificados do ouro:* a pobreza mineira no século XVIII. São Paulo: Graal, 1986.

SOUZA, Samuel Fernando de. *Coagidos ou subornados:* trabalhadores, sindicatos, Estado e leis do trabalho nos anos 1930. Tese de Doutorado em História – Instituto de Filosofia e Ciências Humanas, Unicamp. Campinas, 2007.

SPERANZA, Clarice Gontarski. *Cavando direitos:* as leis trabalhistas e os conflitos entre os mineiros de carvão e seus patrões no Rio Grande do Sul (1940-1950). São Leopoldo: Oikos; Porto Alegre: ANPUH-RS, 2014.

STOTZ, Eduardo Navarro. *A união dos trabalhadores metalúrgicos na construção do sindicato corporativista: 1932-1945*. Dissertação de mestrado – Universidade Federal Fluminense, Rio de Janeiro, 1986.

TESSARI, Cláudia Alessandra. "Trabalhadores temporários para o café: mecanização e núcleos coloniais em São Paulo, 1895-1911". *Estud. Econ.* [*online*], 2014.

THOMPSON, Edward Palmer. *A formação da classe operária inglesa*. vol. I. São Paulo: Paz e Terra, 1987.

UNTURA NETO, Marcos. *O Conselho Nacional do Trabalho e a construção dos direitos sociais no Brasil*. Dissertação de Mestrado – Faculdade de Direito da Universidade de São Paulo, 2013.

VANGELISTA, Chiara. "Per una ricerca sul mercato del lavoro: la mobilità della manodopera in uma filatura paulista". *Nova República*, v. 1, 1978.

VARGAS, João Tristan. *O trabalho na ordem liberal:* o movimento operário e a construção do Estado na Primeira República. Campinas: Unicamp/CMU, 2004.

______. "Trabalho e trabalhadores na concepção patronal". *Revista Catarinense de História*, 2009.

VERSIANI, Flavio Rabelo. "Escravos, homens livres e imigrantes: Notas sobre a oferta de trabalho para a indústria no período até 1920". In: SILVA, Sérgio S.; SZMRECSÁNYI, Tamás (Org.). *História econômica da Primeira República*. São Paulo: Hucitec, 1996.

VIANNA, Luiz Werneck. *Liberalismo e sindicato no Brasil*. São Paulo: Paz e Terra, 1976.

VIANNA, Oliveira. *Instituições políticas brasileiras*. Brasília: Conselho Editorial do Senado Federal, 1999.

VIEIRA, Hermes Pio. *Heloy Chaves, precursor da Previdência Social no Brasil*. Rio de Janeiro: Civilização Brasileira, 1978.

VOLPATO, Terezinha. *A pirita humana:* os mineiros de Criciúma. Florianópolis: UFSC, 1984.

ZAIDAN FILHO, Michel. *Pão-e-pau:* política de governo e sindicalismo reformista no Rio de Janeiro (1923-1926). 1981. 2v. Dissertação (mestrado) – Universidade Estadual de Campinas, Instituto de Filosofia e Ciências Humanas, Campinas, SP. Disponível em: <http://libdigi.unicamp.br/document/?code=000059454>. Acesso em: 14 mar. 2017.

______. "Aspectos da legislação social na Primeira República". *Clio — Revista de Pesquisa Histórica*, v. 1, n. 13. Recife: Ed. da UFPE, 1990, 21 p.

WEFFORT, Francisco. "Origens do sindicalismo populista no Brasil (a conjuntura do pós-guerra)". *Estudos CEBRAP*, n. 4, São Paulo, 1973.

Anexos

Anexo I — Imagens

Imagem 1.

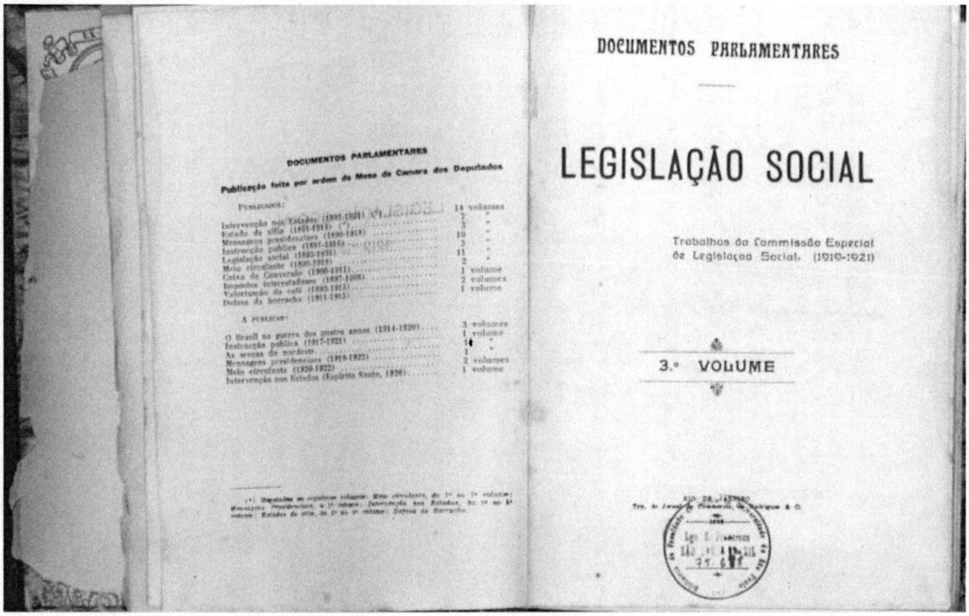

DOCUMENTOS PARLAMENTARES

Publicação feita por ordem da Mesa da Camara dos Deputados

DOCUMENTOS PARLAMENTARES

LEGISLAÇÃO SOCIAL

Trabalhos da Commissão Especial de Legislação Social. (1919-1921)

3.º VOLUME

Brasil. Câmara dos Deputados Legislação Social: documentos parlamentares – Rio de Janeiro: Jornal do Commercio, 1922, v.3.

Imagem 2.

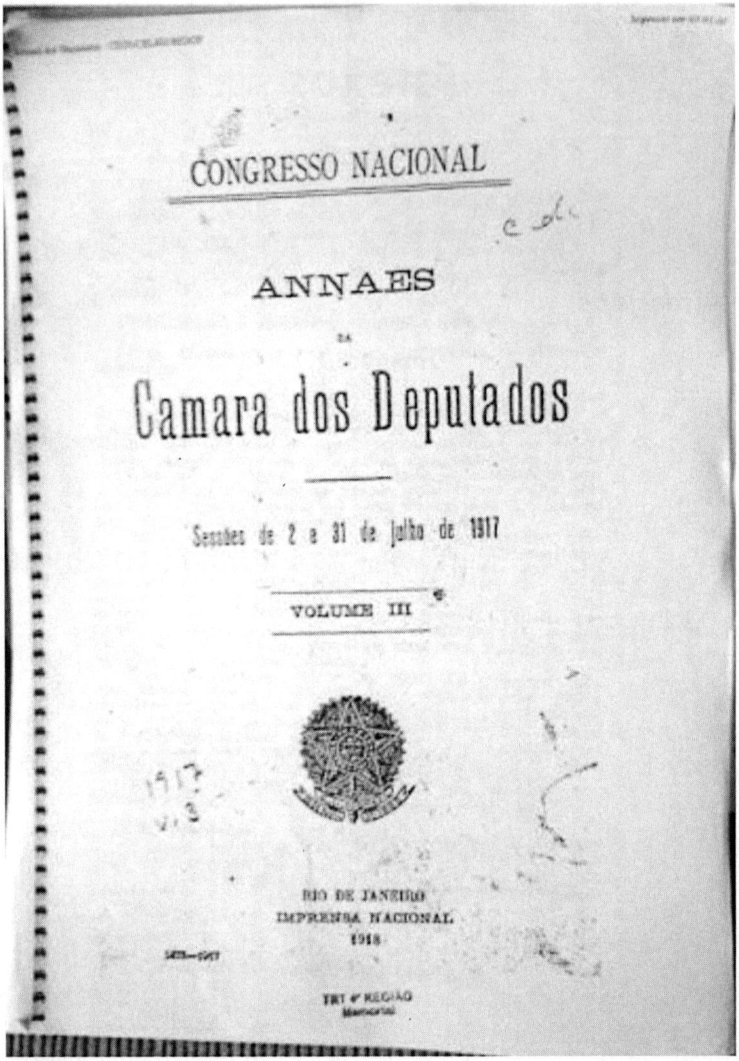
CONGRESSO NACIONAL

ANNAES

DA

Camara dos Deputados

Sessões de 2 a 31 de julho de 1917

VOLUME III

RIO DE JANEIRO

IMPRENSA NACIONAL

1918

BRASIL. Câmara dos Deputados. Annaes. Rio de Janeiro, *Imprensa Nacional*, 1918, v. 8. Sessões de 2 a 31 de julho de 1917.

Imagem 3.

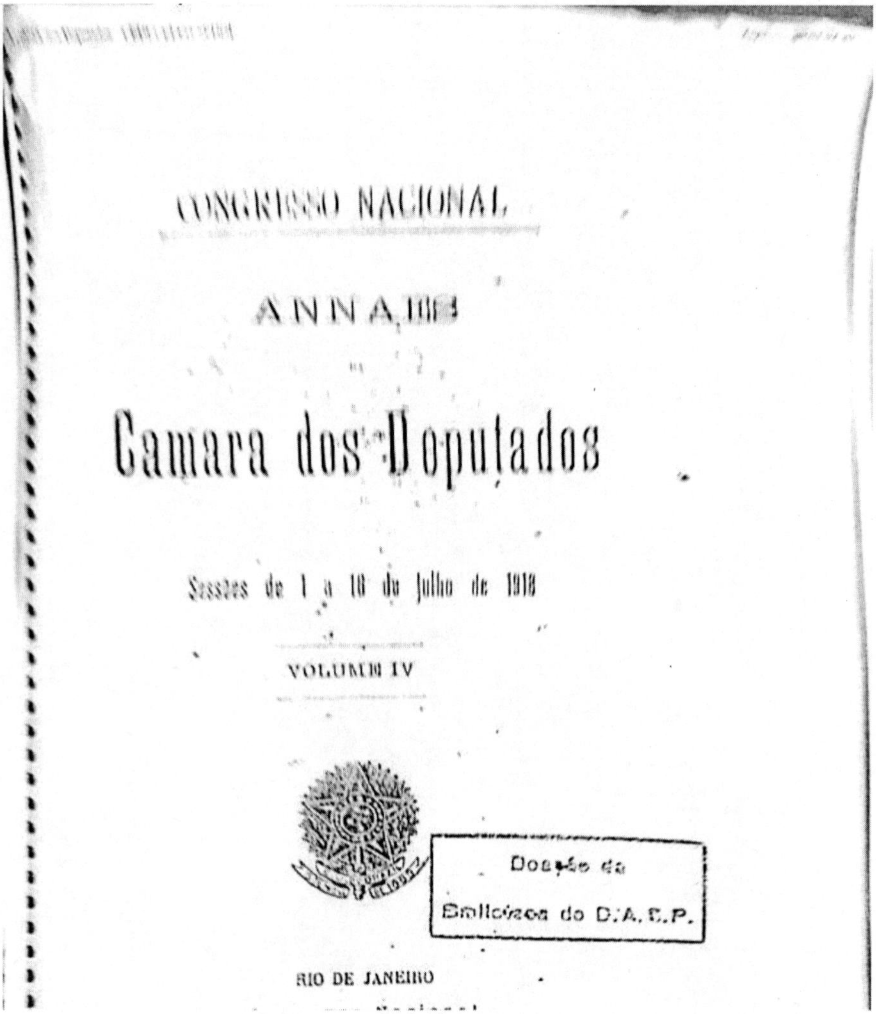

CONGRESSO NACIONAL

ANNAES

Camara dos Deputados

Sessões de 1 a 16 de julho de 1918

VOLUME IV

RIO DE JANEIRO

BRASIL. Câmara dos Deputados. Annaes. Rio de Janeiro, *Imprensa Nacional*, 1919, v. 4 e 5. Sessões de 1 a 16 de julho de 1918.

Imagem 4.

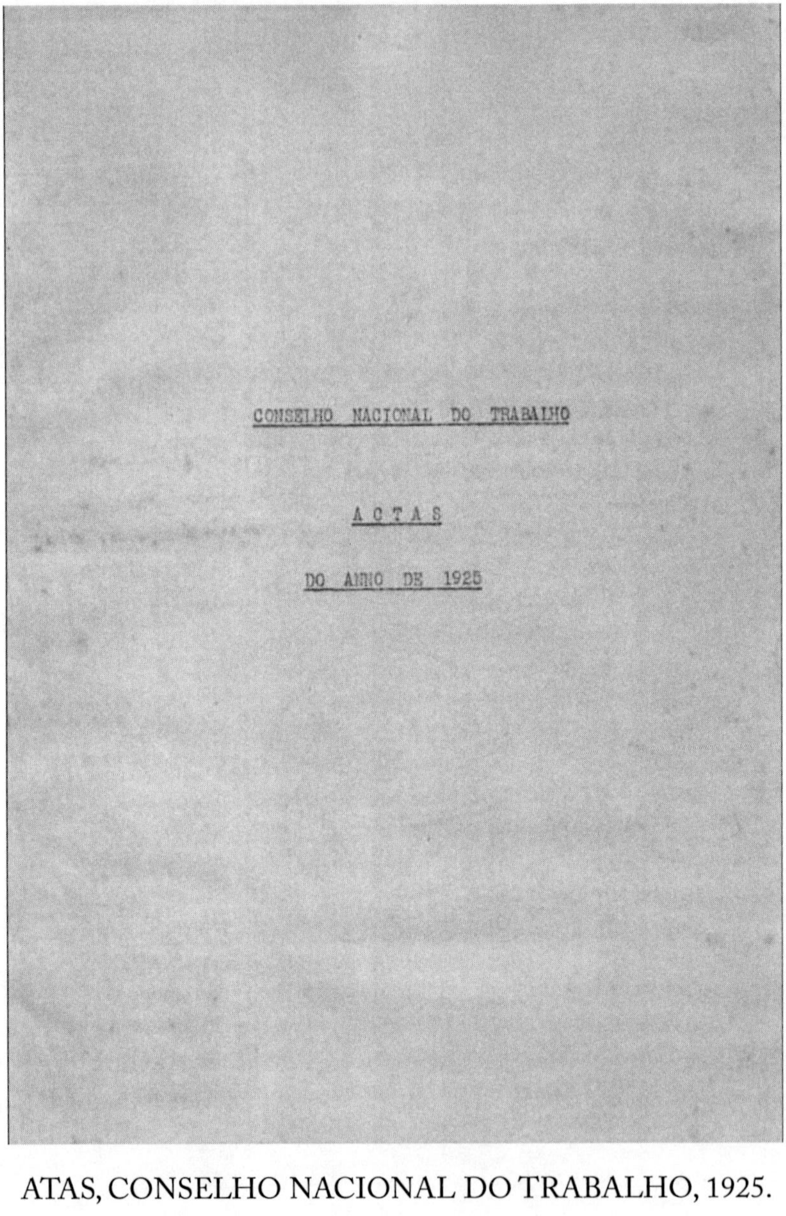

CONSELHO NACIONAL DO TRABALHO

A C T A S

DO ANNO DE 1925

ATAS, CONSELHO NACIONAL DO TRABALHO, 1925.

Apêndices

A. Leis trabalhistas — Primeira República (1903-1928)(572)

1903 (6/1) – Decreto 979: Previa a regulamentação dos sindicatos rurais.

1904 (5/1) – Decreto 1.150 – Criava facilidades para pagamento de dívidas provenientes de trabalhadores rurais e instituía a Caderneta Agrícola; Resultante do Projeto do Deputado Bernardino de Campos de 1901.

1906 (29/12) – Decreto Legislativo 1.607: Alterou o Decreto 1.150, incluindo a facilidade para pagamento de dívidas de trabalhadores urbanos.

1907 (5/1) – Decreto Legislativo 1.637: Estabelecia a regulamentação dos sindicatos urbanos. Facultava a criação de sindicatos profissionais e sociedades cooperativas. Projeto de Inácio Tosta; Os sindicatos rurais continuavam regulados pelo Decreto 979 de 1903; (Primeira lei verdadeiramente sindical, para alguns autores). Decorrente de 6.000 assinaturas da Corporação Operária Cristão de Pernambuco; diretor: Carlos A. de Meneses. (industrial têxtil).

1907 (7/1) – Decreto 1.641 (Lei Adolpho Gordo): Permitia a expulsão de estrangeiros.

1907 (27/3) – Decreto 6.437: Regulamentou o Decreto 1.607 (dívidas dos trabalhadores urbanos).

1907 (20/6) – Decreto 6.532: Regulamentou o Decreto 979 (de 1903), sobre sindicalização rural.

1907 (16/7) – Decreto 6.562: Aprovou o regulamento para a inspeção dos teatros e outras casas de diversões públicas no Distrito Federal, com medidas sobre duração do trabalho, entre outras.

(572) COSTA, Adailton Pires. *A história dos direitos trabalhistas vista a partir de baixo:* a luta por direitos (e leis) dos trabalhadores em hotéis, restaurantes, cafés e bares no Rio de Janeiro da Primeira República (DF, 1917-18). Dissertação (mestrado) – Universidade Federal de Santa Catarina, Centro de Ciências Jurídicas, Programa de Pós-Graduação em Direito, Florianópolis, 2013. Disponível em: <https://repositorio.ufsc.br/handle/123456789/103498>; ver também SOUTO MAIOR, Jorge Luiz. *História do Direito do Trabalho no Brasil* — Curso de Direito do Trabalho. vol. I, parte II. São Paulo: LTr, 2017.

1908 (15/6) – Decreto 6.990: Regulamentou o Montépio de operários dos Arsenais da Marinha.

1911 (18/1) – Decreto 2.407: Previa a concessão de favores às associações que construíssem casas para os operários.

1913 (8/1) – Decreto legislativo 2.741 (Alteração da lei Adolpho Gordo): intensificava a expulsão de estrangeiros. Revogou a proibição de expulsar prevista anteriormente para os seguintes casos: casados com brasileiras, viúvos com filhos brasileiros e residente no Brasil por mais de 2 anos ininterruptos. Embora revogasse os arts. 3º, 4º, parágrafo único, 8º do Decreto 1.637 de 1907; o STF, em contrapartida, aplicava as garantias do art. 72 da CF. (Exceções: HC nas greves de 1917).

1916 (1/1) – Lei n. 3.071 (Código Civil): Regulava a locação de serviços nos artigos 1.216 a 1.236.

1918 (28/2) – Decreto 12.893: instituiu os patronatos agrícolas, destinados a recolher, educar e ensinar, no manejo dos trabalhos do campo, os pequenos abandonados ou delinquentes.

1918 (16/10) – Decreto 3.550: autorização para a criação do Departamento Nacional do Trabalho, transformando, assim, o Serviço de Povoamento; Projeto original de Maurício de Lacerda (de 4.7.1917). Foi implementado efetivamente somente no Governo Vargas.

1919 (15/1) – Decreto 3.724: Tratava sobre Acidentes de Trabalho. Para alguns autores, foi a primeira lei trabalhista federal da esfera privada efetivamente cumprida.

1919 (12/3) – Decreto 13.498: Regulamentou o Decreto 3.724, que tratava sobre Acidentes de Trabalho.

1919 (25/6) – Decreto 13.706: Alterou o Decreto 12.893, que trata sobre patronatos agrícolas.

1920 (9/12) – Decreto 13.529: Novo regulamento das casas de diversões e espetáculos públicos, que proibia a admissão de menores de 21 anos como artistas ou empregados dessas casas; excepcionalmente, o maior de 16 anos poderia trabalhar em um espetáculo por dia com autorização dos pais (Cap. XI).

1921 (5/1) – Decreto 3.442: Sobre os menores.

1921 (5/1) – Lei n. 4.242: Admitia a deportação de estrangeiros.

1921 (6/1) – Decreto 4.247: Fixava normas para a admissão de estrangeiros, autorizando a expulsão.

1921 (17/1) – Decreto 4.269: Regulava a repressão ao anarquismo; (Lei Aníbal de Toledo).

1922 (22/5) – Decreto 4.547: Sobre Menores.

1922 (21/8) – Lei n. 4.561: Autorizava o Poder Executivo a mandar construir até 5 mil prédios para os funcionários públicos ou operários da União.

1923 (24/1) – Lei n. 4.682 (Lei Eloy Chaves): Instituía as Caixas de Aposentadorias e Pensões para os Ferroviários. Ainda criou a estabilidade decenal.

1923 (31/10) – Decreto 4.743 (2ª Lei Adolpho Gordo): Regulava a liberdade de imprensa.

1923 (30/4) – Decreto 16.027: Instituía o Conselho Nacional do Trabalho, que seria uma Instituição consultiva dos poderes públicos em assuntos sobre organização do trabalho e previdência social. – 1923 (26/5) – Decreto 16.051: Promulgou a Convenção de Emigração e Trabalho entre o Brasil e a Itália, estabelecendo igualdade de tratamento entre brasileiros e italianos.

1923 (30/7) – Decreto 16.107: Aprovou regulamento de locação de serviços domésticos, no DF/RJ.

1923 (20/12) – Decretos 16.272 e 16.273: Sobre os menores.

1924 (7/1) – Decreto Legislativo 4.793: Sobre os menores.

1924 (10/9) – Decreto 16.590: Novo regulamento sobre casas de diversões e espetáculos, que previa as mesmas disposições quanto aos menores previstas no Decreto 13.529 de 1920.

1924 (31/12) – Decreto 16.761: Proibia a entrada nos portos de imigrantes em certas condições estabelecidas anteriormente no Decreto 4.247 de 1921.

1925 (24/12) – Lei n. 4.982: Estabelecia o direito de férias. Previa a concessão de 15 dias de férias anuais aos empregados de estabelecimentos comerciais, industriais, bancários e empresas jornalísticas.

1925 (30/12) – Decreto 4.983-A: Sobre os menores.

1925 (31/12) – Lei n. 4.984: Alterou o Decreto 1.637 de 1907, que tratava sobre sindicatos.

1926 (2/6) – Decreto 17.339: Regulamentou o Decreto 4.984 de 1925, na parte sobre fiscalização.

1926 (3/9) – Reforma Constitucional: Incluiu o n. 28 no art. 34 da CF, estabelecendo competência privativa do Congresso Nacional para legislar sobre o trabalho. A Emenda era dos deputados Carvalho Neto, Nogueira Penido, Nicanor Nascimento e Vicente Piragibe.

1926 (30/10) – Decreto 17.496: Regulamentou a Lei de Férias. Foi publicado no *DO* em 5.11.1926, mas republicado em 27.1.1927.

1926 (4/11) – Decreto 17.508: Sobre os menores.

1926 (1/12) – Decreto 5.083: instituiu o Código de Menores.

1926 (20/12) – Lei n. 5.109: Estendia as Caixas de Aposentadorias e Pensões para trabalhadores de empresas portuárias e marítimas.

1926 (31/12) – Lei n. 5.128: Criava o Instituto de Previdência dos Funcionários Públicos da União.

1927 (20/4) – Decreto 17.778: Regulamentou a Lei n. 5.128, que criou o Instituto de Previdência dos Funcionários Públicos da União.

1927 (11/10) – Decretos 17.940 e 17.941: Regulamentavam as Caixas de Aposentadorias e Pensões, respectivamente dos trabalhadores de empresas portuárias e marítimas e dos trabalhadores ferroviários;

1927 (30/12) – Lei n. 5.407: Modificou o Decreto 17.778, sobre o Instituto de Previdência dos Funcionários Públicos da União. E modificou a estrutura do Conselho Nacional do Trabalho.

1927 (12/8) – Decreto 5.221: Previa o fechamento de associações de trabalhadores e a censura da imprensa (Lei Celerada).

1927 (12/10) – Decreto 17.943-A (Código de Menores): Sob autorização do Decreto

5.083 de 1926, consolida as leis, decretos e regulamentos anteriores de assistência e proteção dos menores. Idade mínima de 12 anos para o trabalho, proibição de trabalho noturno e nas minas.

1928 (30/6) – Decreto 5.485: Estendeu a Caixa de Aposentadorias e Pensões e o seguro de enfermidade e de morte ao pessoal não contratado das empresas que exploravam os serviços telegráficos e radiotelegráficos.

1928 (16/7) – Decreto 5.492: Tratava sobre a locação de serviços teatrais; Regulamentou a organização das empresas de diversões e o amparo aos que lhe prestavam serviços artísticos e materiais.

1928 (19/1) – Decreto 18.074: Estabelecia um novo regulamento ao Conselho Nacional do Trabalho.

1928 (10/12) – Decreto 18.527: Regulamentou a Lei n. 5.492, que tratava das empresas de diversões.

B. Projetos de leis trabalhistas — Primeira República (Setor Privado)[573]

1900 – Projeto sobre crédito rural e agrícola e sociedades cooperativas. Por Lacerda Franco.

1903 – Projeto novamente sobre *homestead*. Por Francisco Malta.

1904 – Projeto 69: Sobre acidentes de trabalho. Previa a teoria do Risco. Por Medeiros e Albuquerque (PE).

1907 – Projeto 129: Sobre descanso dominical obrigatório. Proposto por Passos Miranda Filho (PA).

1908 – Projeto 173: Sobre indenização por acidentes de trabalho. Por Gracho Cardoso (SE). Menos completo que o projeto de Medeiros e Albuquerque.

1908 – Projeto 337: Sobre acidente de trabalho. Por Wenceslau Escobar (RS); Mais incompleto que os anteriores.

1910 – Projeto sobre acidente de trabalho. Por Monteiro Lopes.

1911 – Projeto que pretendia regular o trabalho dos menores e das mulheres na indústria e no comércio. Por Deodato Maia.

1911 (12/7) – Projeto 79: Sobre locação de serviço no comércio, proposto por Nicanor do Nascimento (DF). Previa 12 horas de trabalho para os empregados no comércio, proibia trabalho aos domingos e feriados, propunha o repouso semanal, estabelecia a não renúncia dos direitos trabalhistas, proibia o trabalho de menores de 10 anos, proibia o trabalho noturno e, ainda, estabelecia normas de higiene no trabalho e normas sobre acidente do trabalho.

(573) COSTA, Adailton Pires. *Op. cit.*, 2013; SOUTO MAIOR, *Op. cit.*, 2017.

1912 – Projeto 4A: Previa a jornada de trabalho máxima de 8 horas, proibia os serões industriais, entre outras previsões. Proposto por Figueiredo Rocha (DF) e Rogério de Miranda (PA).

1912 – Projeto sobre acidente de trabalho. Por Figueiredo Rocha.

1914 – Projeto 243: Previa as regras do contrato entre patrão e operário. Proposto por Correia de Freitas (PR).

1915 (Senado) – Sobre acidente dė trabalho. Por Adolpho Gordo.

1915 – Projeto de Código do Trabalho. Sobre a regulamentação do contrato de trabalho. Ainda, tratava sobre os deveres para os empregados e empregadores. Por Maximiano Figueiredo. Considerado como o primeiro Projeto de Código do Trabalho.

1917 – Projeto de "Código de Trabalho" de Mário Hermes.

1917 (julho) – Projeto de "Código de Trabalho": Substitutivo (por João Perneta) da Câmara ao projeto 4A de 1912 e a diversos outros projetos.

1917 (13/10) – Projeto 284 (Projeto de "Código de Trabalho"). Projeto da Comissão de Constituição e Justiça da Câmara dos Deputados. Assinado por Cunha Machado (MA), presidente; Maximiano de Figueiredo (PB); Melo Franco (MG); Celso Bayma (SC); Golçalves Maia (PE); Arnolfo Azevedo (SP); Prudente de Moraes Filho (SP). O projeto foi apresentado para votação em 13/10/1917. Aprovado provisoriamente em 2ª discussão em 25.10.1917. Ele era um substitutivo da CCJ ao projeto 4A de 1912. Mas também incluía as contribuições dos seguintes outros projetos: os projetos de Maurício de Lacerda de 1917; o projeto substitutivo de João Perneta; o projeto de Medeiros de Albuquerque de 1904; o projeto de Gracho Cardoso de 1908; o projeto de Adolpho Gordo (vindo do Senado) de 1915.

1917 – Projeto de auxílio à família dos operários mortos em acidente de trabalho. Proposto por Vicente Piragibe.

1917 – Projeto 44B: Autorizava a reorganização da Diretoria de Serviço de Povoamento em Departamento Nacional do Trabalho.

1918 (21/8) – Projeto de "Lei Operária" 239 (Substitutivo Prudente de Moraes): Assinava o Projeto: Cunha Machado (MA), presidente; Moreira Brandão (MG); Turiano Campelo (PE); Melo Franco (MG); Arlindo Leoni (BA); Veríssimo de

Mello (RJ); Arnolfo Azevedo (SP); Prudente de Moraes Filho (SP). Projeto substitutivo ao Projeto 284 de 1917. Por solicitação de Nicanor do Nascimento, o Projeto foi dividido em dois, destacando-se a parte de acidente de trabalho, que foi depois legislada.

1918 (18/11) – É criada a Comissão Especial de Legislação Social na Câmara dos Deputados. Requerimento do deputado Nicanor do Nascimento.

1918 – Projeto Substitutivo de Andrade Bezerra aos projetos anteriores de acidente de trabalho, que se tornou o Decreto 3.724 de 1919.

1919 – Projeto sobre a participação dos operários nos lucros e resultados nas empresas. Por Deodato Maia.

1921 – Projeto sobre o salário mínimo. Por Maurício de Lacerda.

1923 (9/10) – Projeto 265: Projeto de Código do Trabalho.

1924 – Projeto 183: Projeto sobre férias aos empregados do comércio.

C. Projetos de leis trabalhistas — Primeira República (Setor Público)(574)

1990 – Decreto 664/1990: Estabelecia a igualdade de estatutos entre os funcionários públicos, eliminando todas as distinções baseadas em privilégios, garantias e isenções especiais. Proposto por Deodoro da Fonseca e B. Constant.

1904 – Projeto 104: Previa a abolição da distinção entre empregados e jornaleiros. Proposto por Barbosa Lima (DF).

1905 – Projeto 310: Previa as férias dos funcionários públicos. Por Leite Ribeiro (DF).

1906 – Projeto 166: Previa a uniformização das horas de trabalho e do vencimento dos operários da União. Proposto por Figueredo Rocha (DF).

1906 – Projeto 197: Previa aposentadoria dos funcionários públicos. Por Gracho Cardoso (CE).

1906 – Projeto 299: Previa a revisão do quadro dos funcionários aposentados e das pensões. Por Lobo Jurumenha (RJ).

1907 – Projeto 259: Previa a aposentadoria dos funcionários públicos. Proposto por Justiniano de Serpa (PA).

---

(574) COSTA, Adailton Pires. *Op. cit.*, 2013; SOUTO MAIOR. *Op. cit.*, 2017.

1908 – Projeto 166: Previa a regulamentação da concessão de aposentadoria. Por Justiniano de Serpa (PA).

1909 – Projeto 166: Previa a uniformização das horas de trabalho e os vencimentos de diversas classes dos operários das oficinas da União. Pela Comissão de Constituição, Legislação e Justiça.

1909 – Projeto 167: Previa a equiparação de vencimentos de funcionários das secretarias de Estado. Proposto por Gracho Cardoso (CE).

1911 – Projeto 91: Previa aposentadoria dos funcionários públicos. Por Lindolpho Camara (RN).

1912 – Projeto 103: Previa aposentadoria dos funcionários públicos. Por Lindolpho Camara (RN).

1912 – Projeto 103C: Previa a aposentadoria dos funcionários das Caixas Econômicas. Por Pereira Nunes (RJ).

1912 – Projeto 103D: Previa a aposentadoria dos empregados públicos e a contagem dos tempos estadual e municipal. Por Jose Bonifácio (MG).

1913 – Projeto 153: Previa a organização do estatuto do funcionário público. Por Moniz Sodré (MG).

1913 – Projeto 192: Previa a aposentadoria dos funcionários públicos civis. Por Londolpho Camara (RN).

1914 – Projeto 36: Previa a regulamentação das horas de trabalho nas repartições federais. Pela Comissão de Finanças.

1914 – Projeto 247: Previa a criação de um seguro de pensão e velhice. Proposto por Correa de Freitas (PR)